# 古典文獻研究輯刊

## 十九編

潘美月・杜潔祥 主編

# 第 12 冊

## 《史記》殿本研究

王永吉 著

國家圖書館出版品預行編目資料

《史記》殿本研究／王永吉 著 -- 初版 -- 新北市：花木蘭文化
出版社，2014〔民103〕
目 2+210 面；19×26 公分
（古典文獻研究輯刊 十九編；第 12 冊）
ISBN 978-986-322-872-1（精裝）
1.史記 2.研究考訂
011.08                                          103013718

ISBN-978-986-322-872-1

古典文獻研究輯刊
十九編　第十二冊　　　　　　　ISBN：978-986-322-872-1

# 《史記》殿本研究

作　　者　王永吉
主　　編　潘美月　杜潔祥
總 編 輯　杜潔祥
副總編輯　楊嘉樂
編　　輯　許郁翎
企劃出版　北京大學文化資源研究中心
出　　版　花木蘭文化出版社
社　　長　高小娟
聯絡地址　235 新北市中和區中安街七二號十三樓
　　　　　電話：02-2923-1455／傳眞：02-2923-1452
網　　址　http://www.huamulan.tw 信箱 hml810518@gmail.com
印　　刷　普羅文化出版廣告事業
初　　版　2014 年 9 月
定　　價　十九編 18 冊（精裝）新台幣 32,000 元

# 《史記》殿本研究

王永吉　著

## 作者簡介

王永吉，男，1980 年生，江蘇東海人，文學博士，副教授。2001 年本科畢業於揚州大學中文系。2001 至 2007 年就讀於南京師範大學文學院中國古典文獻學專業，師從趙生群先生攻讀碩、博士學位，從事《史記》文獻整理與研究。2007 年起參與中華書局點校本「二十四史」及《清史稿》修訂工程，分擔點校本《史記》修訂工作。2007 年至江蘇教育學院中文系任教，主講古代漢語與文獻學課程。2014 年至南京師範大學文學院任教。

## 提　　要

《史記》是中國第一部紀傳體通史，歷代傳抄翻刻，形成了複雜的版本系統。清乾隆四年武英殿本在《史記》版本史上具有重要地位，前人對於殿本《史記》研究尚有不足，其價值亦未深入挖掘。

武英殿本《史記》刊於乾隆四年，以明萬曆二十六年北京國子監刊本爲底本。主持刊刻的張照等人調整了北監本的部分篇章次第，改正了底本大量文字訛誤，增補了底本缺佚的三家注文，在版式上亦有所改進。殿本由此成爲有清一代影響最大的《史記》版本，屢有翻刻摹印。

明萬曆二十六年北監本《史記》存在大量文字訛誤，三家注文亦多不全，尤以《正義》爲最。或以爲監本有意刪削三家注，或以爲其所據底本不善，種種原因，尚待深考。殿本在體例行款、文字訛誤、注文缺失諸方面對北監本多有校理，雖仍不免訛誤脫漏，但相對於明代監本已有巨大進步。

殿本是清同治五年金陵書局本的重要參校本。金陵本不主一本，廣採前人校勘成果，擇善而從，校改前代版本訛誤頗多。但此本刪去司馬貞《補史記》，則破壞了《史記索隱》的完整性，使後人無從得見小司馬學術全貌，實非明智。

殿本至今仍具有重要的校勘價值。張文虎校刊金陵本時雖參校殿本，於殿本佳善之處多有採擇，然仍有未盡者。本書第四章以殿本與金陵本相校，考其異同，發明金陵本之訛脫錯衍，以期提高今本《史記》的版本質量。

# 目

# 次

# 引言：清代以來《史記》版本與校勘研究綜述

　　《史記》成書至今已兩千多年，歷經傳寫翻刻，形成了一個龐大而複雜的版本系統。宋代以前《史記》是以抄本的形式流傳於世。由於年代久遠，《史記》的抄本系統衹能從殘存的少量六朝及唐代寫本和《史記集解》所引徐廣注中窺其一斑。相比較而言，《史記》刻本系統則要豐富得多。北宋太宗淳化五年（994）《史記》始有雕版，自此以後，歷代均有翻刻。現存於世的《史記》版本粗略統計不下百種。將這些版本尤其是重要版本的承繼關係逐一理清，分別優劣，無疑是《史記》整理與研究的基礎性工作。版本與校勘密不可分。有清一代《史記》校勘取得了非凡的成就，形成了武英殿本、金陵書局本這樣影響巨大的版本。民國間張元濟校勘影印的百衲本和二十世紀五十年代中華書局整理的點校本於今則最爲通行。研究這些版本的形成過程與校勘情況，可以辨知各本優缺之所在，對於當今《史記》的整理工作無疑具有重要意義。

## 一、清末以來的《史記》版本研究

　　《史記》成書距今雖已兩千餘年，歷代官私書目遞有著錄，然而對其版本流傳進行系統研究卻是晚近的事。1926 年王重民在《圖書館學季刊》發表《史記版本和參考書》，〔註1〕1931 年趙澄在《史學年報》發表《史記版本

---

〔註1〕 王重民：《史記版本和參考書》，《圖書館學季刊》第一卷第四期，北京中華圖
　　　　 書館協會，1926。

考》，〔註2〕可以視爲發端。1958 年賀次君出版《史記書錄》，〔註3〕是爲《史記》版本研究的第一部專著。該書對六十餘種現存《史記》版本作了考察，試爲探求諸本源流，每本以部分與他本相校，以見各本互有得失，提供了一些版本資料。然而該書尚未能構建起《史記》的版本系統，考訂亦多有不實之處。作者亦自謂：「至於各本之間的是非，還不能十分的確定，尚待進一步的探討。」〔註4〕1986 年吳汝煜出版《史記論稿》一書，〔註5〕末附《史記版本略述》專文，作者自謂「本節內容多采自賀次君《史記書錄》」，〔註6〕祇是簡單的版本羅列與介紹，鮮有發明。1987 年易孟醇發表《史記版本考索》，〔註7〕安平秋發表《史記版本述要》長文。〔註8〕安文論述了宋以前之鈔本與宋以後之刻本，注重《史記》版本流傳的系統性，簡明而有條理。然因是單篇論文，未及深入考證。2001 年張玉春出版《〈史記〉版本研究》，〔註9〕是爲迄今論述《史記》版本最爲系統翔實的研究專著。該書從《史記》的原始版本至明代南北監本，或考之歷代目錄，或親校其書，構建了《史記》的版本系統，訂正了前人諸多訛說。惟此書止於明監本，對於此後的重要版本如清武英殿本、金陵書局本均未論及。2006 年張興吉出版《元刻〈史記〉彭寅翁本研究》，〔註10〕以元彭寅翁刻本爲個案，展開了深入細緻的研究，作者對《史記》版本研究中尚存的一些問題也提出了自己的見解。尤其是書後所附《〈史記〉版本存世目錄》，利用公私書目，對現存的《史記》版本作了集中介紹，頗利學人。

關於《史記》的版本流傳以及後世有關《史記》版本的研究情況，張玉春《〈史記〉版本研究》和張興吉《元刻〈史記〉彭寅翁本研究》兩書均有介紹。尤其是後者，以一個章節的篇幅對自《史記》成書以至當今的《史記》版本研究情況作了極爲詳盡的敘述，評論亦較公允。這裏爲了後文敘述的方

〔註2〕趙澄：《史記版本考》，《史學年報》第三期，北京燕京大學歷史學會，1931。
〔註3〕賀次君：《史記書錄》，北京：商務印書館，1958。
〔註4〕賀次君：《史記書錄‧自序》。
〔註5〕吳汝煜：《史記論稿》，南京：江蘇教育出版社，1986。
〔註6〕吳汝煜：《史記論稿》，頁 299。
〔註7〕易孟醇：《史記版本考索》，《出版工作》，1987 年第 1、2、3 期。
〔註8〕安平秋：《〈史記〉版本述要》，《古籍整理與研究》，1987 年第 1 期，上海：上海古籍出版社。
〔註9〕張玉春：《〈史記〉版本研究》，北京：商務印書館，2001。
〔註10〕張興吉：《元刻〈史記〉彭寅翁本研究》，南京：鳳凰出版社，2006。

便，爲以後的研究提供參照背景，祇對近代以來的《史記》版本研究作簡要的回顧。以下欲重點討論的是清代以來幾次重要的《史記》校勘整理工作及其存在的問題。

## 二、清代以來的《史記》校勘

校勘學與版本學是相對獨立而又聯繫緊密的兩門學問。二者有各自的研究對象、研究方法。然而二者相互依存的關係亦是顯而易見的。校勘需要有版本爲基礎，又以版本的完善爲目的。而校勘又可以爲版本的優劣判定以至探求版本源流構建版本體系提供最爲可靠的依據。賀次君《史記書錄》即取一本部分與他本相校，以見各本得失。至張玉春《〈史記〉版本研究》與張興吉《元刻〈史記〉彭寅翁本研究》更是用版本對校的方法，深入探究不同版本間的文字差異，結合統計方法，進而構建起相對完整的《史記》版本體系，廓清一些重要版本的流傳脈絡。正是校勘方法的應用使版本研究走向深化，不致流於單純的圖書形態研究。

清代小學昌盛，作爲小學的應用之學，校勘考證之學也得到了巨大的發展。乾隆年間武英殿刻《十三經注疏》、《二十一史》卷末皆附《考證》，〔註11〕至纂修《四庫全書》，所收各書又重加校勘，由王太岳纂輯爲《四庫全書考證》一百卷。〔註12〕嘉慶二十年（1815）南昌府學校刻《十三經注疏》，每卷後附阮元所撰《校勘記》。此等皆是規模宏大的官府校勘工程。至若學者各就所長，校勘古書，則不勝枚舉。因此清代校勘學名家輩出，形成了不同的流派，留下了大量的校勘實例與著作，並作了理論總結，校勘學由此達到全盛時期。

### （一）定本校勘

有清一代的《史記》校勘取得了巨大的成績。明毛晉汲古閣所刊《十七史》合刻本，有清順治十一年（1654）重修本。〔註13〕明萬曆二十四年（1596）刊南監本、萬曆二十六年（1598）刊北監本皆有清遞修本。〔註14〕乾隆四年

---

〔註11〕武英殿本《史記》卷首《御製重刻二十一史序》：「朕既命校刊《十三經注疏》定本，復念史爲經翼，監本亦日漸殘闕，併勅校讐以廣刊布，其辨譌別異，是正爲多。卷末考證一視諸經之例。」

〔註12〕〔清〕王太岳：《欽定四庫全書考證》，北京：書目文獻出版社，1991。

〔註13〕張興吉：《〈史記〉版本存世目錄》，《元刻〈史記〉彭寅翁本研究》（附錄二），頁209。

〔註14〕張興吉：《〈史記〉版本存世目錄》，《元刻〈史記〉彭寅翁本研究》（附錄二），

（1739）以「監本亦日漸殘闕」，故詔命重新校刻《二十一史》。〔註15〕乾隆十一年（1746）始克告竣，合已成之《明史》爲《二十二史》，世稱武英殿本。校刻《二十一史》以張照、方苞等爲總裁，齊召南、杭世駿等爲編校，仿前刻《十三經注疏》之例，卷末皆附《考證》。《史記考證》出自張照、杭世駿、德齡、王祖庚、齊召南等人之手。《考證》或參校他本，或核對他書，或推尋文義，或引前人之說，或以本書前後互證，綜合各種校勘方法，對底本明北監本做了大量校改，「補刻闕文不下千百條」，〔註16〕「要之較明監本則不可同年而語矣」。〔註17〕武英殿本由此亦成爲有清一代影響最大的《史記》版本，出現了眾多翻印本，《四庫全書》即以此本爲底本抄錄。其後張文虎校刊金陵書局本、張元濟校印百衲本、水澤利忠撰《史記會注考證校補》皆以殿本爲最重要的校本之一。殿本《史記》爲本論文的研究本體，這在下文還要具體論述。

乾隆三十八年（1773）開館纂修《四庫全書》，所收圖書除撰寫提要外，又經悉心校勘。其校勘記由王太岳纂輯爲《欽定四庫全書考證》一百卷，其中《史記考證》兩卷。《四庫全書考證》更注重文字校勘，詳列校改情況。校勘方法上，後世所謂的「校勘四法」，在此皆有體現。《史記考證》校正了武英殿刊本的諸多譌誤，可以視爲對張照等所撰的《殿本史記考證》的補充。清末金陵書局校刊《史記》即參考了《四庫全書考證》的成果，張文虎《校刊史記集解索隱正義札記》每云「《考證》改」，多謂此。但《四庫全書考證》的成果仍有不少未被金陵本吸收，還有待繼續甄別發掘。由此亦可見《四庫全書》本《史記》雖是以武英殿刊本爲底本抄錄，但由於經過校勘，故不能簡單視爲殿本的翻抄，而應看作是殿本系統的發展。

清同治三年（1864）兩江總督曾國藩攻克金陵，隨後設金陵書局，校刊經籍。同治五年（1866）春，時兩江總督李鴻章命唐仁壽校刊《史記》，張文虎亦參與其事。同治六年（1867）春，曾國藩回任兩江總督，正式任命張文虎與唐仁壽同校，此後《史記》的校刊工作主要由張文虎負責。同治九年（1870）仲春，金陵本《史記》刊刻完畢。此後張文虎又寫成《校刊史記集解索隱正

---

頁207。今所見明萬曆二十四年（1596）南監本遞修本修版版心有「順治十五年刊」、「康熙三十九年刊」字樣，可知南監本遞修年代。

〔註15〕《御製重刻二十一史序》，載武英殿本《史記》卷首。

〔註16〕〔清〕張照：《史記序考證》，載武英殿本《史記》卷首《史記正義序》後。

〔註17〕〔清〕張照：《史記考證跋語》，載武英殿本《史記》卷尾。

義札記》五卷，「附記各本同異及所以去取意」。〔註18〕據張氏《札記》跋語，
金陵本《史記》之刊刻是利用周學濬（緱雲）過錄的錢泰吉校本覆校付刊的，
張氏《札記》所記異同大半取自錢校本，此外還參考了梁玉繩《史記志疑》、
王念孫《讀書雜志》、錢大昕《廿二史考異》諸家之說以及類書中所引《史記》。
金陵本的特點是「擇善而從」、「不主一本」。根據《札記》卷端所記，其於三
家注解，《集解》多據明毛氏汲古閣本，《索隱》多據毛刻單行本《索隱》，《正
義》多據明王延喆本。正是由於其「擇善而從」、「不主一本」，加上張、唐二
人的悉心校勘，使得金陵本成為清代後期《史記》最為完善的本子。1958 年
中華書局點校二十四史，《史記》即以此為底本。有關金陵本的刊刻過程，下
文有專節詳論。

　　當然，金陵本亦存在它的不足。首先，張文虎雖是參校眾本，但由於條
件所限，仍有一些重要的版本未見，如北宋景祐本、南宋黃善夫本等。這裏
並無苛責之意，一些重要版本未能見到，無疑影響了校勘的質量。其次，金
陵本雖歷四年始刊成，然僅以張、唐二人之力，仍嫌倉促。張文虎亦自謂：「今
也旋校旋寫，旋寫旋刊，區區以兩人之心力，而出之以急就。予老而衰，端
甫又多病，如此雖二三前輩恐亦不能任也。」〔註19〕《張文虎日記》同治八
年（1869）三月五日記云：「連日復閱《史記》諸卷，《索隱》頗與單本不合，
蓋多後人改竄。今亦不能盡從單本，且書已刊成，勢難一一刊改，去其太甚
者而已。」〔註20〕這正是由於「旋校旋寫，旋寫旋刊」，太過倉促所致。金陵
本刻成後，張文虎又陸續校出了一些訛誤，遂又挖補修版，然仍有挖改未盡
者。其三，金陵本《索隱》利用毛刻單行本多不善，問題較多。賀次君謂：「又
此書《索隱》全用單行《索隱》本文，而毛晉汲古閣刊單行本《索隱》錯誤
特多，……而此本《索隱》悉從毛刻，一仍其錯奪誤衍，鮮加補正，則非擇
善而從之初義矣。」〔註21〕其四，張文虎以個人好惡刪汰司馬貞《補史記》，
致金陵本《索隱》不全。毛刻單本《史記索隱》卷末為司馬貞《補史記》，合

---

〔註18〕〔清〕張文虎：《校刊史記集解索隱正義札記·跋》，徐蜀編：《史記訂補文獻
　　　　彙編》，北京：北京圖書館出版社，2004，頁 192。案：中華書局 1977 年整理
　　　　出版張文虎《校刊史記集解索隱正義札記》時刪去跋語。
〔註19〕〔清〕張文虎著，陳大康整理：《張文虎日記》，上海：上海書店出版社，2001，
　　　　頁 106。
〔註20〕《張文虎日記》，頁 173。
〔註21〕賀次君：《史記書錄》，頁 219～220。

刻諸本多分之在各篇小題下,其所補《三皇本紀》各本或列在卷端,或附卷末,要之皆可見《索隱》全貌。《張文虎日記》云:「與端甫謁節相,……予請刪去小司馬述贊及《補史記》,深以爲然,以述贊已刻附每篇之後,可無刻者,其《補史記》依予說刪之。」〔註22〕金陵本《索隱》因而不全,中華本依金陵本點校,亦無《補史記》,不能無憾。

清咸豐元年(1851)新會陳焯之翻刻武英殿本《史記》,同治八年(1869)廣東菊古堂翻刻殿本《史記》,同治九年(1870)湖北崇文書局重刻明震澤王延喆本《史記》,同治十一年(1872)成都書局翻刻殿本《史記》,光緒年間湖南寶慶三味書坊翻刻殿本《史記》,光緒四年(1878)金陵書局翻刻毛氏汲古閣本《史記》,光緒二十年(1894)陝西味經書院翻刻殿本《史記》。以上諸種皆是翻刻本,此不詳論。惟湖北崇文書局翻刻王本有校改。張元濟《校史隨筆》「震澤王本之訛奪」條舉王本訛脫四處,據其自注,三處「湖北翻刻本」已增改。〔註23〕

1930～1937 年,上海商務印書館涵芬樓在張元濟主持下匯集宋元善本,精心校勘,影印成百衲本《二十四史》。百衲本以版本古舊著稱,其中《史記》以南宋黃善夫本爲底本。黃善夫本是現存最早的三家注合刻本,但黃本校勘之草率亦屬驚人,杜澤遜《論南宋黃善夫本〈史記〉及其涵芬樓影印本》一文發之甚詳,〔註24〕至謂其爲「閩市惡本」。章培恒亦謂「三家注本(黃善夫本)從一開始就是書賈所製作的一個頗爲粗率的本子」,〔註25〕甚得其實。張元濟將黃善夫本與殿本做了詳細的對校,並參校了汲古閣《索隱》本、王延喆本、劉喜海舊藏百衲本、劉承幹影刻宋蜀大字本,在他認爲黃善夫本訛誤的地方作了挖改,開創了影印本校改的先例。百衲本《史記》採用挖改底本再影印的方法,其挖改描潤之章程謹嚴,所改與原刻字體一致,殊難分辨。而學者或不知,以爲百衲本即黃善夫本之舊。杜澤遜文中提到賀次君《史記書錄》中所言黃善夫本實即涵芬樓影印本,《漢語大字典》所引用的黃善夫本亦是影印本,水澤利忠撰《史記會注考證校補》起初亦以影印本爲黃善夫原本,後乃發覺,不得已作《補遺》附後。張玉春亦謂賀次君在版本研究中

〔註22〕 《張文虎日記》,頁 159。

〔註23〕 張元濟:《校史隨筆》,上海:上海古籍出版社,1998,頁 4。

〔註24〕 杜澤遜:《論南宋黃善夫本〈史記〉及其涵芬樓影印本》,《中國典籍與文化論叢》,1995 年第 3 輯,頁 301～315。

〔註25〕 章培恒:《〈史記版本研究〉序》,張玉春:《〈史記〉版本研究》,頁 4。

誤以被張元濟校改過的影刻本爲黃善夫本原刻，因而得出不少錯誤的結論。〔註 26〕今筆者發現，王叔岷《史記斠證》每云黃善夫本作某，實亦百衲本。如《天官書》「門內六星諸侯」《正義》「主刺舉」，《斠證》：「黃善夫本《正義》『刺舉』字不誤。」〔註 27〕核之張元濟《史記校勘記》，〔註 28〕黃本實作「判」，百衲本據殿本修作「刺」。又同卷「其西曲星曰鉞」《正義》「輿鬼四星，一星爲質」，《斠證》：「黃善夫本《正義》『輿鬼四星，一星爲質。』誤作『輿鬼五星，爲質一星。』『不欲其明』下亦少一明字。」〔註 29〕核之張元濟《校勘記》，黃本實作「四星」，百衲本修「四」爲「五」。黃善夫本世所罕見，張元濟於文字改動在百衲本中亦未作說明，若非其《校勘記》存世，二本之不同難爲世人所知。

黃善夫本校勘草率，所以張元濟據殿本等重加校勘，校改後的百衲本確實在版本質量上有所提高。據王紹曾統計，《百衲本史記校勘記》「出校四千九百餘條，闌外批『修』者凡一千八百餘條」。〔註 30〕但由於版本異文很多，加上張元濟愼改古書的校勘態度以及技術上的原因，其於殿本佳善之處未能悉爲收入，而或有據他本誤改處，故百衲本《史記》仍難稱善本。筆者曾將張元濟《百衲本史記校勘記》本紀部分與中華書局點校本以及張文虎《校刊史記集解索隱正義札記》逐條對照，列百衲本失修例、誤修例凡 50 條，亦可窺其一斑。百衲本並非善本，然學界仍有誤解。如章培恒即謂：「《二十四史》則以百衲本爲最好，因其多爲宋、元刊本。」〔註 31〕「不過，說老實話，能夠一邊讀校點本《史記》、一邊查張文虎《札記》的人，很少會使用這類校點本；大抵是用商務影印的百衲本《二十四史》的。」〔註 32〕可見章先生是仍然認爲百衲本《史記》要優於中華書局點校本的。

1934 年日本瀧川資言出版《史記會注考證》。該書以金陵書局本爲底本，

---

〔註 26〕參張玉春：《〈史記〉版本研究》，頁 298。

〔註 27〕王叔岷：《史記斠證》，臺北：中央研究院歷史語言研究所，1983，頁 1098。

〔註 28〕張元濟著，王紹曾，杜澤遜，趙統等整理：《百衲本二十四史校勘記・史記校勘記》，北京：商務印書館，1997。

〔註 29〕王叔岷：《史記斠證》，頁 1100。

〔註 30〕王紹曾：《百衲本二十四史校勘記整理緣起》，《百衲本二十四史校勘記・史記校勘記》，北京：商務印書館，1997，頁 7。

〔註 31〕章培恒：《雜談〈新編小四庫〉》，《中華讀書報》，1999 年 1 月 20 日。

〔註 32〕章培恒：《關於古籍整理工作的規範化問題》，《中國典籍與文化論叢》，2002 年第 7 輯，頁 57。

根據其所見《史記》鈔本做了校勘，就日本所藏鈔本增補了不少《正義》佚文，〔註33〕又博採諸家舊說，間附己意，以爲考證。瀧川氏自謂以金陵書局本爲底本，實先以明凌稚隆《史記評林》爲底本，後乃改從金陵本，因而兼承兩本之疏漏，賀次君《史記書錄》有說。又其所增補《正義》佚文亦有可疑者，賀次君、程金造有專文論之。魯實先特撰《史記會注考證駁議》一書，〔註34〕詳揭瀧川之失。施之勉有《史記會注考證訂補》，〔註35〕於《考證》訂正尤多。

《史記會注考證》於金陵本訛誤逕自改正，未作校勘記。1950 年代水澤利忠以《考證》爲底本，作《史記會注考證校補》。《校補》利用《史記》古鈔本 17 種，宋元版《史記》10 種，明版 9 種，清版 2 種，另有日本朝鮮刊本及校勘記多種，詳列諸本異文，可謂《史記》校勘史上集大成之作。然而《校補》亦有其不足處。其書但列諸本異同，鮮有是非考訂，偶云「瀧川本誤」，亦或見「疑……誤」、「蓋……乎」之語，然多未深考。前人或譏其繁瑣，其實《校補》所列異文尚有疏漏，并非諸本異文之全部。更有甚者，其書屢有誤校之處。即以《五帝本紀》言之，《校補》於殿本異文失列 7 處，誤校 2 處，於金陵本誤校 1 處。這無疑影響了該書的可信度。雖然如此，《校補》仍是考鏡《史記》版本源流，校勘文字訛誤不可或缺的重要材料。

1958 年 9 月，毛澤東指示吳晗、范文瀾組織點校前四史。此事由中華書局具體負責。除四史外，其他廿史亦作了安排。〔註36〕1959 年 9 月，《史記》最先出版。中華書局本《史記》點校由顧頡剛負責，以清同治五至九年（1866～1870）金陵書局三家注合刻本爲底本，參照張文虎《校刊史記集解索隱正義札記》校改。全書分段標點，將散在文中的三家注移置段後，眉目清楚，頗便觀覽。自 1959 年發行第一版、1982 年再版以來，至今已重印二十餘次，近 60 萬冊。中華書局點校本已成爲目前最通行影響亦最大的《史記》版本。然而由於政治上的原因，中華本《史記》用時一年即出版發行，頗爲倉促。其全依金陵書局本，未能匯校眾本，而金陵本之不足，已如上論。點校本雖曾參考張文虎《校刊史記集解索隱正義札記》校改部分訛誤，然去取或有不

〔註33〕〔日〕瀧川資言：《史記會注考證·史記總論》，太原：北岳文藝出版社，1999，頁 136。
〔註34〕魯實先：《史記會注考證駁議》，長沙：岳麓書社，1986。
〔註35〕施之勉：《史記會注考證訂補》，臺北：華岡出版有限公司，1976。
〔註36〕《二十四史點校本檔案選》（1），《書品》，2006 年第 1 期，頁 89。

當，又時見排印訛誤。王華寶師兄博士論文《〈史記〉校勘研究——以中華書局校點本爲中心》在重新覆校點校本與金陵本後發現，〔註37〕點校本多有逕改底本而未出校記者，而其對於張文虎《札記》亦存在「當擇而未擇」及「不當擇而擇」的問題，對於前人校勘成果吸收更顯不足。

以上所論皆是形成《史記》定本的校勘整理工作，近代以來尚有幾次《史記》校勘工作，雖未形成《史記》定本刊刻，但留下了豐富的校勘記，可供參考。

### （二）校勘記

清末嘉興錢泰吉嘗彙校《史記》各本，留有校勘記。張文虎《校刊史記集解索隱正義札記》跋語云：「先是嘉興錢警石學博泰吉嘗彙校各本，歷三十餘年，點畫小殊，必詳記之。」〔註38〕周學濬曾借其本過錄，後金陵書局校刊《史記》即依周氏過錄本覆校付刊。張文虎撰《校刊史記集解索隱正義札記》所記諸本異同亦「大半取資錢校本」。〔註39〕然而張文虎校刊金陵本《史記》時並未親見錢校本。《張文虎日記》同治十年（1871）二月二十六日記云：「復校《史記》本紀，時從子密借警石先生校本也。」〔註40〕此時金陵本早已刊刻畢工。魯實先云：「此書雖經張文虎《札記》所採，究未全錄，尚多精語，可供收輯也。」〔註41〕其說良是。錢泰吉於同治元年（1862）避太平軍亂輾轉至安慶，於曾國藩幕中得見其子錢應溥（子密），次年卒於安慶旅舍中。〔註42〕據《張文虎日記》，則錢氏《史記》校本尚存世。其後蓋散佚，魯實先云：「劉承幹藏有殘冊，浙江圖書館孤山分館亦藏五冊。」〔註43〕

清丁晏以王延喆本、柯維熊本《史記》校毛氏汲古閣本，參以《評林》本、陳子善本，撰《史記毛本正誤》，專事《史記》正文文字校勘，篇幅雖短，

〔註37〕 王華寶：《〈史記〉校勘研究——以中華書局校點本爲中心》，南京師範大學文學院博士學位論文，南京，2004。

〔註38〕 〔清〕張文虎：《校刊史記集解索隱正義札記·跋》，徐蜀編：《史記訂補文獻彙編》，頁192。

〔註39〕 〔清〕張文虎：《校刊史記集解索隱正義札記·跋》，徐蜀編：《史記訂補文獻彙編》，頁192。

〔註40〕 《張文虎日記》，頁248。

〔註41〕 魯實先：《史記會注考證駁議》，頁16。

〔註42〕 〔清〕曾國藩：《錢君墓表》，〔清〕繆荃孫編：《續碑傳集》卷七九，《清碑傳合集》（三），上海：上海書店出版社，1988，頁2950～2951。

〔註43〕 魯實先：《史記會注考證駁議》，頁16。

而發明毛本訛誤不少，頗可參考。

清光緒二十年（1894）陝西味經書院在劉光蕡主持下嘗翻刻殿本《史記》，留有《史記校勘記》一百三十卷。魯實先《史記會注考證駁議》記「《味經堂校記》，光緒二十年陝甘味經刊書處校刊，凡二十冊」，當即謂此。今未見其書，不敢妄論。

民國初年，吳興劉承幹嘉業堂翻刻其所藏宋蜀大字本《史記集解》，延請名家校勘，留有校勘記，鮮爲人知。王欣夫《蛾術軒篋存善本書錄‧辛壬稿卷二》載有「宋蜀大字本史記校勘記不分卷二冊」、「宋蜀大字本史記校勘記不分卷四冊」、「宋蜀大字本史記校勘記一百三十卷十八冊」三種手稿本，二冊本爲葉昌熾、杜肇綸所撰，四冊本及十八冊本爲王舟瑤所撰。據王氏提要，1917 年，劉承幹覆刻其所藏宋蜀大字本《史記集解》，請葉昌熾爲撰校勘記，杜肇綸佐之，僅成本紀、諸表，而葉氏殂世。其校記「廣蒐宋、元以來諸刻，先據金陵局本，列其異同，並加考證」，〔註44〕「而於金陵局本之誤脫，考證極細」，〔註45〕所存二冊本是。其後更請王舟瑤踵其事，羅列諸本異文，引他說加以考證，所撰四冊本是。後以其例程功無期，乃但記所見諸本異同，成校記一百三十卷，二百餘萬字，所存十八冊本是。據王氏所記，王舟瑤十八冊本校勘記參校之本有：劉燕庭集宋百衲本、元中統本、元明間舊刻本、明天順間游明本、正德十三年建寧府本、嘉靖六年王延喆本、嘉靖六年汪諒本、嘉靖九年南監本、嘉靖十三年秦藩本、嘉靖十六年李元陽本、萬曆五年凌稚隆本、崇禎元年程一枝本、崇禎十四年汲古閣單行《集解》本、又單行《索隱》本、清乾隆四年武英殿本，共計十六種。此次校勘雖然沒有判定是非，但其臚列了十餘種版本的異同，其價值亦可與《史記會注考證校補》相比。其本今藏復旦大學圖書館。

1955 年臺灣二十五史編刊館影印仁壽本二十五史，《史記》以北宋景祐間刊本爲底本。張玉春云：「臺灣中央研究院歷史語言研究所藏本，即仁壽二十五史本，是在對淳化本刊修的基礎上，於宋仁宗景祐年間刊印，又於北宋末年補刊，在行格、文字上均存淳化本之舊，故應稱之爲景祐本，是現存最早的《史記集解》本。」〔註46〕此本原爲傅增湘舊藏，後歸中央研究院史語所。

---

〔註44〕王欣夫：《蛾術軒篋存善本書錄》，上海：上海古籍出版社，2002，頁 465。
〔註45〕王欣夫：《蛾術軒篋存善本書錄》，頁 466。
〔註46〕張玉春：《〈史記〉版本研究》，頁 125。

原書有十五卷缺佚，配以南宋黃善夫本、元大德饒州路本。仁壽本二十五史影印時以臺灣中央圖書館藏南宋覆刻景祐本配補，以使體例、版式歸一。景祐本爲現存除日本杏雨書屋藏本外最早的《史記》版本，其價值自不待言。龍良棟即以仁壽本爲底本，撰《景祐本史記校勘記》。其《自序》謂：「因據與殿本對校，復參以黃善夫本、王延喆本、吳汝綸點勘本《史記》、阮刻《十三經注疏》、王念孫《讀書雜志》、王先謙《漢書補注》、《荀子集解》、胡刻李善注《文選》、東瀛瀧川龜太郎《史記會注考證》而作《景祐本史記校勘記》。」〔註47〕龍氏《校勘記》悉心考證，以發明殿本訛誤爲主，並及黃、王諸本。影印本多有漫漶不清之處，《校勘記》別作補闕，附記底本缺文壞字於後。《校勘記》對於勘正今本《史記》訛誤亦頗有參考價值。

以上所論爲專門就《史記》不同版本進行校勘者，清代以來學者各就所長，考訂《史記》，或成專著，或散見文集之中，不可枚舉。如：王念孫《讀書雜志》、王元啓《史記三書正譌》、梁玉繩《史記志疑》、王筠《史記校》、郭嵩燾《史記札記》、周尚木《史記識誤》、李笠《廣史記訂補》、王叔岷《史記斠證》、施之勉《史記會注考證訂補》、李人鑒《太史公書校讀記》、徐復《後讀書雜志》、蔣禮鴻《蔣禮鴻集》、董志翹《訓詁類稿》，等等。惟其雖於《史記》文字訛誤多有是正，然多不主版本校勘，此不詳論。

今人賀次君《史記書錄》、張玉春《史記版本研究》雖不直接著眼於《史記》校勘，但《史記書錄》注重版本的校勘價值，張玉春在《史記》版本研究中校勘先行的研究方法，都爲我們留下了大量的異文材料，尤其是稀見版本，雖不全面，卻也彌足珍貴。

有關《史記》校勘的單篇論文亦不爲少，限於篇幅，不再枚舉。

綜上，清末以來《史記》版本與校勘研究皆取得了巨大的成就。張玉春《〈史記〉版本研究》構建起了相對全面的《史記》版本系統，廓清了不少疑雲，超邁前代。張興吉、王華寶的研究使《史記》版本研究面向微觀，愈加精細。清代以來的幾次系統校勘，形成了幾個較爲精善的版本，各有所長。當然，我們也應看到，有些重要的《史記》版本如明凌稚隆《史記評林》本、清武英殿本尚待深入研究。而當今通行的《史記》版本仍存在不少問題。依

---

〔註47〕龍良棟：《景祐本史記校勘記·自序》，徐蜀編：《史記訂補文獻彙編》，北京：北京圖書館出版社，2004，頁925。

據現有條件，匯校眾本，廣泛吸取前人校勘考訂成果，對《史記》重加整理，
使之更趨完善，仍是擺在我們面前的一項重要任務。

# 第一章　《史記》殿本刊刻研究

　　清人入關以後，底定中原，武功既成，漸重文治。康熙（1662～1722）時平定諸藩、臺灣，政治上實現一統。清初雖然大興文字獄，然而統治者出於長治久安、籠絡士人的考慮，稽古右文，尊倡儒家文化，重科舉取士，封建文化至此亦得到了總結。書籍作爲文化的重要載體，是保存與傳承中國傳統文化的重要工具。清代中前期相繼編纂了《古今圖書集成》、《四庫全書》等大型的類書叢書，體現了統治者對於文治的重視。乾隆（1736～1795）初年，國家承平既久，漸呈盛世局面。清高宗出於文治之需，命武英殿重新校刻明監本《十三經注疏》、《二十一史》，厥後又增《明史》、《舊唐書》、《舊五代史》，遂欽定爲《二十四史》。殿本《十三經注疏》因其後阮元校刻本《十三經注疏》大行而影響漸小，然而殿本《二十四史》因其爲欽定，更經學者精心校勘，故而在相當長的時間裏被奉爲圭臬。殿本《史記》雖以明北京國子監刊本爲底本，然而經過張照等人的校勘考證，與明監本已不可同日而語。研究殿本《史記》的刊刻與形成過程，明其校勘得失，對於深化《史記》版本研究乃至今日重新整理《史記》無疑都具有重要意義。

## 一、殿本的刊刻過程

　　《史記》成書以後，起初皆是傳抄以行於世。隨著雕版印刷術的成熟，至北宋太宗淳化五年（994）乃有雕版《史記》印行。根據張玉春《〈史記〉版本研究》，厥後宋眞宗景德元年（1004）、宋仁宗景祐二年（1035）及嘉祐年間（1056～1063）皆有《史記》校刊的記載。北宋的四次《史記》校刊皆爲官修，由國子監頒行。故官修本在《史記》版本系統中自始即奠定了其重

要地位。宋室南渡以後，杭州國子監嘗就北宋監本覆刻《史記》，淮南路轉運司亦曾翻刻北宋監本。元大德九年（1305），「饒州路儒學、鄱陽縣學、樂平州學、錦江書院等處合刻」《史記》，〔註1〕可以視爲元代的官刻《史記》。明代官私刊刻《史記》較前代尤盛。官刻本有正德十二年（1517）建寧府官刊本，有嘉靖九年（1530）南京國子監刊本（簡稱南監本）、萬曆三年（1575）南監本、萬曆二十四年（1596）南監本、萬曆二十六年（1598）北京國子監刊本（簡稱北監本）。萬曆年間所刊南北監本皆祖嘉靖九年（1530）南監本。

清代最早的官方刊印《史記》先是就前代舊版修補印行。清順治十五年（1659）兩江總督郎廷佐嘗重修明萬曆二十四年（1596）南監本《二十一史》，康熙三十九年（1700）江蘇巡撫宋犖又就此本再修。兩次修版，前後字體不一，然版式則與明南監本相同。原版版心魚尾上題「萬曆二十四年刊」，修版版心題「順治十五年刊」或「康熙三十九年刊」，故不難分別。遞修本卷首有郎廷佐《重修廿一史序》，作於順治十六（1660）年十月，後接江寧府學教授荊子邁重修跋語，作於康熙四十年（1701）五月，可以略見兩次重修情狀。

乾隆時期，國家承平已久，清高宗重視文治，重刊經史，頗欲有所建樹。武英殿本《二十四史》之刊刻成書即是出於文治之需。張元濟謂：「乾隆元年，詔頒《二十一史》於各省會及府、州、縣學，綜計當需千數百部，監本刓敝，不堪摹印，度其事必未能行，故有四年重刻之舉。」〔註2〕明萬曆二十六年（1598）北京國子監祭酒劉應秋曾據嘉靖九年（1530）南監本校刊《二十一史》合刻本，是爲距乾隆時期最近的正史合刻本。然而明監本聲譽不佳。顧炎武《日知錄》云：「至萬曆中，北監又刻《十三經》、《二十一史》，其板視南稍工，而大夫遂家有其書，歷代之事跡，粲然於人間矣。然校勘不精，訛舛彌甚，且有不知而妄改者。……此則秦火之所未亡，而亡於監刻矣。」〔註3〕自明萬曆至清乾隆又歷百餘年，而明監本「不獨魯魚亥豕之訛，加以歲月侵尋，更多蟊蝕蟲蠹之損。」〔註4〕明監本校勘不精，既多非議，而舊版又

〔註1〕 張玉春：《〈史記〉版本研究》，頁309。

〔註2〕 張元濟：《百衲本二十四史後序》，《縮印百衲本二十四史》，北京：商務印書館，1958，頁3。

〔註3〕 〔清〕顧炎武著，周蘇平，陳國慶點注：《日知錄》，蘭州：甘肅民族出版社，1997，頁797～798。

〔註4〕 《校刻二十一史告竣進表》，載武英殿本《史記》卷首。

漫漶殘闕，清高宗自然不會滿足於在舊版基礎上修補。乾隆四年（1739）詔命校刊《十三經注疏》，「復念史爲經翼，監本亦日漸殘闕，併勅校讐，以廣刊布」。〔註5〕由是重刻《二十一史》，至乾隆十一年（1746）告竣，歷七年而成。據卷端所開列諸臣職名，重刻《二十一史》所設職官有監理、總閱、總裁、提調、編校、校錄、監造，先後任職者有吏部尙書張廷玉、刑部尙書張照、翰林院侍講方苞、侍讀齊召南、編修杭世駿等計七十一人，可見其工程之浩大。

　　《二十一史》既重新校刊，而順治二年（1645）開始準備編修的《明史》已於乾隆四年（1739）完成，遂合爲二十二史。後又將《舊唐書》增入，成爲二十三史。厥後《四庫》館臣又自《永樂大典》、《太平御覽》、《冊府元龜》中輯得宋薛居正《舊五代史》，詔命列爲正史，「二十四史」之名由此而定。

　　《二十四史》既經欽定，皆由武英殿修書處刊印頒行，世稱武英殿本，簡稱殿本。武英殿爲清代中央刻書機構，始建於明代，本爲君臣議事之所。「康熙十九年（1680），在內務府中設立了武英殿造辦處兼辦內府刻書任務，從此，武英殿成了清代內府刻書的主要承辦單位。」〔註6〕武英殿既是皇家內府刻書處，故其所刻之書大多校勘精審、刻工精美、紙墨精良、裝幀考究，在中國古代出版史上佔有重要地位。康乾時期國力昌盛，武英殿刻書事業亦達到頂峰，學者甚至以康版書與宋版相提並論。清代後期，隨著國力日漸衰微，武英殿刻書亦日趨沒落。同治八年（1869）六月武英殿不戒於火，「延燒三十餘間，所藏十三經、廿四史板乃均燼」〔註7〕。嗣後雖重建武英殿，「仍保持著原有機構，但刻書基本停止」，「光緒三十二年後清政府增設圖書編譯局和出版機構，凡經皇帝欽定的圖書多交這些機構辦理，而武英殿修書處逐漸名存實亡」。〔註8〕

　　《史記》爲正史之首，故乾隆四年（1739）武英殿重刻《二十一史》，《史記》即於是年先成。武英殿本三家注《史記》一百三十卷，二十六冊，半頁十行，行二十一字，注小字雙行，行二十一字，左右雙邊，行間有欄，白口，單魚尾，魚尾上題「乾隆四年校刊」，魚尾下題「史記卷一」、「本紀」及本卷頁碼。首《御製重刻二十一史序》，次《校刻二十一史進表》，次《重刻二十

〔註5〕　《御製重刻二十一史序》。
〔註6〕　金良年：《清代武英殿刻書述略》，《文史》第 31 輯，1988，頁 183。
〔註7〕　〔清〕張文虎：《張文虎日記》，頁 187。
〔註8〕　翁連溪：《清宮武英殿刻書》，《中國典籍與文化》，2000 年第 4 期，頁 58。

一史諸臣職名》，次《史記集解序》，次《史記索隱序》，次《史記索隱後序》，次《史記正義序》，次《史記目錄》，次《史記》一百三十卷，次《補史記序》，次《補史記三皇本紀》，次《史記正義論例諡法解列國分野》，終張照《史記考證跋語》。又每卷末皆附《考證》。

## 二、殿本的校勘

### （一）殿本的底本

武英殿本《史記》以明萬曆二十六年（1598）北京國子監祭酒劉應秋校刊本（北監本）爲底本。以兩本相校，殿本首先在版本形態上即與北監本相仿。兩本同是半頁十行，行二十一字，注小字雙行，行二十一字，左右雙邊，白口，單魚尾。而明萬曆二十四年（1596）刊南監本注文爲每行二十三字。北監本版心魚尾上題「萬曆二十六年刊」，殿本題「乾隆四年校刊」；監本魚尾下記「史記卷一」、「帝紀」及本卷頁碼，〔註9〕殿本同，惟「帝紀」作「本紀」。南監本魚尾下但題「五帝本紀一」及本卷頁碼。殿本《考證》屢言「監本訛作某，今正」、「監本脫某字，今添」云云，檢視明北監本，合若符契，亦可證其以明北監本爲校改對象。

清中葉《史記》古本善本見存於世者定不少，而明監本之錯訛脫衍清代校刊諸臣並非不知，然武英殿重刻《史記》爲何仍要以北監本爲底本？清高宗《御製重刻二十一史序》云：「朕既命校刊《十三經注疏》定本，復念史爲經翼，監本亦日漸殘闕，併勑按讎，以廣刊布。」〔註10〕乾隆皇帝詔命校刊《十三經注疏》定本，復又重刻《二十一史》，皆是有計劃的系統工程。明代始有「二十一史」之說，除此尚有常熟毛晉汲古閣所刻十七史，而明北京國子監所刊《二十一史》爲官刻，其正統之地位非他本所能比，因而也最能引起清統治者的心理認同。故乾隆時重刻《二十一史》以明北監本爲底本順理成章且易於成事。至於明北監本的訛舛，則可以通過重新校勘加以彌補。杭世駿《史記考證》前小序云：「有明萬曆中刊《十三經》、《二十一史》於南北國子監，南監之本大小不倫，世遂以北本爲貴。其間訛闕不可指數，聖天子廣同文之化，一新天下之耳目，申畀以命儒臣重加校勘，條其同異，附於各卷之後。」〔註11〕亦可見殿本十三經、廿一史皆是就北監本重校付刊。

〔註9〕北監本卷二以下版心稱「本紀」，不稱「帝紀」。
〔註10〕《御製重刻二十一史序》。
〔註11〕〔清〕杭世駿：《道古堂外集》卷七《史記考證》，《續修四庫全書》（第 363

另外，乾隆初年尚未下求書之詔，大量民間所藏珍本秘籍未必爲校刊諸臣所見，如後世所出之北宋景祐監本《史記集解》、南宋黃善夫本三家注《史記》等等。故其時即欲以古本善本爲底本而博加精校，蓋亦難以實現。

### （二）殿本的校理

殿本《二十四史》除《明史》外，餘二十三史每卷之末皆附《考證》，亦仿前刻《十三經注疏》之例。故殿本《史記》雖以明北監本爲底本但並非簡單翻刻，而是做了大量的校勘整理工作。

首先，殿本對北監本的篇章次第有所調整。北監本《史記》首《史記索隱序》，次《史記索隱後序》，次《補史記序》，次《史記集解序》，次《史記正義論例謚法解》，次《史記補目錄》，次《史記目錄》，次《史記卷一上三皇本紀第一上》，次《史記》一百三十卷，終《太史公自序》。殿本三家注序依時代先後排列，合於情理。北監本原無《史記正義序》，殿本補入。北監本將司馬貞所補《三皇本紀》列於司馬遷原作之前，殊爲不類，殿本將其與《補史記序》以及張守節《史記正義論例》並移諸篇末，作爲參考，而刪去《史記補目錄》，如此調整使殿本篇章整飭，不似北監本之紛然淆亂。此外，殿本對北監本的《史記目錄》亦作了改動。這些改動張照在《史記序考證》中都作了說明。

其次，殿本對北監本的大量文字訛誤作了校改。《史記序考證》謂：「按明監本訛字甚多，而小注尤甚，今改正者以萬計。惟大字本文訛者則著之，小注不能詳也。」〔註12〕

再次，殿本補刻了大量三家注文，尤其是《正義》注文。明北監本於三家注文多有缺佚，殿本則力圖恢復。《史記序考證》云：「又《正義》之文十缺四五，顛倒錯亂，不可枚舉，……補刻闕文不下千百條，而《正義》十居其九。」〔註13〕又《史記考證跋語》云：「其注有三，曰《集解》，曰《索隱》，曰《正義》，世固皆無全本，就世所傳本博考而詳校之，蓋比明監本增什之六。」〔註14〕

最後，殿本對版式亦微有改動。北監本三家注文於《索隱》注前標「索

冊），上海：上海古籍出版社，2002，頁 329。

〔註12〕〔清〕張照：《史記序考證》。

〔註13〕〔清〕張照：《史記序考證》。

〔註14〕〔清〕張照：《史記考證跋語》。

隱曰」，《正義》注前標「正義曰」，以示區別。惟於《集解》注但稱徐廣曰、如淳曰云云，不加標示，因而易與《索隱》、《正義》相混。殿本則於《集解》注前加「集解」二字，以爲區分。又刪「正義曰」、「索隱曰」之「曰」字，而將「集解」「索隱」「正義」並刻爲陰文，遂使三家注文眉目清晰，頗便觀覽。這在《史記序考證》中也有說明。

## （三）殿本的校勘方法

尋繹殿本《史記考證》中有關校勘的條目，可以歸納其校勘方法，主要有：參校他本、核對他書、推尋文義、本書前後互證。即後世所謂「校勘四法」，在此皆有運用。舉例言之，如《樂毅列傳》「樂瑕公教樂臣公」《考證》：「臣照按：《田叔傳》學黃老術於樂巨公所，『臣』與『巨』二者必有一誤。」此是以本書前後互校，如後世所謂「本校」。他如《六國年表》多與《本紀》相校、《十二諸侯年表》多與《世家》相校，皆是此類。又《三代世表》「殷社芒芒」《考證》：「秦藩本有『詩云土』三字注，今從之。」又《燕召公世家》「悉復得其故城」《考證》：「『故』，監本作『敗』，今依宋本作『故』。」此是據他本校，如後世所謂「對校」。又《樂書》「禮樂見天地之情」《考證》：「監本作『順天地之誠』，臣照按：《樂記》作『禮樂見天地之情』，《正義》云『見胡練反』，又云『見地之情』、『見天之情』，可知古本亦作『見天地之情』，今依《樂記》改正。」此是據他書校，如後世所謂「他校」。他如《十二諸侯年表》多與《左傳》相校、《高祖功臣侯者年表》以下多與《漢表》相校、《禮書》與《禮論》相校、《樂書》與鄭注《樂記》相校，皆是此類。又《五帝本紀》「黃帝者正義亭亭在牟陰」《考證》：「又監本作『封太山禪亭亭在牟陰』，推尋文義應複舉『亭亭』二字，今添。」此是據文義校，如後世所謂「理校」。總之，《考證》在校勘方法上雖未有理論總結，但其在校勘實踐上綜合運用了各種方法，足以啓示後人。

《考證》有所不能定者，則但記其疑，而於原文仍舊。如《越王勾踐世家》「商於析酈宋胡之地正義酈音攤」《考證》：「酈字無攤音，疑攤字之誤。」又《考證》有時明知其誤，然無版本或他書依據，則亦不改原文，可見其審愼。如：《陳杞世家》「故弗采著於傳上」《考證》：「臣照按『上』當是『云』字之訛，各本皆同，故弗改。」

## （四）殿本的參校本

殿本改正明北監本訛誤頗多，《考證》自謂「以萬計」，又增補北監本的

三家注缺文「不下千百條」。考察殿本所參校的版本，對於研究殿本的形成具有重要意義。然而，《考證》不是嚴格意義上的校勘記，對於底本所作的改動，《考證》往往祇說「某監本訛作某，今改正」、「今刪」、「今移正」云云，而不言所據何本。細心考察，《考證》中明確提到的《史記》版本有宋本、秦藩本、凌本。

《考證》中提到「宋本」兩次：

① 《燕召公世家》「悉復得其故城」《考證》：「故，監本作敗，今依宋本作『故』。」

② 《楚世家》「王室不聽還報」《考證》：「監本作『還報楚』，宋本無『楚』字，今依宋本刪。」

北宋官方校刊《史記》有四次，南宋就北宋監本多有翻刻重印，南宋私家刻本有朱中奉本、張杅本、耿秉本、蔡夢弼本、黃善夫本等。此但云「宋本」，而不知其具體所指為何本。

《考證》提到「秦藩本」七次：

① 《三代世表》「殷社芒芒」《考證》：「秦藩本有『詩云土』三字注，今從之。」

② 《禮書》「故制禮義以分之」《考證》：「秦藩本、凌本皆無『分之』二字。」

③ 《晉世家》「唐叔子燮是為晉侯正義……」《考證》：「秦藩本此下有『其城南半入州城中削為坊城墻北半見在』，共十七字。」

④ 《趙世家》「吾國東有河薄洛之水集解……」《考證》：「按秦藩本此下有《正義》『按安平縣屬定州也』，共八字。」

⑤ 《魏世家》「芒卯以詐重」《考證》：「秦藩本此下有《索隱》『言卯以智詐見重于魏』，共九字。」

⑥ 《刺客列傳》「臣所以降志辱身」《考證》：「秦藩本此下有《索隱》『言其心志與身本應高潔今乃卑下其志屈辱其身論語孔子謂柳下惠降志辱身是也』共三十四字。」

⑦ 《刺客列傳》「嚴仲子乃察舉吾弟困污之中」《考證》：「秦藩本此下有《索隱》『案察謂觀察有志行乃舉之劉氏云察猶選也』共十八字。」

秦藩本為明嘉靖十三年（1534）定王朱惟焯藩府所刻三家注本。據張玉春研究，秦藩本為王延喆本的翻刻本，屬於南宋黃善夫刻本系統。

　　《考證》中提到凌本則爲常見。《考證》所稱引諸家舊說多有據凌稚隆《史記評林》轉引者，《考證》時亦明言凌本作某，或據凌本言一本作某。故《史記評林》亦是參校本之一。凌稚隆《史記評林》初刻於明萬曆四年（1576），萬曆中期李光縉就《史記評林》有所增補，是爲增補本。此兩種《評林》本皆當爲《考證》所見。《考證》中屢引「李光縉曰」，又其所引諸家之說亦有衹見於李氏增補本而凌氏自刻本不載者，可知《考證》見李光縉增補本《評林》。

　　《考證》中屢引徐孚遠、陳子龍之說，徐、陳有《史記測議》一百三十卷，明崇禎十三年（1640）刊。故《史記測議》爲校刊諸臣所見，亦當是殿本所參考的版本之一。

　　明萬曆三年（1575）南京國子監祭酒余有丁主持校刊《史記》，刪並三家舊注，匯集宋元明人評注，並增入余氏按語。《考證》稱引「余有丁曰」，文字有時與《史記評林》所載者略有不同，故《考證》有可能直接引自余有丁校刊南監本。如此則明萬曆三年（1575）南監本亦或爲殿本所參考的版本之一。

　　《考證》亦屢言「一本作某」，此「一本」究竟爲何本則非博勘衆本不能知。

　　明北監本文字上多有訛誤，而更爲嚴重的問題是其三家注脫漏甚多。殿本則盡可能地予以補完。那麼，殿本所補的三家注又是依據何本？這是一個值得研究的重要問題。

　　張興吉謂：「明北監本《史記》有很多缺點，比如三家注的大量缺失，於是殿本的校刊者就以明刻王延喆本來補充。」〔註15〕「明北監本有很多缺點，比如三家注的大量缺失，殿本的校刊者就以其他各本來加以補充。如用明代王延喆本來補充明北監本所缺失的《史記正義》。」〔註16〕其謂殿本據王延喆本增補三家注缺文，並非無此可能，然未知其說之所據。

　　張元濟嘗論及此，其《百衲本二十四史前序》譏殿本「檢稽之略」，云：
　　　　……餘皆惟有明兩監之是賴。邊《史》《集解》、《正義》多所芟
　　　節，《四庫提要》羅列數十條，謂皆殿本所逸，若非震澤王本具存，
　　　無由知其妄刪。然何以不加輯補？〔註17〕

〔註15〕張興吉：《元刻〈史記〉彭寅翁本研究》，頁5。
〔註16〕張興吉：《元刻〈史記〉彭寅翁本研究》，頁7。
〔註17〕張元濟：《百衲本二十四史前序》，《縮印百衲本二十四史》，北京：商務印書

又跋百衲本《史記》云：

> 四庫館臣既知監本之不可信，據王本補輯。乃殿本所脫者，即以王本考之，仍有《集解》三十五條，不全者七條，《索隱》二十五條，不全者十九條，《正義》五十二條，不全者四十八條。裴、馬二注猶有他本，《正義》則獨賴此本之存，館臣非不自知，而何以猶任其闕略乎？〔註18〕

又其所著《校史隨筆》有「殿本正義多遺漏」條：

> 《四庫總目》謂：「明代監本《正義》多所刪節。」因歷舉所遺者六十五條，且云：「其一兩字之出入，殆千有餘條，不可毛舉。使非震澤王本俱存，無由知監本之妄刪。」然以王本校之，殿本《正義》全脫者有尚有五十二條，不全者四十二條。館臣既知《正義》獨賴王本之存，何以不悉數採錄？殊不可解。〔註19〕

《校史隨筆》之論，實就跋語而申述。武英殿刊本《史記》成於乾隆四年（1739），而開館編修《四庫全書》則在乾隆三十八年（1773），《四庫全書》中三家注《史記》乃就殿本抄錄，《四庫全書總目》之刪定則在乾隆四十七年（1782）。此張元濟不能不知，而其欲以《四庫》館臣之識見，質之武英殿修書之臣，亦「殊不可解」。故目前尚無直接證據表明殿本依明王延喆本增補三家注闕文。

上列殿本《史記考證》有七處提到明秦藩本，而其中六處皆是記三家注脫文。張照云殿本於三家注「就世所傳本博考而詳校之，蓋比明監本增什之六，然猶未全也。其於已刊之後復搜得之者，則又見於《考證》中，以補其遺。」〔註20〕殿本刊刻之後復校，又見有遺漏，不得已而寫入《考證》之中，則《考證》中所記秦藩本三家注異文，當謂此。據此，殿本所補的三家注極有可能來源於明秦藩本。如上所言，秦藩本依王延喆本翻刻，而王延喆本又翻刻南宋黃善夫本。黃善夫本是現存最早的《史記》三家注合刻本，《史記正義》則以此本為最全。殿本依黃善夫本系統之刻本增補三家注缺文，應當說是盡可能地恢復了三家注尤其是《史記正義》的舊貌。當然，秦藩本既為王延喆本的翻刻本，二本在文字上自是相當接近。《考證》雖未提及王延喆本，

---

　　館，1958，頁 1。

〔註18〕張元濟：《史記跋》，《縮印百衲本二十四史》，頁 1207。

〔註19〕張元濟：《校史隨筆》，頁 5。

〔註20〕〔清〕張照：《史記考證跋語》。

但並不能完全排除其以王本爲參校本，據以增補三家注脱文的可能。關於這一問題，尚待進一步探究。

殿本雖然增補了大量的三家注佚文，然而張元濟將王延喆本與殿本相校後發現，「殿本《正義》全脱者有尚有五十二條，不全者四十二條」。〔註21〕而張元濟在校印百衲本《二十四史》時，以黄善夫本爲底本，與殿本對校，根據其校勘記，亦可見殿本三家注尚有不少脱漏。由此可見，武英殿校刊諸臣雖「就世所傳本博考而詳校之」，〔註22〕然殿本三家注文終未爲全帙。

## 三、《殿本史記考證》

### （一）作者

武英殿校刻《二十一史》仿前刊《十三經注疏》之例，列其異同，校勘訛脱，考辨史實，撰爲《考證》，附於各卷之末。《史記考證》之作者，張照跋語末所附校刊職名列有陳浩、齊召南、孫人龍、杭世駿，亦皆見於《考證》之中，另尚有德齡、王祖庚、李清植三人雖未列於卷末校刊職名，然亦見於《考證》之中。而總其事者爲刑部尚書張照，《考證》跋語即爲張照所作。至於每條《考證》的具體作者，除部分條目明有標識，多數乃不可考。惟杭世駿所撰者後自纂輯成書，收在《道古堂外集》中。

### （二）内容

《考證》的内容，主要分爲以下幾個方面：

（1）校訛誤。殿本《史記》做了大量校勘的工作，增補、改正了明北監本諸多脱文訛字。張照在《史記序考證》中說，「補刻闕文不下千百條」，「按明監本訛字甚多，而小注尤甚，今改正者以萬計」。《考證》中不少條目即是記殿本對底本的改動情況。如：《史記集解序》「妄言末學」《考證》：「『末』，監本訛作『未』，今改正。」此是記改字。又《五帝本紀》「丹朱之不肖不足授天下」《考證》：「此下監本落『於是乃權授舜』句，并《索隱》《正義》注，今添。」此是記增補。又《天官書》「天理貴人牢」《考證》：「監本作『天寶理貴人牢』，『寶』字衍，今删。」此是記删削。又《田單列傳》「索隱述贊曰五牛揚旌」《考證》：「監本誤刻於『其田單之謂耶』句下，今移正。」此是記乙正。

〔註21〕張元濟：《校史隨筆》，頁5。

〔註22〕〔清〕張照：《史記考證跋語》。

（2）列異文。一是列版本之不同。如《高祖本紀》「漢王堅壁不與戰」《考證》：「一本無『王』字。」又《禮書》「故制禮義以分之」《考證》：「秦藩本、凌本皆無『分之』二字。」又《禮書》「疏房牀第几席所以養體也」《考證》：「別本無几席二字，凌本以爲二字疑衍。」二是列本書前後之不同。如《六國年表》「簡公十五年簡公卒」《考證》：「《本紀》作『十六年』。」又同卷「惠公十一年太子生」《考證》：「《本紀》作『十二年』。」三是列他書之不同。如《樂書》「則是物至而人化物也集解鄭元曰隨物變化」《考證》：「今鄭注《禮記》無此語。」又《晉世家》「荀櫟韓不信魏侈」《考證》：「《左傳》作『荀躒魏曼多』。」

（3）舉異說。《史記》成書以來，研讀者代不乏人，《考證》亦時記前人之考論，以見異說並存之意。如《殷本紀》「題作太甲訓三篇褒帝太甲」《考證》：「王若虛《辨惑》曰：『三篇之書雖曰伊尹作，然自始至終皆史氏所錄，豈獨伊尹褒嘉而作乎？』」又《衛康叔世家》「與前通年凡十三年矣」《考證》：「許應元曰：『《左傳》衛朔立四年出亡，八年復入，通年十二。此言十三年，既與《左傳》不同，又與上文年數不合。』」

（4）辨是非。《考證》於文字史實有疑問者及異說不合之處，時加考訂，下以己意。其於三家注之謬，亦有駁正。如《宋微子世家》「殤公即位十年爾」《考證》：「臣照按：既云『即位十年』，何得編於九年之下？《左傳》此事本在十年，則上文九年，『九』字蓋『十』字之訛也。」又《呂太后本紀》「取美人子名之正義劉伯莊云諸美人元幸呂氏懷身而入宮生子」《考證》引徐孚遠說：「本言張皇后無子，不言惠帝無子，美人子即後宮所生，非必元幸呂氏懷身而入宮者。」張照云：「按《年表》，孝惠後宮子在呂后時爲王者，至孝文時並以非皇子誅，此紀云夜有司分部誅滅梁、淮陽、常山王及少帝於邸，如果孝惠子，則古今儒者能不議絳灌爲篡弒耶？且孝文寬仁，豈有誅戮孝惠子孫之理，劉伯莊語豈爲無據，徐孚遠駁之非也。」又《韓世家》「曰韓武子索隱國語叔向謂韓宣子能修武子之德」《考證》：「臣照按：傳稱叔向謂宣子有欒武子之貧，以爲能其德矣，其云修武子之德者，自謂欒懷子耳，《索隱》誤。」

（5）考疑案。《史記》成書較早，流傳過程中又有亡佚增補，唐代又曾升《老子韓非列傳》爲列傳第一，對於有關《史記》成書的疑案，《考證》亦多有涉及。如《孝武本紀考證》引《魏書·王肅傳》、衛宏《漢舊儀注》、《漢書·

司馬遷傳》、張晏曰、顏師古注考論《史記》十篇亡佚。又《樂書考證》考其補作，云「太史公曰」至「汲黯正直之言公孫諂諛之語」，「當馬遷之時所應作之，《樂書》如是止矣。然則《樂書》未嘗不竟也。後人復將《樂記》全寫入公孫弘語之下，又取晉平公事，不經之談以附益之，而馬遷之義始晦矣。」其他如《禮書》、《律書》等篇，《考證》亦有專論。

(6)辨體例。司馬遷作《史記》，創爲五體，開紀傳體史書先河。後人於五體多有論述，《考證》亦有辨說。如《項羽本紀》「索隱項羽不可稱本紀宜降爲世家」，《考證》則云「馬遷之意並非以本紀爲天子之服物采章」，「不得轉據後以議前也，《索隱》之說謬矣」。又《高祖功臣侯者年表考證》以此表體例與漢表相較，分辨二者不同。

綜上，《殿本考證》不但分別同異、校勘文字訛誤，其於史實、體例、成書疑案等相關問題皆有考述，是研究《史記》的重要參考材料，不能單純以「校勘記」視之。

### （三）參引

司馬遷撰《史記》據《詩》、《書》、《左傳》、《國語》、《戰國策》、《世本》、《呂氏春秋》、《楚漢春秋》等書，「厥協六經異傳，整齊百家雜語」，〔註 23〕故《史記》一書於後世所謂「經史子集」則無所不包。正是由於《史記》內容的宏贍豐富，故欲考證《史記》，探微決疑，亦必廣徵博引。殿本《史記考證》參考了大量資料，張照《史記考證跋語》謂「謹就所聞諸師友，見諸傳記者爲之考證」。今將見於《考證》者，粗略統計，分列如下：

經部：《十三經注疏》、《經典釋文》、《韓詩外傳》、《大戴禮記》、《禮記集說》（衛湜）、《金石文字記》、《隸辨》及字書等。

史部：《史記考要》（柯維騏）、《漢書》並顏師古注、《漢書刊誤》（劉敞）、《漢書直題》、《班馬異同》、《後漢書・輿服志》、《兩漢刊誤補遺》（吳仁傑）、《魏書》、《晉書・刑法志》、《晉書・天文志》、《隋書・經籍志》、《唐書・禮志》、《唐書・地理志》、《宋史》、《資治通鑑》、《皇王大紀》、《大事記》、《世本》、《汲冢周書》、《路史餘論》、《路史發揮》、《國語》、《國語注》（韋昭）、《戰國策》、《戰國策注》（鮑彪）、《戰國策校注》（吳師道）、《戰國策補注》、《春秋後語》、《吳越春秋》、《吳越春秋注》（徐天祐）、《高氏越史》、《越絕書》、《十

---

〔註23〕 《史記》卷一三〇《太史公自序》，北京：中華書局，1982，頁 3319〜3320。

六國春秋》、《列女傳》、《漢舊儀》（衛宏）、《華陽國志》、《水經注》、《世族譜》（杜預）、《史通》（劉知幾）、《致堂讀史管見》（胡寅）等。

子部：《山海經》、《韓非子》、《呂氏春秋》、《新書》、《淮南子》、《說苑》、《風俗通》、《星經》、《資暇錄》（李匡乂）、《黃氏日抄》（黃震）、《困學紀聞》（王應麟）、《識遺》（羅璧）、《容齋隨筆》（容邁）、《容齋續筆》（容邁）、《宜齋野乘》（吳枋）、《習學記言》（葉適）、《巵林》（周嬰）、《丹鉛總錄》（楊慎）、《焦氏筆乘》（焦竑）等。

集部：《文選》、《滹南遺老集・史記辨惑》（王若虛）等。

《考證》除引經典及前人著述，所引諸家之說而不著書名者計有：朱熹、王應麟、柯維騏、徐孚遠、余有丁、何孟春、凌稚隆、歸有光、董份、許應元、王世貞、王鏊、王維禎、唐順之、詹惟修、蔡元定、李光縉、陳子龍、陳沂、劉辰翁、茅坤、茅瓚、劉奉世、程一枝、朱彝尊、焦竑、顧炎武。其中所稱「王應麟曰」蓋出《困學紀聞》，「柯維騏曰」蓋出《史記考要》，「焦竑曰」蓋出《焦氏筆乘》，故與此上統計有所重複。

值得一提的是，《考證》所稱引諸家之說，除朱熹、劉奉世、王應麟、朱彝尊、陳子龍、徐孚遠、顧炎武外，餘皆見於凌稚隆《史記評林》，考其所引文字，乃知《考證》多就《評林》轉引。

## （四）局限

殿本《史記考證》校勘諸本，訂正了明北監本的諸多訛誤，增補了不少三家注佚文，同時博採眾說，考訂史實，對於《史記》的整理與研究都取得了一定的成績。不過，《考證》也存在局限。

首先，殿本校勘時所參考的版本不多。武英殿校刊《二十一史》以明北監本爲底本，而沒有分別搜尋每部史書最好的版本作爲底本，不能不說是遺憾。明監本的疏略，早爲學人所詬，故殿本先天即存不足。就殿本《史記》而言，武英殿校勘諸臣雖然運用各種方法，費心校勘，正訛補缺，然而從《史記考證》來看，殿本所參校的《史記》版本實在有限，佳善之本更少。故張元濟譏殿本「惟跼蹐於監本之下，因陋就簡」。〔註24〕張照亦謂：「顧三注文字益多舛訛，雖據所見聞稍加駁正，入於《考證》，然不能無罣漏也。」〔註25〕這無疑影響了殿本的版本質量。

〔註24〕張元濟：《百衲本二十四史後序》，頁3。
〔註25〕〔清〕張照：《史記考證跋語》。

其次，《考證》徵引前人舊說主要依據《史記評林》，採擇範圍未有太大的超越，自然也限制了《考證》的視野。

再次，《考證》對於改動底本的情況沒有詳細說明。囿於體例，《考證》不是嚴格意義上的校勘記，而殿本改正明監本訛誤甚夥，受篇幅所限，對於底本的改動，《考證》未能一一出校說明。其所出校記，亦甚疏略，多逕云「今正」、「今刪」、「今添」，而不言所據何本，這些都對我們今天研究殿本的校勘情況造成了不小的困難。張照《史記序考證》云校改三家注訛誤不出校記，但記正文，然細檢《考證》，實亦記校改三家注之誤，此又其體例之不純。

## 四、殿本的翻刻及影響

### （一）翻刻與影印本

武英殿本《二十四史》因其欽定官修的身份，又加精校精印，故而成為有清一代影響最大的正史版本，在清代即出現了不少翻刻本。清末民初，隨著西方石印術的傳入與廣泛應用，殿本《二十四史》出現了更多的影印本，其影響漸及於今。

根據張興吉統計，「清代殿本有四個翻刻本，影印本中與原本版式一致者有三種，版式雖有變化，文本內容未變者有六種。此種風氣一直延續到民國時期以及現在。」〔註26〕其專著《元刻〈史記〉彭寅翁本研究》附錄二《〈史記〉版本存世目錄》記載了殿本的翻刻及影印本。〔註27〕今據張著所記及調查，殿本《史記》的翻刻本有：

①清乾隆十三年（1748）古香齋巾箱本

永吉案：乾隆時武英殿本《史記》刻成後，在當朝即有翻刻，此即古香齋巾箱本《史記》。古香齋是清高宗弘曆為皇子時齋名。武英殿版《十三經注疏》、《廿四史》刻成後，乃就所餘木料，刻巾箱本圖書，共十種，總曰「古香齋叢書」，各書前冠「古香齋鑒賞袖珍」字樣。古香齋巾箱本《史記》版式與乾隆四年（1739）武英殿本《史記》相同，實即殿本的翻刻本。賀次君謂此本「內容與乾隆四年武英殿校刊《二十四史》《史記》全同，無所增改，於《集解》、《索隱》、《正義》俱作陰文，亦仿殿本式也。此為乾隆刻以自賞之書，故刻

---

〔註26〕張興吉：《元刻〈史記〉彭寅翁本研究》，頁7。
〔註27〕張興吉：《元刻〈史記〉彭寅翁本研究》，頁211～213。

工精美，雖係繙版，較原刻亦無差錯。」〔註28〕此本原刻已不多見，賀次君云尚有南海孔氏重刻本及光緒間書坊翻刻本。今筆者所見為光緒七年翻刻本。

②清咸豐元年（1851）新會陳焯之本

永吉案：王紹曾據《彙刻書目》謂新會陳氏本《二十四史》刻於同治元年，〔註29〕今據國家圖書館藏書目錄檢索，此書牌記題「咸豐元年新會陳氏重雕」，附《考證》，版式與殿本同。

③清同治八年（1869）廣東葄古堂本

永吉案：此即粵刻本《二十四史》，牌記題「嶺南葄古堂藏板同治八年孟秋」，附《考證》，版式與殿本同。

④清同治十一年（1872）成都書局本

永吉案：清同治十年（1871）至光緒元年（1875），成都書局翻刻殿本《史記》、《漢書》、《後漢書》、《三國志》、《五代史》五史，《史記》牌記題「同治十一年正月恭摹殿本刊于成都書局」。

⑤清光緒年間湖南寶慶三味書坊本

⑥清光緒二十年（1894）陝西味經書院本

永吉案：陝西味經書院在劉光蕡主持下翻刻殿本《史記》，留有《史記校勘記》一百三十卷。

以下並據張興吉《〈史記〉版本存世目錄》整理：

殿本《史記》的影印本：

(1)原版式影印本

①清光緒十年（1884）同文書局石印《二十四史》本

永吉案：牌記題「光緒十年甲申仲春上海同文書局石影印」。此本雖曰據殿本石印，然多描潤誤改，不可輕信。王紹曾謂：「然所據非殿本初印，字多模糊，校對之人，又非通品，輒以意描改，遂致錯誤不可究詰。其尤可笑者，自言所據乾隆四年本，而不知四年所刻，固無《舊五代史》，又未見乾隆四十九年殿本，輒依殿版行款，別寫一通，版心亦題乾隆四年。書估無識，有如此者。」〔註30〕

〔註28〕賀次君：《史記書錄》，頁212。

〔註29〕王紹曾：《二十四史版本沿革考》，《目錄版本校勘學論集》，上海：上海古籍出版社，2005，頁551。

〔註30〕王紹曾：《二十四史版本沿革考》，頁553。

②清光緒二十九年（1903）上海五洲同文局石印《二十四史》本

永吉案：牌記題「光緒癸卯冬十月五洲同文局石印」，卷首《史記集解序》前增《四庫全書總目‧史記提要》。此本字劃清晰，《舊五代史》版心題「乾隆四十九年校刊」，其所據本信為殿本之舊，較同文書局石印本為佳。

③民國十六年（1927）商務印書館影印《二十四史》本

（2）縮印或改變版式的影印本

①清光緒二十八年（1902）上海久敬齋石印本

②清光緒二十八年（1902）竢實齋石印本

③清光緒二十八年（1902）上海文瀾書局影印《二十四史》本

④清光緒二十八年（1902）史學齋影印本

⑤1912 年蜚英館石印本

⑥清光緒十八年（1892）竹簡齋石印本，二十八年（1902）第二次印本，中華書局 1923 年據清光緒十八年（1892）竹簡齋石印本影印本。20 行，行 42 字，此本將原書 4 面合為一面。

⑦民國十九年（1930）上海錦章圖書局石印本

⑧民國五年（1916）商務印書館影印本，14 冊

⑨民國二十四年（1935）上海開明書店影印《二十五史》本

此本據殿本影印，將原書 16 面合為 1 面。

⑩國學整理社編，1935 年世界書局《前四史》本

世界書局此本據殿本影印，將原書 9 面合為 1 面。

殿本的排印本有：

①清光緒十四年（1888）上海圖書集成印書局鉛印《欽定二十四史》本，24 冊

②民國十九年（1930）商務印書館萬有文庫本，20 冊

③民國二十一年（1932）商務印書館國學基本叢書簡編本

此本據商務印書館萬有文庫本，版式、頁碼皆同，祇是將原書 20 冊合為 4 冊。

④民國二十五年（1936）上海中華書局《四部備要》本，30 冊

半頁 13 行，行 20 字；注雙行 21 字。黑口，四周單邊。單魚尾，牌記題「據乾隆四年殿本校刊」。另有據排印本影印的縮印本，合原書四面為 1 面。

其他：

①文光書局影印本

②啓明書局影印本

③中華圖書館石印本，20 冊

④清光緒八年（1882）上海點石齋石印本，4 冊

⑤清光緒十四年（1888）上海圖書集成印書局影印本，16 冊

⑥清光緒二十一年（1895）上海畊餘主人石印本

半頁 18 行，行 40 字；注雙行 40 字。

⑦上海掃葉山房民國十一年（1922）石印本，24 冊

補：

1958 年臺灣七略出版社影印本

1964 年臺灣新陸書局影印本

1986 年上海古籍出版社、上海書店縮印《二十五史》本，此本將原書 16 面合爲 1 面。

1988 年上海書店據商務印書館 1933 年版影印本

1991 年天津古籍書店據 1935 年世界書局《前四史》影印本

1994 年中州古籍出版社據 1935 年世界書局影印殿本排印白文標點本

1996 年中國檔案山版社《毛澤東評點二十四史》本

此本據清同治八年（1869）廣東菦古堂覆刻殿本影印，又 1996 年北京線裝書局本，36 冊。

1998 年甘肅民族出版社梁照輝標點本

此本以殿本爲底本，白文，無表。

## （二）《四庫全書》本、《四庫全書薈要》本

### （1）《四庫全書》本

清乾隆三十八年（1773）開館纂修《四庫全書》，《史記》列史部之首。《四庫全書》先後抄成七部，分貯南北七閣。今筆者所見爲文淵閣《四庫》本，在七部之中抄成最早，此本《史記目錄》後所附提要有「乾隆三十九年二月恭校上」字樣，可知此本《史記》抄成之時間。據紀昀《四庫全書總目》，《四庫》本《史記》的版本來源爲「內府刊本」，即乾隆四年（1739）武英殿刊本。

此本爲抄本，半頁八行，行二十一字，注小字雙行，行二十一字，四周雙邊，行間有欄，單魚尾，版心魚尾上題「欽定四庫全書」，下題「史記卷一」

及本卷頁碼。每卷首行題「欽定四庫全書」六字。首《御製重刻二十一史序》，次乾隆御製讀《史記》詩文十三篇，次《校刻二十一史進表》，次《重刻二十一史諸臣職名》，次《史記集解序》，次《史記索隱序》，次《史記索隱後序》，次《史記正義序》，次《史記目錄》，次提要，次《史記》一百三十卷，次《補史記序》，次《補史記三皇本紀》，次《史記正義論例謚法解列國分野》，終張照《史記考證跋語》。又每卷末皆附《考證》，一如武英殿刊本。

《四庫》本《史記》以殿本爲底本抄錄，與武英殿刊本相比，其內容惟增清高宗所作詩文十三篇及《目錄》後提要數行。殿本半頁十行，此本雖改爲八行，然每行字數同於殿本，故首字尾字亦皆同於殿本。

《四庫全書》本《史記》既依武英殿刊本抄錄，理當分毫不差，而其實不然。蓋《四庫全書》纂修之時，館臣於所收之書輒重加考訂校勘，將其考校所得粘附卷末，以供抄手參改。其後乾隆皇帝又命王太岳、王燕緒諸人將館臣考訂之文字，另行編次，纂爲《欽定四庫全書考證》一百卷。《四庫全書考證》對武英殿刊本《史記》之文字訛誤多有校改，故《四庫全書》本《史記》較殿本又有進步。

《四庫》本所改之字，《四庫考證》俱載，然亦有《四庫考證》已出校，而《四庫》本實未改者，此蓋抄手疏漏所致。今以《五帝本紀》爲例，略見一二。如《四庫考證》云：「又『其得姓者十四人』《索隱》『姬酉祁已滕葴任荀僖姞儇依是也』，刊本『儇』訛『嬛』，据《國語》改。」按《四庫考證》所出之文作「嬛」，文淵閣《四庫》本亦仍舊。又《四庫考證》：「又『讙兜曰』《正義》『兜音斗侯反』，刊本『斗』訛『升』，今改。」按《四庫考證》所改是也，而文淵閣本仍作「升」。又《四庫考證》：「又『遷三苗於三危』《正義》『三危山有三峰故曰三危』，刊本脫下『三』字，据《地理今釋》所引《括地志》增。」按文淵閣本「峰」上仍無「三」字。又《四庫考證》：「又『凡二十八年而崩』《集解》『堯葬濟陰丘壠皆小』，刊本『皆小』二字訛作『山』字，据《漢書·劉向傳》改。」按今文淵閣本仍作「山」。又《四庫考證》：「又『歷山之人皆讓畔』《正義》『韓子歷山農相侵畔』，刊本『山』訛『云』，据《韓非子》改。」按殿本作「韓子曆云」，文淵閣本改「曆」爲「歷」，而「云」字仍舊。又《四庫考證》：「《五帝本紀贊》『顧弟弗深考』《集解》『弟但也史記漢書見此者非一』，刊本『記』訛『說』，今改。」按文淵閣本仍作「說」。《四庫考證》於《五帝本紀》一卷之中校改殿本訛誤凡23處，而文淵閣本失

其6處，不能無憾。

　　然亦有《四庫》本改正殿本訛誤而不見於《四庫考證》者。仍以《五帝本紀》爲例，如：「似恭漫天」《正義》「漫音莫干反」，殿本「干」訛「于」，《四庫》本改正；又「於嬀汭」《索隱》「在河東虞鄉縣」，殿本脫「鄉」字，《四庫》本已補。

　　寫手不愼而誤抄者，在《四庫》本中時亦有之。如《五帝本紀》之中，「放勳」《集解》「皇甫謐曰」，此本「謐」訛作「謚」；又「敬順昊天」《正義》「故以昊大言之」，此本「大」訛作「天」；又「輂后四朝」《集解》「鄭玄曰巡狩之年」，此本「之」訛作「九」；又「請流共工於幽陵」《正義》「皆作幽州」，此本「州」訛作「洲」，下同；又「虞舜者」《正義》「軒橋東北有虞城」，此本「軒」作「輪」，金陵本作「幹」；又「於壽丘」《索隱》「故以十爲數」，此本「十」訛「什」；又「於壽丘」《正義》「伍人爲伍」，此本「伍」訛「五」；又「是爲零陵」《集解》「二女不從」，此本「二」訛「三」；又《索隱述贊》「明敭仄陋」，此本「敭」訛「敫」。

　　《四庫考證》綜合利用了本校、對校、他校、理校各種方法，改正了武英殿刊本的大量訛誤。其參校之本，見於《考證》語中者，有宋本、毛本、王鏊本、明監本。云「宋本」者凡三見：《天官書》「又『圜以靜』，刊本『圜』訛『國』，据宋本改」，《天官書》「『蕭索輪困是謂卿雲』，刊本『輪』訛『綸』，据宋本改」，《扁鵲倉公列傳》「又『脈法日脈來數疾』，刊本『疾』訛『病』，据宋本改」，此宋本未知究爲何本。其所謂毛本乃指明毛晉所刻《史記索隱》，而所謂明監本則未言爲南監本抑北監本。其所謂「王鏊本」實即震澤王延喆刻本。王鏊，字濟之，明成化十一年（1475）進士，官至戶部尚書，卒諡文恪，王延喆爲其長子。清錢泰吉《甘泉鄉人稿‧跋震澤王氏史記》云：「文恪卒於嘉靖三年甲申三月，《史記》刻於四年冬，相傳《史記》爲文恪刻者非也。」〔註31〕震澤王氏所刻《史記》祇一種，故知《四庫考證》稱「王鏊本」蓋所謂「相傳」者也，實即王延喆本。

　　《四庫考證》於殿本訛誤發明雖多，然亦有疏誤者，姑舉一例言之。《曆書》「祝犁大荒落四年」《考證》：「按此下有『十二』二字，刊本脫，今增。」案此大謬，《曆術甲子篇》「十二」、「閏十三」皆在當年之前，館臣不識體例，致有是誤。

〔註31〕轉引自賀次君《史記書錄》，頁148。

　　武英殿翻刻明監本《史記》及《四庫全書》抄錄殿本《史記》皆注重校勘考訂，故有張照《殿本史記考證》與王太岳《四庫全書考證》。《殿本考證》除校勘文字外，亦注重史文內容之考證，而殿本對於底本之校改，《殿本考證》多闕而不錄，故據之難以考見殿本與底本詳細之不同。《四庫考證》則專事文字校勘，於底本所作改動亦皆簡明可考，言而有據。此兩種《考證》大概之不同。

　　同治年間張文虎於金陵書局校刻《史記》，纂校勘記為《校刊史記集解索隱正義札記》，《札記》中屢言「《考證》改」，其所謂《考證》兼指《殿本考證》及《四庫考證》。如：《越王勾踐世家札記》：「七術正義貴糴，誤作『遺敵』，《考證》據《越絕》改。」案此據《四庫考證》。《四庫考證》：「『子教寡人伐吳七術正義遺敵粟藁以（以）空其邦』，按『遺敵』，《越絕書》作『貴糴』，此誤。」又同卷《札記》：「以熒，譌『榮』，《考證》改。」案此《考證》指《殿本考證》。《殿本考證》：「子教寡人伐吳七術正義四曰遺之好美以熒其志○臣照按熒猶惑也，作榮者非。」正是由於注重吸收前代校勘成果，方使金陵本《史記》較前代版本訛誤為少。然而張文虎未將《四庫考證》悉數採納，其所捨棄之條目尚待重新審訂。

　　綜上，《四庫全書》本《史記》雖以武英殿刊本為底本抄錄，然在抄錄之前經館臣重校，改正刊本訛誤頗多，故雖有不慎誤抄者，終為殿本系統之進步。《四庫考證》雖經張文虎採擇，仍是今日校勘《史記》不可忽視的重要參考材料。

　　文淵閣《四庫全書》有 1983 年臺灣商務印書館影印本及 1987 年上海古籍出版社縮印本。

　　（2）《四庫全書薈要》本

　　清乾隆三十八（1773）年詔命纂修《四庫全書》，其時高宗年事已高，以其程功無期，恐不及見《四庫》畢工，乃命于敏中、王際華等擷其英華先纂《四庫全書薈要》一部，《史記》亦列在史部之首。乾隆四十三年（1778）第一部《薈要》成，藏於御花園摛藻堂，次年繕寫第二部，藏於長春園味腴書屋，味腴書屋本後燬於戰火，今所見者乃摛藻堂本。

　　此本行款與《四庫全書》本同，惟卷首始《史記集解序》，無《御製重刻二十一史序》、乾隆御製讀《史記》詩文十三篇、《校刻二十一史進表》及《重刻二十一史諸臣職名》，又《四庫全書》本每卷首行有「欽定四庫全書」六字，

此本卷首則空一行。《史記目錄》後所附提要末有「乾隆四十一年二月恭校上」字樣，可知此本抄成之時間。

《四庫全書薈要》卷首有《薈要總目》，《史記》下注云「今依內府刊本繕錄，據宋元槧本、明南北雍本及王鏊、毛晉諸本恭校」。可知《薈要》本亦以殿本爲底本，與《四庫全書》本同出一源，而非據《四庫》本抄錄。

《薈要》本《史記》每兩卷或三卷後於《殿本考證》後附列校勘記，改正武英殿刊本之誤。如《五帝本紀》出校 17 條，除 1 條辨《索隱》之誤外，其他皆是改正殿本之誤，以此與《薈要》本《史記》核對，皆已改正。

《薈要》校勘記與《四庫全書考證》大多相同。其不同者，《考證》異文校，《薈要》校勘記多無。如《五帝本紀》一卷《四庫全書考證》出校 23 條，與《薈要》校勘記相同者 15 條，不見於《薈要》校勘記者 8 條。《薈要》校勘記出校 17 條，15 條與《四庫全書考證》相同，2 條不同。

《薈要》校勘記不見於《四庫全書考證》者兩條：「第二十六頁前二行『在河東大陽縣』，刊本『大』訛『太』，據《漢書·地理志》改。」「第二十六頁前三行『輈橋東北有虞城』，刊本『輈』訛『幹』，據《水經注》改。」此兩條雖不見於《四庫全書考證》，但《四庫全書》本《史記》皆已改正。

《四庫考證》8 條不見於《薈要》校勘記，其中《考證》改字 6 條。「丹水故城」條，「六摯孤執皮帛」條（《薈要》本《史記》此行字小，明顯爲校改補抄。），「庶人執鶩」條，此三條《薈要》本已改。「姑嫚依是也」條，「三危山有三峰」條，「史記漢書見此者非一」條，《薈要》本未改。

由上可見，《薈要》本之抄錄與校勘參考了《四庫考證》，但仍有疏忽未改者。

此本有 1988 年臺灣世界書局影印摛藻堂《四庫全書薈要》本，1997 年吉林人民出版社影印《四庫全書薈要》本，2000 年瀋陽遼海出版社影印摛藻堂《二十四史》本。

（三）殿本的影響

乾隆皇帝詔命重刻《十三經》、《二十一史》，本爲頒於各省會及府、州、縣學，以應文治之需。殿本的官刻身份及其校勘印刷質量的精良使其成爲清代最爲通行的版本，各種翻刻本、影印本更擴大了殿本的影響。張元濟謂：「今世之最通行者，莫如武英殿本。數十年來，重梓者有新會陳氏本，有金陵、淮南、江蘇、浙江、湖北五局儳配汲古合刻本；活版者有《圖書集成》本；

石印者有同文書局本，有竹簡齋本，有五洲同文局本，先後繼起，流行尤廣。」〔註32〕乾隆年間纂修《四庫全書》、《四庫全書薈要》，《史記》皆以殿本爲底本抄錄，一方面是對殿本的肯定，另一方面也提高了殿本的地位，擴大了其影響。

除了翻刻影印抄錄以外，後世校勘《史記》無不以殿本爲重要的校本，也反映了殿本的地位及其影響。清末金陵書局校刊《史記》，張文虎不主一本，擇善而從，雖不以殿本爲底本，然而殿本亦是重要的參校本，在其《校刊札記》中，屢言「官本」作某，或依「官本」改。其所謂「官本」即指殿本及《四庫全書》本。厥後吳興劉承幹延請名家校勘《史記》，列十餘種版本之異同，殿本亦是重要的校本之一。民國間張元濟校印百衲本《二十四史》，以宋元明本爲底本，而以殿本通校，並多有據改者。其中《史記》以黃善夫本爲底本，而以殿本通校，「出校四千九百餘條，闌外批『修』者凡一千八百餘條」。〔註33〕亦可見殿本對於百衲本版本質量的提高發揮了重要作用。二十世紀五十年代日人水澤利忠校勘《史記》，嘗以殿本爲底本，云：「余始校諸本，以乾隆武英殿本爲底本，《新編史記考異》是也。後識南宋慶元黃善夫刊本佳而改之。」〔註34〕水澤氏撰《史記會注考證校補》，亦以殿本爲重要校本。二十世紀五十至七十年代中華書局出版《二十四史》，《史記》以清金陵書局本爲底本，其他諸史或以百衲本爲底本，以殿本等爲校本，或逕以殿本爲底本（如《周書》、《明史》）。中華本《二十四史》是現今最爲通行的正史版本，殿本亦由此發揮其影響。今日或欲重校《二十四史》，殿本仍是不能忽視的重要版本。

---

〔註32〕張元濟：《百衲本二十四史前序》，《縮印百衲本二十四史》，頁1。

〔註33〕王紹曾：《百衲本二十四史整理緣起》，《百衲本二十四史校勘記‧史記校勘記》，頁7。

〔註34〕〔日〕水澤利忠：《史記會注考證校補自序》，《史記會注考證校補》，臺北：廣文書局，1972，頁9。

# 第二章　《史記》殿本與明北監本 對比研究

　　殿本《史記》以明北監本爲底本，經眾手校勘而成。殿本校改了北監本大量的文字訛誤，又「補刻闕文不下千百條」，卷末所附《考證》或有說明。然而《考證》不是嚴格意義上的校勘記，殿本對底本的校改不能據此詳知。因此，惟有將殿本與明北監本對校，方能細究二本差異，從而對殿本作出合理評價。

## 一、明北監本《史記》概說

### （一）版本形態

　　北監本《史記》爲明代北京國子監所刻《二十一史》之一，今筆者所見爲南京圖書館古籍部藏本，《中國古籍善本書目》著錄。書高二十九點一釐米，寬十七點二釐米。書品佳，唯紙墨惡劣。行間有墨筆圈點。護頁有楷文印「八千卷樓珍藏善本」。首頁爲《史記索隱序》，眉端鈐「江蘇弟一圖書館善本書之印記」及「四庫箸錄」二印，首行鈐「嘉惠藝林」、「善本書室」及「八千卷樓」三印。版框高約二十二點四釐米，寬約十五點一釐米。半頁十行，行二十一字，注小字雙行，行二十一字。左右雙邊，行間有欄，白口，單黑魚尾，魚尾上題「萬曆二十六年刊」，魚尾下記「史記卷一帝紀」及頁數，卷二以下版心稱「本紀」，不稱「帝紀」。

　　篇次首《史記索隱序》，次《史記索隱後序》，次《補史記序》，次《史記集解序》，次《史記正義序》（吉按：北監本本無《正義序》，此本《正義序》

爲後人仿原版式抄補），次《史記正義論例謚法解》，次《史記補目錄》，次《史記目錄》，左題「漢太史令龍門司馬遷著」「皇明朝列大夫國子監祭酒臣劉應秋　承直郎國子監司業臣楊道賓等奉勅重較刊」「皇明朝列大夫國子監祭酒臣吳士元　承德郎司業仍加俸一級臣黃錦等奉旨重修」，次《史記卷一上三皇本紀第一上》，次《史記》一百三十卷。

## （二）版本源流

明人喜刻書品評，明刊《史記》亦較他代爲多。根據張興吉《〈史記〉版本存世目錄》統計，現存的明刊《史記》包括各類評點本共有 30 種。其中南北國子監官刻之本即有 4 種：嘉靖九年（1530）南監張邦奇刊本、萬曆三年（1575）南監余有丁刊本、萬曆二十四年（1596）南監馮夢禎刊本、萬曆二十六年（1598）北監劉應秋刊本。

根據張玉春研究，明南北監所刊《史記》四種存在承繼關係，屬於同一版本系統。明嘉靖九年（1530）南監本以元大德九年（1305）刊本爲底本，大德本爲《集解》、《索隱》二家注合刻本，南監本增入了《正義》注，成爲三家注合刻本。其後的萬曆三年（1575）南監本、萬曆二十四年（1596）南監本以及萬曆二十六年（1598）北監本皆是在此本的基礎上修補而成。〔註1〕

對於北監本的底本，張玉春明確說：「以此本與明南監本比勘，其與嘉靖九年刊本行格相同，《史》文及注亦無明顯差異，是知其據嘉靖本翻刻。」〔註2〕前此，安平秋認爲北監本的底本爲萬曆二十四年（1596）南監馮夢禎刊本，他說：「此本（吉案：指萬曆二十四年南監本）三家注亦多脫漏，校勘欠精，訛誤較多，但在南監本中算是最好的本子了。其後的北監劉應秋本即是根據此本校刻的。」〔註3〕賀次君則認爲北監本底本爲明景泰四年（1453）南監吳節刊本，他說：「按北監本《史記》，蓋就景泰四年南京國子監祭酒吳節本繕寫刊刻，各藏書家並以爲依萬曆三年南京國子監祭酒余有丁本重刻者實誤。余刻有吳澄、余有丁等人評注，此本則無；三家舊注此本雖亦刪節，但不如余有丁本之甚，皆所不同也。」〔註4〕張玉春對於賀氏此說做了駁辯，尤其通過將北監本與嘉靖九年（1530）南監本對比，得出了令人信服的結論。

---

〔註1〕 參張玉春：《〈史記〉版本研究》第六章。
〔註2〕 張玉春：《〈史記〉版本研究》，頁 332。
〔註3〕 安平秋：《〈史記〉版本述要》，《古籍整理與研究》，1987 年第 1 期，頁 30。
〔註4〕 賀次君：《史記書錄》，頁 174。

## （三）缺陷問題

明人刻書隨意刪改，校讎不精，久爲人所詬，南北監所刻諸史亦有此病。
顧炎武《日知錄》卷十八「監本二十一史」條云：

> 嘉靖初，南京國子監祭酒張邦奇等，諸校刻史書，欲差官購索
> 民間古本。部議恐滋煩擾，上命將監中十七史舊板考對修補，仍取
> 廣東《宋史》板付監，遼、金二史無板者，購求善本翻刻，十一年
> 七月成，祭酒林文俊等表進。至萬曆中，北監又刻《十三經》、《二
> 十一史》，其板視南稍工，而大夫遂家有其書，歷代之事迹，粲然於
> 人間矣。然校勘不精，訛舛彌甚，且有不知而妄改者。……此則秦
> 火之所未亡，而亡於監刻矣。〔註5〕

葉德輝《書林清話》「明南監罰款修板之謬」條云：

> 明兩監書板，尤有不可爲訓者。如南監諸史，本合宋監及元各
> 路儒學板湊合而成。年久漫漶，則罰諸生補修，以至草率不堪，並
> 脫葉相連亦不知其誤。北監即據南本重刊，謬種流傳，深可怪歎。
> 吾不知當時祭酒、司業諸人，亦何尸位素餐至於此也。……然則監
> 本即不燬於江寧藩庫之火，其書雖至今流傳，亦等於書帕坊行，不
> 足貴重矣。〔註6〕

前人對於明南北監本《史記》亦多有批評。主要體現在兩個方面，一是校讎
不精，訛誤較多；二是三家注文多有缺失。安平秋謂：「南北監本四種，其特
點有二：一是訛誤甚多，校勘不善，不爲藏家所重；二是於三家注有大幅度
刪削，尤其是於『索隱』、『正義』二家。」〔註7〕

《四庫全書總目・〈史記〉提要》云：「明代國子監刊版，頗有刊除點竄。」
〔註8〕張元濟云：「兩監覆刻，校勘未精，訛舛彌甚，且多不知而妄改，昔人
久有定評。」〔註9〕張照云：「按明監本訛字甚多，而小注尤甚，今改正者以
萬計。惟大字本文訛者則著之，小注不能詳也。」〔註10〕殿本改正訛字以萬

---

〔註5〕 〔清〕顧炎武：《日知錄》，頁 797～798。
〔註6〕 李慶西標校：《葉德輝書話》，杭州：浙江人民出版社，1998，頁 180。
〔註7〕 安平秋：《〈史記〉版本述要》，《古籍整理與研究》，1987 年第 1 期，頁 31。
〔註8〕 〔清〕紀昀：《四庫全書總目》，北京：中華書局，1965，頁 398。
〔註9〕 張元濟：《百衲本二十四史前序》，《縮印百衲本二十四史》，北京：商務印書
　　　 館，1958，頁 1。
〔註10〕 〔清〕張照：《史記序考證》。

計，是明監本校讎之不精可見一斑。

關於明監本三家注缺失問題，前人所論有同有異。所同者，是明監本三家注不全。所異者，是造成這種缺失的原因，究竟是刊刻者人爲刪削，還是客觀上所據底本不善所致。

前人對於明監本三家注不全殆無疑義。《四庫總目·〈史記正義〉提要》云：「至明代監本，採附《集解》、《索隱》之後，更多所刪節，失其本旨。」〔註11〕繼列監本《正義》所缺者六十五條，末謂：「其他一兩字之出入，殆千有餘條，尤不可毛舉。」〔註12〕張元濟《校史隨筆》「監本大刪三家注」條云：

> 以監本校黃善夫本，《集解》全刪者四百九十九條，節刪者三十五條。《索隱》全刪者六百一十三條，節刪者一百二十二條。以《正義》爲尤多，全刪八百三十七條，節刪一百五十七條。〔註13〕

張玉春統計：

> 黃善夫本《高祖本紀》有《集解》注文 144 條，《索隱》注文 135 條，《正義》注文 117 條，計 396 條，此本（吉案：指北監本）有《集解》138 條，《索隱》127 條，《正義》70 條，計 335 條，比黃善夫本少 61 條。〔註14〕

那麼，這種三家注的大量缺失，其原因究竟何在？一種觀點認爲是刊刻者人爲刪削所致，《四庫全書總目》的觀點可以視爲代表。其《〈史記集解〉提要》云：「自明代監本以《索隱》、《正義》附入，其後又妄加刪削，訛舛遂多。」〔註15〕《〈史記索隱〉提要》云：「此書本於《史記》之外別行，及明代刊刻監本，合裴駰、張守節及此書散入句下，恣意刪削。」〔註16〕《〈史記正義〉提要》云：「至明代監本採附《集解》、《索隱》之後，更多所刪節，失其本旨。」〔註17〕「其他一兩字之出入，殆千有餘條，不可毛舉。苟非震澤王氏刊本具存，無由知監本之妄刪也。」〔註18〕其後張元濟亦謂「監本大刪三家注」，安

---

〔註11〕 〔清〕紀昀：《四庫全書總目》，頁 399。
〔註12〕 〔清〕紀昀：《四庫全書總目》，頁 400。
〔註13〕 張元濟：《校史隨筆》，頁 5。
〔註14〕 張玉春：《〈史記〉版本研究》，頁 334。
〔註15〕 〔清〕紀昀：《四庫全書總目》，頁 398。
〔註16〕 〔清〕紀昀：《四庫全書總目》，頁 399。
〔註17〕 〔清〕紀昀：《四庫全書總目》，頁 399。
〔註18〕 〔清〕紀昀：《四庫全書總目》，頁 400。

平秋亦云明南北監本於三家注有大幅度刪削。

　　另一種觀點認爲監本三家注的缺失是其所據底本不善所致，并非人爲刪削（萬曆三年余有丁刊本除外），此說始自張玉春《〈史記〉版本研究》。張氏通過細心考證，認爲嘉靖九年（1530）南監本是在元大德九年（1305）二家注本的基礎上增入《正義》注文而成。三家注文尤其是《正義》注以南宋黃善夫本爲最全，而「從張邦奇到劉應秋均沒有見過黃善夫本，明南北監本與黃善夫本沒有版本承繼關係，所以也就不存在刪削三家注文之事。」〔註 19〕又云：「南監本三家注不全，尤其是《正義》注文脫落甚多，是張邦奇等所據《正義》本即如此規模，又無它本可供參校，遂悉數刻入，非爲有意刪削。」〔註 20〕祇有萬曆三年（1575）南監余有丁刊本是有意刪削三家注文。近來也有學者對於此說提出質疑。有關明監本三家注的缺失問題，值得進一步探討。

## 二、殿本與北監本之差異

### （一）宏觀考察

　　如上所述，明監本《史記》校勘不精，三家注文缺失嚴重，這在清代武英殿校書之臣是有認識的。故武英殿本《史記》雖以明北監本爲底本，但絕非依樣覆刻，而是做了大量校補工作，同時對於北監本的體例亦有所改進，如移司馬貞所補《三皇本紀》於書末作爲附錄，以陰文刻「集解」、「索隱」、「正義」各於其注之前。如此等等，皆是殿本與北監本在形制上的不同，此在上一章已有所論述。這裏欲就其內容之差異略作考述。

　　殿本與北監本內容上的差異主要是文字的不同及三家注文的多寡。殿本對於北監本做了大量校改，主持校刊的刑部尚書張照在《史記序考證》中自謂「補刻闕文不下千百條」，改正訛字以萬計。其所改字之數目，難以一一計數，惟其所補三家注闕文之數目則能通過前人統計得知大概。

　　張元濟曾將明監本與黃善夫本相校，得出二本所差三家注之數目；又其《百衲本史記校勘記》以黃善夫本與殿本相校，二本所差三家注之數目亦可得知。殿本以監本爲底本，故前所得兩數之差，即是殿本所增補三家注文之數目。惟張元濟但言「以監本校黃善夫本」，未言其爲南監本抑北監本。然張

〔註19〕張玉春：《〈史記〉版本研究》，頁 334。

〔註20〕張玉春：《〈史記〉版本研究》，頁 328～329。

玉春云北監本乃據嘉靖九年（1530）南監本翻刻，「《史》文及注亦無明顯差異」，〔註21〕故此法仍可窺知殿本所增三家注文情況。

今據張元濟《百衲本史記校勘記》統計，黃善夫本與殿本三家注數目相差如下：

1. 《集解》

不全：卷一二：1 條；卷四四：2 條；卷五七：1 條；卷七九：1 條；卷八四：1 條；卷一一〇：1 條。

缺失：卷一：2 條；卷六：2 條；卷一一：1 條；卷一二：1 條；卷一三：1 條；卷一八：1 條；卷四三：3 條；卷四四：3 條；卷五五：1 條；卷七一：1 條；卷八一：1 條；卷八九：1 條；卷九二：1 條；卷九五：1 條；卷一〇四：1 條；卷一〇五：1 條；卷一〇八：1 條；卷一一〇：1 條；卷一一七：3 條；卷一一八：1 條。

2. 《索隱》

不全：卷一：2 條；卷二：1 條；卷四：1 條；卷六：1 條；卷一二：3 條；卷三二：2 條；卷五四：1 條；卷五五：1 條；卷五九：1 條；卷九二：1 條；卷一一〇：1 條。

缺失：卷一：1 條；卷六：1 條；卷一八：1 條；卷一九：4 條；卷二〇：1 條；卷四四：2 條；卷六〇：1 條；卷七〇：1 條；卷八〇：1 條；卷八五：1 條；卷八六：2 條；卷八七：1 條；卷九二：1 條；卷九三：1 條；卷一〇三：1 條；卷一〇五：1 條；卷一〇八：1 條；卷一二八：1 條。

3. 《正義》

不全：卷一：4 條；卷四：5 條；卷五：2 條；卷六：2 條；卷七：1 條；卷八：1 條；卷九：1 條；卷一二：1 條；卷二三：1 條；卷二六：1 條；卷二七：1 條；卷三二：1 條；卷三四：1 條；卷三九：1 條；卷四〇：2 條；卷四二：1 條；卷四三：3 條；卷四四：1 條；卷四五：4 條；卷五四：3 條；卷九二：2 條；卷一〇三：1 條；卷一〇七：1 條；卷一一〇：1 條；卷一三〇：1 條。

缺失：卷一：1 條；卷二：2 條；卷四：4 條；卷五：1 條；卷六：18 條；卷七：1 條；卷一一：4 條；卷一二：11 條；卷二五：1 條；卷二七：2 條；

卷三一：1 條；卷三六：1 條；卷四三：4 條；卷四五：1 條；卷七一：1 條；卷七九：2 條；卷九二：1 條；卷一〇二：1 條；卷一〇五：1 條；卷一一一：1 條；卷一二九：2 條。

綜上，與黃善夫本相校，殿本《集解》不全者 7 條，缺失者 28 條；《索隱》不全者 15 條，缺失者 23 條；《正義》不全者 43 條，缺失者 61 條。

張元濟《校史隨筆》「監本大刪三家注」條，以明監本與黃善夫本相校，得監本《集解》全刪者 499 條，節刪者 35 條；《索隱》全刪者 613 條，節刪者 122 條；《正義》全刪者 837 條，節刪者 157 條。〔註22〕

兩相比較，可知殿本補監本《集解》不全者 28 條，補其全脫者 471 條；補《索隱》不全者 107 條，補其全脫者 590 條；補《正義》不全者 114 條，補其全脫者 776 條。

又張玉春《〈史記〉版本研究》以《高祖本紀》為例，統計北監本此卷三家注文較黃善夫本少 61 條，〔註23〕檢張元濟《百衲本史記校勘記》，此卷殿本三家注文祇有一條《正義》注少兩字不全。

由上可見，殿本校補了北監本的大部分三家注闕文，張照所謂「補刻闕文不下千百條」並非虛語。

雖然如此，殿本三家注仍為不完。如上統計，與黃善夫本相比，殿本《集解》殘缺者 35 條，《索隱》殘缺者 38 條，《正義》殘缺者 104 條。張元濟跋百衲本《史記》，以黃善夫本的翻刻本明王延喆本與殿本相校，殿本所脫「仍有《集解》三十五條，不全者七條；《索隱》二十五條，不全者十九條；《正義》五十二條，不全者四十八條」。〔註24〕此蓋武英殿校勘諸臣檢稽仍有疏失者。當時任職諸臣並非不自知。張照《史記序考證》：「今校定刊刻之後，時或又得數條，其不可少者，重錄添入，其無關緊要者，仍從割棄。」〔註25〕《考證跋語》：「蓋比明監本增什之六，然猶未全也。其於已刊之後復搜得之者，則又見於《考證》中，以補其遺。」〔註26〕可見其割棄無關緊要之注

---

〔註22〕參張元濟《校史隨筆》，頁 5。
〔註23〕參張玉春《〈史記〉版本研究》，頁 334。
〔註24〕張元濟：《史記跋》，《縮印百衲本二十四史》，頁 1207。吉案：張氏《校史隨筆》中云「殿本《正義》全脫者尚有五十二條，不全者四十二條」，與此略有不同。
〔註25〕〔清〕張照：《史記序考證》。
〔註26〕〔清〕張照：《史記考證跋語》。

文，亦屬無奈之舉。然經武英殿諸臣重新校讎之本「校明監本則不可同年語矣」。〔註27〕

### （二）微觀比對

以上主要利用前人校勘統計成果，對殿本與北監本的差異做了宏觀的考察，尚未涉及具體篇章的文字異同。由於明北監本存世不多，雖藏於公共圖書館，然列爲善本，受種種條件所限，不易得見，後世亦無影印之本；而殿本與明監本差異仍爲不小，故全校二本尚有困難。今以《史記目錄》、《史記三家注序》、司馬貞補《三皇本紀》、《史記正義論例諡法解列國分野》、《五帝本紀》、《殷本紀》、《秦本紀》、《項羽本紀》、《呂不韋列傳》、《袁盎鼂錯列傳》、《張釋之馮唐列傳》、《韓長孺列傳》、《李將軍列傳》、《汲鄭列傳》、《游俠列傳》諸卷爲例，細究二本異同，以求對其差異有更加入微的認識。以管窺豹，但見其一斑而已。

#### 1. 《史記》目錄

**（1）行款之不同**

監本史記目錄前有三行，題：「史記補目錄，唐弘文館學士河內司馬貞著，三皇本紀。」殿本無，參殿本《考證》。

「漢太史令司馬遷」，監本「太史令」下有「龍門」二字。

「本紀一十二　年表一十　八書八　世家三十　列傳七十」，監本於數字前出「卷」字，參殿本《考證》。

「史記卷九十六列傳第三十六　附韋賢」，「列傳第四十四　附任安」、「列傳第六十六滑稽　附東方朔」，監本無「附」字。

**（2）文字之不同**

「卷九十八列傳第三十八　靳歙」，監本「靳歙」作「　翖」。「韓說」，監本「說」作「蓋」。「郅都」，監本「郅」訛「到」。「大月氏」，監本「氏」作「氐」。「司馬季主」，監本「季」訛「李」。

#### 2. 《史記》三家注序

**（1）行款之不同**

二本次序不一，而監本又無《正義序》，參殿本《考證》。今筆者所據本抄補《正義序》。

---

〔註27〕〔清〕張照：《史記考證跋語》。

《史記集解序》

「裴駰」《索隱》，監本「索隱」二字前出「司馬貞」，後出「曰」字。參殿本考證。

《史記索隱序》

監本頁末有「史記索隱序終」六字，殿本無。

《史記索隱後序》

監本頁末有「史記索隱後序終」七字，殿本無。

《補史記序》

監本頁末有「補史記序終」五字，殿本無「終」字。

《補史記》

「唐國子博士弘文館學士司馬貞補撰并注　三皇本紀」，監本作「史記卷一上　三皇本紀第一上　唐國子博士弘文學士　河內司馬貞補撰并注」，下為重修諸臣官銜及姓名。

「補史記」，監本作「史記卷一上終」。

《史記正義論例謚法解列國分野》

監本無「列國分野」四字。

「唐諸王侍讀率府長史張守節上」，監本無「唐」字，「讀」下有「宣議郎守右清道」七字。

《列國分野》

「漢書地理志云」，監本「漢書」前有一「○」。

「史記正義論例列國分野」，監本此十字作「□□□□□□謚法解終」。

(2)文字之不同

《史記集解序》

小題《索隱》「太中大夫」，監本「太」作「大」，「夫」作「天」。「班固有言曰」《索隱》「潁川太守」，監本「潁」作「廣」。「是非頗繆於聖人」《索隱》「是繆於聖人」，監本「繆」作「謬」。又《正義》「何更非駁史記」，監本「駁」作「剝」。「增演徐氏」《正義》「羊善反」，監本「羊」作「芊」。「刪其游辭」《正義》「刪音師顏反」，監本「刪」訛「剛」。「但云漢書音義」《正義》「蓋後所加」，監本「加」訛「如」。「譬嚄星之繼朝陽」《索隱》「三心五嚄」，監本「嚄」作「嗶」。「華嶽」《正義》「華音故化反」，監本「音」訛「皆」。「依違不悉辯也」，監本「也」作「論」。「妄言末學」，監本「末」訛「未」，參殿

本《考證》。

《史記索隱序》

「而未窮討論焉」，監本「討」訛「計」，參殿本《考證》。「異旨微義」，監本「旨」訛「音」，參殿本《考證》。

《史記索隱後序》

「故事覈而文微」，監本「微」訛「徵」。「名山壞宅」，監本「壞」訛「壤」，參殿本《考證》。「音乃周備」，監本「乃」訛「及」，參殿本《考證》。「千載古史良難紬繹」，監本「史良」二字倒，脫「紬繹」二字。「於是更撰音義」，監本「於是更」作「更然因退」。「導北轅於司南」，監本「導」作「遵」。

《補史記序》

「又帝系皆敘」，監本「系」作「世」。

《補史記》

「太皞庖犧氏」，監本「犧」作「犧」。「而生庖犧」，監本「犧」作「犧」。「其帝大皞是也」，監本「大」作「太」。「神農氏作」注「按三皇記者」，監本「記」作「紀」。「因以爲姓」注「少典有蟜氏」，監本「氏」作「代」。注「所以同是」，監本無「以」字。「天下是也」注「亦曰有烈氏」，監本「氏」作「山」。「軒轅氏興焉」注「況譙皇二氏」，監本作「祝誰望代」。「夫庭氏」，監本「夫」作「大」。「卷須是」，監本「是」作「氏」。「有天下者之號」注「古封大山者」，監本「大」作「太」。

《史記正義論例謚法解列國分野》

《論字例》

「羑下爲大」，監本「羑」作「美」。「裒下爲衣」，監本「裒」作「褒」。「錫爲錫」，監本作「字爲錫」。「名譽」注「音預」，監本「預」作「譽」。「解」注「自散也」，監本「散」作「解」。「至贄」注「並音脂利反」，監本無「音」字。「利涖」注「並音力至反」，監本無「音」字。「寺嗣飼」注「並音辭吏反」，監本無「音」字。「字牸」注「並音侯置反」，監本無「音」字。「躓鷙」注「並音陟利反」，監本無「音」字。「富輹」注「並音府副反」，監本無「音」字。

《發字例》

「長直良反久也又張丈反」，監本無「長直良反久也」六字。

《謚法解》

「仁義所往曰王民往歸之」，監本「往」作「徃」。「溫柔賢善曰懿性純淑」，監本「性」作「生」。「協時肇厚曰孝協合肇始」，監本「始」作「野」。「慈仁短折曰懷短未六十」，監本「六」作「太」。「夙夜警戒曰敬敬身急成」，監本「成」作「戒」。「剛德克就曰肅成其敬」，監本「敬」作「懋」。「熱心決斷曰肅言嚴果」，監本「嚴」作「民」。「外內貞復曰白正而復始終一」，監本後一「復」字作「德」。「不顯尸國曰隱以問主國」，監本「問」作「間」。「疏遠繼位曰紹非其第」，監本「第」作「弟」。「愛民在刑曰克齊之以刑」，監本後一「刑」字作「法」。

### 3. 卷一《五帝本紀》

（1）文字之不同（40 條）

「少典之子」《索隱》「黃帝者少典氏」，監本「者」作「即」。「莫能伐」《正義》「銅頭鐵額」，監本無「頭」字。又《正義》「造五兵仗」，監本「仗」作「杖」。又《正義》「以感天下」，監本「感」作「威」。「蓺五種」，監本「蓺」作「藝」，注同。「蓺五種」《索隱》「蓺音藝」，監本作「藝音蓺」。又《索隱》「荏菽戎菽也」，監本無後一「菽」字。「登雞頭」《正義》「在肅州福祿縣」，監本「福祿」作「祿福」。「登熊湘」《正義》「商州洛縣西十里」，監本「縣」作「陽」。「是為青陽」《集解》「駰案太史公乃據大戴禮」，「乃」作「曰」。又《索隱》「皆云玄囂青陽即少昊也」，監本「即」作「皆」。「帝顓頊高陽者」《索隱》「宋忠云」，監本「忠」作「衷」，下同。「依鬼神以制義」，監本「制」作「制」。「東至于蟠木」《集解》「上有大桃樹」，監本「大」作「太」。「歷日月而迎送之」，監本「歷」作「曆」。「陳鋒氏女」《正義》「有娀氏女」，監本「娀」作「娥」。「乃命羲和」，監本「羲」作「羲」，下同。「敬順昊天」《正義》「釋天云」，監本「天」作「文」。「日暘谷」《索隱》「今並依尚書字」，監本「依」作「作」。「便程南譌」監本「譌」作「為」，注同。「便程西成」《集解》「秋西方」監本「西」作「酉」。「以正中冬」《集解》「鄭玄曰四十五刻」，監本「刻」下有「非」字。「布功可用」《正義》「兜音升侯反」，監本「升」作「斗」。「不可用而已」《正義》「异已也退也」，監本「也」作「已」。「踐朕位」《集解》「入處我位」，監本「入」作「令」。「大祖也」《正義》「唐虞謂之五府」，監本「五」作「天」。又《正義》「夏謂之世室」，監本「世」作「正」。又《正義》「殷謂之重屋」，監本「屋」作「室」。「以齊七政」《正義》「說文云璿美玉也」，監本「美」作「赤」。又《正義》「蓋縣璣以象天」，監本「蓋」作「並」。「禋于

六宗」《正義》「埋少牢於大昭」，監本「大」作「太」。「輯五瑞」，監本「輯」作「揖」，注同。「同律度量衡」《正義》「本起黃鍾之長」，監本「長」上有「管」字。又《正義》「一黍之起積千二百黍之廣度之九十分一爲一分十分爲寸」，監本作「一黍爲一分十分爲寸」。又《正義》「本起黃鍾之重」，監本無「重」字。「三帛」《正義》「故高陽氏爲天統」，監本「爲」作「又」。「二生」《正義》「羔小羊也」，監本「羊」作「羔」。「一死」《正義》「按雉不可生」，監本無「雉」字。「而崩」《正義》「城陽縣也」，監本「城」作「郕」。「帝繫姓」《正義》，監本作「五帝德及帝繫姓皆大戴禮文及孔子家語篇名漢儒者以二書非經恐不是聖人之言故或不傳學也」。

（2）三家注之缺失

①《集解》不完（5 條）

「登熊湘」《集解》「駰案封禪書曰」，監本無「駰案」二字，下同（吉按：殿本《集解》引書皆於書名前加「駰案」二字，監本則無）。「爲雲師」《集解》「張晏曰」至「名師與官」（吉按：凡言某至某，皆包括所出之字），監本無。「以治民」《集解》「大鴻見封禪書」，監本無此六字。「是爲青陽」《集解》「駰案太史公乃據大戴禮」，監本無「駰案」二字。「決川」《集解》「鄭玄曰」至「水害也」，監本無。

②《集解》全脫（31 條）

「少典之子」《集解》，「軒轅氏世衰」《集解》，「度四方」《集解》，「北逐葷粥」《集解》，「死生之說」《集解》，「水波」《集解》，「西至于流沙」《集解》，「信飭百官」《集解》，「皆曰鯀可」《集解》，「不至姦」《集解》，「三年矣」《集解》，「合時月正日」《集解》，「同律度量衡」《集解》，「脩五禮」《集解》，「爲摯」《集解》，「怗終」《集解》，「崇山」《集解》，「三危」《集解》，「羽山」《集解》，「天子位焉」《集解》，「旁出」《集解》，「少暭氏」《集解》，「奮庸」《集解》，「不馴」《集解》，「在寬」《集解》，「華夏」《集解》，「誰能馴予工」《集解》，「共工」《集解》，「直而溫」《集解》，「寬而栗」《集解》，「唯謹」《集解》。

③《索隱》不完（2 條）

「幼而徇齊」《索隱》「故墨子亦云」至「何得云十五」，監本無。「乃命羲和」《索隱》「按聖人」至「官卿也」，監本無。

④《索隱》全脫（14 條）

「治五氣」《索隱》，「登丸山」《索隱》，「葬橋山」《索隱》，「其仁如天」
《索隱》，「其知如神」《索隱》，「就之如日」《索隱》，「望之如雲」《索隱》，「敬
致」《索隱》，「嬌汭」《索隱》，「大祖也」《索隱》，「以變北狄」《索隱》，「於
是乃權授舜」《索隱》，「尚矣」《索隱》，「帝繫姓章矣」《索隱》。

⑤《正義》不完（12 條）

小題下《正義》注「禮云」至「故云史記」，監本無。「黃帝者」《正義》
「輿地志」至「亦曰帝軒氏」，監本作「按黃帝」三字；又「禪亭亭亭亭在牟
陰」，監本無後「亭亭」二字。「阪泉之野」《正義》「東五十六里」，監本無「五
十六里」四字；又「又有」至「所都也」，監本無。「及岱宗」《正義》「三十
里也」，監本無此四字。「登雞頭」《正義》「東南六十里」，監本無「六十里」
三字。「登熊湘」《正義》「商州洛縣西十里」，監本無「十里」二字；又「巴
陵縣南十八里也」，監本無「十八里也」四字。「合符釜山」《正義》「懷戎縣
北三里」，監本無「北三里」三字。「以治民」《正義》「舉任用四人皆帝臣也」，
監本無此九字；又「鄭玄云風后」至「三篇也」，監本無。「以齊七政」《正
義》「也鄭玄云」至「之大也」，監本無。「禋于六宗」《正義》「孫炎云」至
「祭也」，監本無；又「孔安國云」至「水旱也」，監本無。「同律度量衡」《正
義》「律之十二」至「輕重異也」。「為摯」《正義》「韋昭云」至「摯鳥也」，
監本無。

⑥《正義》全脫（54 條）

「弱而能言」《正義》，「脩德振兵」《正義》，「貙虎」《正義》，「不用帝命」
《正義》，「平者去之」《正義》，「北逐葷粥」《正義》，「涿鹿之阿」《正義》，「迎
日推策」《正義》，「天地之紀」《正義》，「幽明之占」《正義》，「死生之說」《正
義》，「存亡之難」《正義》，「水波」《正義》，「故號黃帝」《正義》，「得姓者十
四人」《正義》，「依鬼神以制義」《正義》，「北至于幽陵」《正義》，「南至于交
阯」《正義》，「西至于流沙」《正義》，「動靜之物」《正義》，「小大之神」《正
義》，「帝嚳高辛者」《正義》，「迎送之」《正義》，「敬事之」《正義》，「從服」
《正義》，「曰暘谷」《正義》，「居南交」《正義》，「曰昧谷」《正義》，「曰幽都」
《正義》，「漫天不可」《正義》，「汆朕位」《正義》，「至於岱宗柴」《正義》，「共
工果淫辟」《正義》，「崇山」《正義》，「三危」《正義》，「羽山」《正義》，「舉
樂」《正義》，「於是乃權授舜」《正義》，「可用者」《正義》，「益篤」《正義》，
「讓畔」《正義》，「止舜宮居」《正義》，「后土」《正義》，「佞人」《正義》，「不

馴」《正義》,「歌長言」《正義》,「律和聲」《正義》,「神人以和」《正義》,「振驚朕眾」《正義》,「惟信」《正義》,「相天事」《正義》,「四海之內」《正義》,「以客見天子」《正義》,「顧弟弗深考」《正義》。

(3)其他

①三家注位置之不同

「降居若水」《正義》,監本在「江水」下。「江淮荊州」《集解》,監本在「三苗」下。《正義》「左傳云」至「之地也」,監本在「三苗」下。「以變北狄」《集解》,監本在「二十八年而崩」下。「以變北狄」《正義》,監本在「二十八年而崩」下。「三就」《正義》,監本在「有服」下。

②三家注混淆

「苦窳」《集解》,監本爲《索隱》注,無「史記音義」四字。

4. 卷三《殷本紀》

(1)文字之不同(19 條)

「殷契」《索隱》「故言殷契」,監本無「殷」字。「相土立」《正義》「括地志云宋州」,監本「宋」作「來」。「曹圉卒」《正義》「圉音語出系本」,監本「系本」作「本草」。「湯曰汝不能敬命」,監本無「湯」字,參殿本《考證》。「伊尹名阿衡」《索隱》「有侁氏女採桑得嬰兒於空桑母居伊水」,監本無「桑」字,「母」作「後」。「女房」《集解》「二篇言所以醜夏」,監本「言」作「皆」。「鳴條」《正義》「高涯原在蒲州」,監本「在」作「出」。「於是諸侯服」,監本「服」上有「心」字。「湯崩」《正義》「按在蒙」,監本「按」作「接」。「帝外丙即位二年崩」,監本「二」作「三」。「遷于隞」《索隱》「並音敖」,監本「敖」下有「字」字。「廼五遷無定處」《正義》「自南亳遷」,監本「亳」作「遷」。「愛妲己」《索隱》「國語有蘇氏女」,監本無「蘇」作「種」。「炮烙之法」《索隱》「見蟻布銅斗」,監本「斗」作「升」。「請除炮烙之法」《正義》「謂洛西及丹坊等州也」,監本「及」作「又」,「坊」作「方」。「觀其心」《正義》「聖人心有七竅」,監本無「七」字。「乃詳狂爲奴」,監本「詳」作「佯」。「北殷氏」《索隱》「亳主湯之後也」,監本「主」作「王」。《索隱》述贊「黃鉞斯仗」,監本「仗」作「杖」。

(2)三家注之缺失

①《集解》全脫(12 條)

「子冥立」《集解》,「湯征諸侯」《集解》,「既絀夏命」《集解》,「伊陟贊

言于巫咸」《集解》，「廼五遷無定處」《集解》，「不欲徙」《集解》，「政事決定於冢宰」《集解》，「祖己曰」《集解》，「典厥義」《集解》，「正厥德」《集解》，「不憙淫」《集解》，「相我後人」《集解》。

②《索隱》不完（1條）

「稚氏」《索隱》「按系本子姓無稚氏」，監本無「稚氏」二字。

③《索隱》全脫（8條）

「故后有立」《索隱》，「湯崩」《索隱》，「暮大拱」《索隱》，「枯死而去」《索隱》，「書闕不具」《索隱》，「正厥德」《索隱》，「毋封於棄道」《索隱》，「爲偶人」《索隱》。

④《正義》不完（3條）

「殷契」《正義》「竹書紀年」以下，監本無。「相土立」《正義》「又云羿所封之地」，監本無此七字。「傅險中」《正義》「注水經云」以下，監本無。

⑤《正義》全脫（2條）

「是爲帝中壬」《正義》，「伊尹廼立太丁之子太甲」《正義》。

4. 卷五《秦本紀》

(1)文字之不同（29條）

「姚姓之玉女」《集解》「賜之玄玉」，監本「玉」作「圭」。「仲衍之後」，監本「仲」作「中」。「周武王伐紂」，監本「伐」作「代」。「溫驪」《索隱》「劉氏音義云盜竊也」，監本「盜」下有「驪」字。「騂騮」《集解》「馬驃赤者爲棗騮騮赤馬也」，監本「騮騮赤馬」作「駵駵馬赤」。「樂而忘歸」《正義》「十六國春秋」，監本無「十」字。又《正義》「非河源出處者」，監本無「處」字。「爲鄜畤」《索隱》「故立畤」，監本「故」下有「自此」二字。「得陳寶」《索隱》「質如石」，監本「質」作「寶」。又《正義》「乃逐二童子」，監本「逐」作「遂」。「伐蕩社」《正義》「雍州三原縣」，監本「三」作「二」。「葬西山」《正義》「秦寧公墓」，監本「公」作「王」。「居平陽封宮」《正義》「宮名在岐州」，監本無「名」字。「以狗禦蠱」《正義》「皿蟲爲蠱」，監本「皿蟲」作「血蠱」。「乞食銍人」《正義》「銍音珍栗反銍地名」，監本兩「銍」字作「銍」。「軍行臣」，監本下有「監本作吾」四字注。「持十二牛」，監本「十二」作「二十」。「先吳」《集解》「先畝」，監本「畝」作「軼」。「懷公子也」《索隱》「乃立惠公」，監本「惠」作「患」。「獂王」《集解》「獂道縣」，監本作「原縣道」。「杜平」《正義》「澄城」，監本「澄」作「登」。「宜陽」《正義》「故韓城是也」，

監本「韓」作「陽」。「取新市」《集解》「晉帝紀」，監本「紀」作「記」。「殺
其將景缺」，監本「缺」作「快」。「取代光狼城」《正義》「故城」，監本「故」
作「女」。「初置南陽郡」《正義》「陪京之南」，監本「陪」作「倍」。「王齕代
將」，監本「代」字作「伐」。「取吳城」《集解》「在大陽」，監本「大」作「太」。
「成皋鞏」《正義》「恭勇反」，監本「勇」字作「悚」。

（2）三家注之缺失

①《集解》不完（1條）

「騄耳之駟」《集解》「駟案穆天子」以下，監本無。

②《集解》全脫（2條）

「西畤」《集解》，「初居雍城」《集解》。

③《索隱》不完（1條）

「是爲昭襄王」《索隱》「武王弟」，監本無此三字。

④《索隱》全脫（3條）

「爲紂石北方」《索隱》，「騄耳之駟」《索隱》，「是爲靈公」《索隱》。

⑤《正義》不完（51條）

「中潏」《正義》「宋忠」以下，監本無。「宅皋狼」《正義》「按孟增」以
下，監本無。「樂而忘歸」《正義》「樂而忘歸即謂此」，監本無「樂而忘歸」
四字。「葬西山」《正義》「按文公亦葬」以下，監本無。「以狗禦蠱」《正義》
「年表云」至「卻熱毒氣也」，監本作「狗陽畜也」。「伐茅津」《正義》「二十
里」以下，監本無。「太子申生死新城」《正義》「括地志」以下，監本無。「合
戰於韓地」《正義》「十八里」以下，監本無。「殽阨矣」《正義》「郩音故交反」
至「敗秦師於郩」，監本無；又「永寧縣西北二十里」，監本無「二十里」三
字。「兵至渭」《正義》「爲人反」至「伯國也」，監本無。「及郱」《正義》「左
傳作」以下，監本無。「封殽中尸」《正義》「左傳云」至「而還」，監本無。「黃
髮番番」《正義》「以申思」以下，監本無。「遂至令狐」《正義》「十五里也」，
監本無「十五里也」四字。「於武城」《正義》「十三里也」，監本無「十三里
也」四字。「會諸侯於申」《正義》「三十里」，監本無「三十里」三字。「取其
王城」《正義》「同州東」至「故王城」，監本無。「庶長竈」《正義》「劉伯莊
音潮」，監本無「劉伯莊音潮」五字。「籍姑」《正義》「三十五里」，監本無「三
十五里」四字。「重泉」《正義》「四十五里也」，監本無「四十五里也」五字。
「城櫟陽」《正義》「百二十里」以下，監本無。「石門」《正義》「西北三十三

里」，監本無「三十三里」四字。「咸陽」《正義》「東十五里京城北四十五里」，監本無此十一字。「天子致伯」《正義》「即太史儋」以下，監本無。「逢澤」《正義》「十四里」，監本無此三字。「號商君」《正義》「在州東」至「所封也」，監本無。「鴈門」《正義》「西北二十八里」，監本無此六字。「取汾陰皮氏」《正義》「一百八十步」以下，監本無。「與魏王會應」《正義》「三十里左傳云」以下，監本無。「圍焦降之」《正義》「杜預云」以下，監本無。「歸魏焦曲沃」《正義》「三十二里」，監本無此四字。「虜其將申差」《正義》「年表云」以下，監本無。「中都西陽」《正義》「縣西十二里」，監本無「十二里」三字；又「南十里」，監本無「十里」二字；又「此云伐取趙」以下，監本無。「絕臏」《正義》「絕斷也臏」，監本無此四字。「會黃棘」《正義》「棘紀力反蓋」，監本無此五字。「取武始」《正義》「西南十五里」，監本無此五字。「攻韓魏於伊闕」《正義》「十九里」，監本無此三字；又「按今洛南」以下，監本無。「取軹及鄧」《正義》「十三里」、「三十一里」，監本無此七字。「安城」《正義》「十七里」，監本無此三字。「取代光狼城」《正義》「二十里」，監本無此三字。「取郢爲南郡」《正義》「六里」，監本無此二字。「蔡陽長社取之」《正義》「古城在豫州北七十里」，監本無此九字；又「一里皆魏邑也」，監本無此六字。「芒卯華陽破之」《正義》「三十里」以下，監本無。「歸葬芷陽」《正義》「六里」，監本無此二字。「葬芷陽酈山」《正義》「十四里也」，監本無此四字。「軍汾城旁」《正義》「二十五里」以下，監本無。「陽城負黍」《正義》「三十五里」，監本無此四字。「爲唐太后」《正義》「晉灼云」以下，監本無。「高都汲」《正義》「西南二十五里」，監本無此六字；又「三十二里」以下，監本無。「新城狼孟」《正義》「四十七里」，監本無此四字；又「二十六里」以下，監本無。「秦郤於河外」《正義》「蒙驁」至「於河外」，監本作「郤音卻」。

⑥《正義》全脫（53 條）

「帝顓頊之苗裔」《正義》，「鳥身人言」《正義》，「爲紂石北方」《正義》，「季勝」《正義》，「以趙城封造父」《正義》，「好馬及畜」《正義》，「酈山之女」《正義》，「所以爲王」《正義》，「邑之秦」《正義》，「西垂大夫」《正義》，「襄公二年」《正義》，「東徙雒邑」《正義》，「西垂宮」《正義》，「占曰吉」《正義》，「爲鄜畤」《正義》，「魯公子翬」《正義》，「華山下」《正義》，「初縣杜鄭」《正義》，「滅小虢」《正義》，「滅霍魏耿」《正義》，「伯於鄧」《正義》，「封平陽」《正義》，「梁伯芮伯來朝」《正義》，「會諸侯於葵丘」《正義》，「三百餘人」《正

義》、「秦地東至河」《正義》、「秦滅梁芮」《正義》、「鄭販賣賈人」《正義》、「彭
衙」《正義》、「曲席而坐」《正義》、「伐戎之形」《正義》、「茅津」《正義》、「渡
河」《正義》、「葬雍」《正義》、「元里」《正義》、「安邑降之」《正義》、「爲秦
施法」《正義》、「三年王冠」《正義》、「晉人犀首」《正義》、「城武遂」《正義》、
「武王死」《正義》、「攻新城」《正義》、「爲蒲坂皮氏」《正義》、「錯攻垣」《正
義》、「二十三年尉斯離」《正義》、「攻楚黔中」《正義》、「會襄陵」《正義》、「白
起爲武安君」《正義》、「魏入南陽以和」《正義》、「攻趙閼與」《正義》、「取邢
丘懷」《正義》、「更名安陽」《正義》、「取吳城」《正義》。

（3）其他

「溫驪」《集解》，監本在「騄耳之駟」下。「溫驪」《索隱》、「驊騮」《集
解》、「騄耳之駟」《集解》，監本合爲《索隱》一條置「騄耳之駟」下。「騊駒」
《集解》，監本在「西畤」下。「成公元年梁伯」《正義》，監本與下「孤竹」《正
義》合。

### 5. 卷七《項羽本紀》

（1）文字之不同（11條）

「獄掾司馬欣」，監本「掾」作「曹」。「至胡陵」《集解》「今胡陵」，監
本此三字作「胡陵縣名」。「引兵入薛」《正義》「左傳定公元年」，監本「左傳」
下有「曰」字。「亡秦必楚也」《正義》「在相州滏陽縣」，監本「滏」作「澄」。
「還攻外黃」《正義》「縣有黃溝」，監本「溝」作「洙」。「項羽召見諸侯將諸
侯將入轅門」，監本不重「諸侯將」三字。「爲前行」，監本下有「《正義》曰
胡郎反」六字。「王諸侯兵」《正義》「漢王欲得」，監本作「漢欲今得」。「周
呂侯」《正義》「蘇林曰」，監本「林」字作「休」。「成皋北門」《集解》「玉門」，
監本「玉」字作「王」。「屠城父」《正義》「東北至垓下」，監本「垓下」下有
「與大司馬周殷等圍項羽」十字。

（2）三家注之缺失

①《集解》不完（4條）

「以市於齊」《集解》「梁救榮難」以下，監本無。「申陽者」《集解》「文
穎曰」以下，監本無。「都郲」《集解》「文穎曰」以下，監本無。「樅公」《集
解》「騌案樅音」，監本無「騌案」二字。

②《集解》全脫（10條）

「所戮者也」《集解》、「故事得已」《集解》、「九月會稽守」《集解》、「東

陽令史」《集解》,「與國之王」《集解》,「都櫟陽」《集解》,「汜水」《集解》,「有天下太半」《集解》,「皆楚歌」《集解》,「射陽侯」《集解》。

③《索隱》不完（1 條）

「破觵觚」《索隱》「以手擊牛之背」,監本無「之背」二字;又「搏音附今按」,監本無此五字。

④《索隱》全脫（15 條）

小題下《索隱》,「下相人也」《索隱》,「字羽」《索隱》,「項梁」《索隱》,「所戮者也」《索隱》,「逮捕」《索隱》,「故事得已」《索隱》,「為人所制」《索隱》,「已下東陽」《索隱》,「與國之王」《索隱》,「以市於齊」《索隱》,「行至安陽」《索隱》,「殷虛上」《索隱》,「各就國」《索隱》,「汜水」《索隱》。

⑤《正義》不完（2 條）

「都邾」《正義》「說文云」以下,監本無。「王諸侯兵」《正義》「尋此紀文」以下,監本無。

⑥《正義》全脫（58 條）

「下相人也」《正義》,「封於項」《正義》,「逮捕」《正義》,「九月會稽守」《正義》,「通渭梁曰」《正義》,「公及桓楚」《正義》,「已下東陽」《正義》,「東陽令史」《正義》,「軍彭城東」《正義》,「沛公軍碭」《正義》,「行至安陽」《正義》,「莫敢枝梧」《正義》,「假上將軍」《正義》,「竟斬陽周」《正義》,「汙水上」《正義》,「到新安」《正義》,「守關不得入」《正義》,「都廢丘」《正義》,「都櫟陽」《正義》,「都高奴」《正義》,「都雒陽」《正義》,「陽翟」《正義》,「都襄國」《正義》,「都六」《正義》,「膠東王」《正義》,「都臨菑」《正義》,「西楚霸王」《正義》,「并王三齊」《正義》,「出胡陵」《正義》,「西從蕭」《正義》,「靈壁東」《正義》,「睢水上」《正義》,「居下邑」《正義》,「漢敗楚」《正義》,「敖倉粟」《正義》,「范增曰」《正義》,「發背而死」《正義》,「成皋」《正義》,「臨廣武而軍」《正義》,「置太公其上」《正義》,「擊陳留」《正義》,「睢陽」《正義》,「汜水」《正義》,「以西者為漢」《正義》,「為平國君」《正義》,「陽夏南」《正義》,「至固陵」《正義》,「以舒屠六」《正義》,「舉九江兵」《正義》,「皆楚歌」《正義》,「美人名虞」《正義》,「泣數行下」《正義》,「至陰陵」《正義》,「至東城」《正義》,「卒困於此」《正義》,「東渡烏江」《正義》,「涅陽侯」《正義》,「葬項王穀城」《正義》。

（3）三家注位置之不同

「乃請蘄」《集解》，監本在「司馬欣」下。「慴伏」《索隱》，監本在「莫敢起」下。「爲漢王」《集解》，監本在「都南鄭」下。「成安君」《正義》，監本與「封三縣」《正義》合。「封三縣」《集解》，監本在《正義》下。「令蕭公角等」《集解》，監本在「彭越」下。「間行求漢王」《集解》「如淳曰」以下，監本在《索隱》下。「各自爲戰」《正義》，監本在「易敗也」下。

## 6. 卷八五《呂不韋列傳》

（1）文字之不同（12條）

「進用不饒」《索隱》「下文又云」，監本「又」作「及」。「奇貨可居」《集解》「方」，監本作「力」。「奇貨可居」《正義》「立主」，監本作「主立」；「徃事之」，監本「徃」作「外」；「陽泉君」，監本「陽」作「楊」，下同；「倉又輔之」，監本「又」作「文」。「能立適嗣者」，監本「適」作「嫡」。「爭爲太子矣」《索隱》「承國之葉」，監本「葉」作「業」。「夫在則尊重」，監本「尊重」互乙。「承太子間」，監本「間」作「閒」。「封爲文信侯」《索隱》「掌承天子」，監本「承」作「丞」。「二十餘萬言」《索隱》「似順士容也」，監本「似」作「以」。

（2）三家注之缺失

① 《集解》不完（3條）

「奇貨可居」《集解》「駰案」，監本無此二字。「以子爲後」《集解》「駰案」，監本無此二字。「其呂子乎」《集解》「駰案」，監本無此二字；「馬融曰此言佞人也」，監本無此八字。

② 《集解》全脫（1條）

「賣貴」《集解》。

③ 《索隱》不完（4條）

「大賈人也」《索隱》「戰國策」至「記合也」，「鄭玄注」至「處曰賈」，監本無。「質子於趙」《索隱》「今讀依此」以下，監本無。「諸庶孽孫」《索隱》「韓王信傳」至「賤子也」，監本無。「咸陽市門」《索隱》「案咸訓皆」以下，監本無。

④ 《索隱》全脫（7條）

「賣貴」《索隱》，「引與坐深語」《索隱》，「絕賢」《索隱》，「善舞者與居」《索隱》，「別葬杜東」《索隱》，「以子爲後」《索隱》，「而遷之蜀」《索隱》。

⑤《正義》不完（0 條）

⑥《正義》全脫（3 條）

「爭爲太子矣」《正義》，「魏有信陵君」《正義》，「齊有孟嘗君」《正義》。

（3）三家注位置之不同（0 條）

## 7. 卷一〇一《袁盎鼂錯列傳》

（1）文字之不同（6 條）

「適會其成功」，監本「適」作「適」。「竟以爲天下之大」，監本「以爲」
互乙。「吾不可以累公」，監本「可」作「足」。「然後刺君十餘曹」，監本「君」
下有「者」字。「書數十上」，監本「書」作「著」。「患諸侯彊大」，監本「彊」
作「疆」。

（2）三家注之缺失

①《集解》不完（1 條）

「徵繫清室」《集解》「駰案」，監本無此二字。

②《集解》全脫（3 條）

「主在與在」《集解》，「主亡與亡」《集解》，「多怨公者」《集解》。

③《索隱》不完（0 條）

④《索隱》全脫（4 條）

「袁盎者楚人也」《索隱》，「主亡與亡」《索隱》，「不及陛下」《索隱》，「不
敢復言也」《索隱》。

⑤《正義》不完（0 條）

⑥《正義》全脫（1 條）

「壖中垣」《正義》。

（3）三家注位置之不同（0 條）

## 8. 卷一〇二《張釋之馮唐列傳》

（1）文字之不同（14 條）

「倚瑟而歌」《集解》「聲依永」，監本「永」作「咏」。「猶有郄」《索隱》
「桙」，監本作「埤」。「雖無石槨」，監本「槨」作「椁」。「且罪等」《集解》
「玉」，監本作「王」。「取長陵一抔土」，監本「抔」作「杯」，注同。「高袪」，
監本「袪」作「祛」。「自用饗士」《索隱》「市有稅稅即租也」，監本不重「稅」
字。「百金之士十萬」《集解》「良士直百金也」，監本「直」作「良」。「滅澹
林」《索隱》「東胡烏丸之先」，監本「烏丸」作「九」；「匈奴東」，監本「東」

上有「之」字；「一本作襜襤」，監本「襤」作「襤」。「尺籍伍符」《索隱》「不
容奸」，監本「奸」作「奸」。「弗能用也」《集解》「頗牧彼將有激」，監本「牧」
作「收」。

(2)三家注之缺失

①《集解》不完（4條）

「倚瑟而歌」《集解》「駰案」，監本無此二字。「爲雲中守」《集解》「駰
案」，監本無此二字。「弗能用也」《集解》「駰案」，監本無此二字；「曷爲不
能用」，監本無「曷」字。

②《集解》全脫（3條）

「法如是足也」《集解》，「取長陵一抔土」《集解》，「滅澹林」《集解》。

③《索隱》不完（0條）

④《索隱》全脫（5條）

「令今可施行也」《索隱》，「徒文具耳」《索隱》，「終身不仕」《索隱》，「軍
吏舍人」《索隱》，「一言不相應」《索隱》。

⑤《正義》不完（0條）

⑥《正義》全脫（0條）

(3)三家注位置之不同（0條）

## 9. 卷一〇八《韓長孺列傳》

(1)文字之不同（4條）

「竇太后聞」，監本「聞」上有「所」字。「爲輕車將軍」，監本「車」作
「騎」。「褆取辱耳」，監本「褆」作「褆」。「內廉行修」，監本「修」作「脩」。

(2)三家注之缺失

①《集解》不完（1條）

「衛青擊匈奴」《集解》「駰案」，監本無此二字。

②《集解》全脫（0條）

③《索隱》不完（1條）

「曾弗省也」《索隱》「省音仙井反」，監本無此五字。

④《索隱》全脫（0條）

⑤《正義》不完（1條）

「城安人也」《正義》「括地志云成安」，監本無此六字。

⑥《正義》全脫（0條）

（3）三家注位置之不同（0 條）

## 10. 卷一〇九《李將軍列傳》

（1）文字之不同（13 條）

「有所衝陷」，監本「陷」作「陷」。「天下無」，監本「雙」作「雙」。「使中貴人從廣」《索隱》「董巴」，監本「巴」作「芭」。「出護其兵」《正義》「出監護也」，監本「護」下有「胡兵」二字。「以自衛」《索隱》「鑣即鈴也」，監本「鑣」作「銷」。「文書籍事」《索隱》「案小顏云」，監本「小」作「大」。「射其裨將」《集解》「陷堅敗強」，監本「陷」作「陷」。「南絕幕」《正義》「度沙幕」，監本「沙」作「砂」。「今幸從大將軍」，監本「幸」作「卒」。「遂引刀自剄」，監本「剄」作「頸」。「孝景園壖地」《正義》「陽陵」，監本「陵」作「侯」。「過居延」《正義》「地理志」，監本「理」作「里」。「索隱述贊天下無雙」，監本「雙」作「雙」。

（2）三家注之缺失

① 《集解》不完（3 條）

「公孫昆邪」《集解》「駰案」，監本無此二字。「使中貴人從廣」《集解》「駰案」，監本無此二字。「故潁陰侯孫」《集解》「駰案」，監本無此二字。

② 《集解》全脫（0 條）

③ 《索隱》不完（1 條）

「數奇」《索隱》「音朔」以下，監本無。

④ 《索隱》全脫（2 條）

「從軍擊胡」《索隱》，「人人自便」《索隱》。

⑤ 《正義》不完（0 條）

⑥ 《正義》全脫（1 條）

「射闊狹以飲」《正義》。

（3）三家注位置之不同（1 條）

「出護其兵」《正義》，監本在「白馬將」下。

## 11. 卷一二〇《汲鄭列傳》

（1）文字之不同（8 條）

「河南失火」，監本「南」作「內」。「其治責大指而已」，監本「責」作「貴」。「上嘗坐武帳中」《集解》「孟康曰」，監本「東」作「康」。「罷幣中國」，監本「幣」作「弊」。「買人與市者」，監本「買」作「賈」。「濮陽假宏」，監

本「假」作「段」，注同。「交情乃現」，監本「交情」作「情態」。「索隱述贊天子伏焉」，監本「伏」作「伏」。

(2)三家注之缺失

①《集解》不完（2條）

「見高門」《集解》「按三輔黃圖云」，監本無「按三輔」「云」四字。

②《集解》全脫（1條）

「紛更之為」《集解》。

③《索隱》不完（0條）

④《索隱》全脫（3條）

「袁盎之為人也」《索隱》，「數奏決讞以幸」《索隱》，「算器食」《索隱》。

⑤《正義》不完（0條）

⑥《正義》全脫（0條）

(3)三家注位置之不同（0條）

## 12. 卷一二四《游俠列傳》

(1)文字之不同（3條）

「困於棘津」《集解》「廣川」，監本「川」作「州」。「近世延陵」《集解》「何有延陵」，監本「何」作「可」。「客舍養之集解」，監本「集解」作「索隱」；「多」作「得」。

(2)三家注之缺失

①《集解》不完（1條）

「客舍養之」《集解》「如淳曰」，監本無此三字。

②《集解》全脫（0條）

③《索隱》不完（1條）

「俱著於春秋」《索隱》「以言人臣」以下。

④《索隱》全脫（7條）

「存亡死生矣」《索隱》，「施於天下」《索隱》，「輒人也」《索隱》，「自喜為俠益甚」《索隱》，「以十數」《索隱》，「曲聽解」《索隱》，「居其間」《索隱》。

⑤《正義》不完（0條）

⑥《正義》全脫（4條）

「以文亂法」《正義》，「二者皆譏」《正義》，「空室蓬戶」《正義》，「家室夏陽」《正義》。

## （3）三家注位置之不同（0條）

綜上，殿本調整了北監本行款體例，使其更加整飭清楚；校改了不少訛誤，增補了大量三家注文，調整了部分注文的位置。爲求直觀，現將《五帝本紀》、《殷本紀》、《秦本紀》、《項羽本紀》、《呂不韋列傳》、《袁盎鼂錯列傳》、《張釋之馮唐列傳》、《韓長孺列傳》、《李將軍列傳》、《汲鄭列傳》、《游俠列傳》十一卷中殿本的文字校改、注文增補條目表見如下：

| | 校改文字 | 增補三家注 | | | | | |
|---|---|---|---|---|---|---|---|
| | | 集　解 | | 索　隱 | | 正　義 | |
| | | 不完 | 全脫 | 不完 | 全脫 | 不完 | 全脫 |
| 五帝本紀 | 40 | 5 | 31 | 2 | 14 | 12 | 54 |
| 殷本紀 | 19 | 0 | 12 | 1 | 8 | 3 | 2 |
| 秦本紀 | 29 | 1 | 2 | 1 | 3 | 51 | 53 |
| 項羽本紀 | 11 | 4 | 10 | 1 | 15 | 2 | 58 |
| 呂不韋列傳 | 12 | 3 | 1 | 4 | 7 | 0 | 3 |
| 袁盎鼂錯列傳 | 6 | 1 | 3 | 0 | 4 | 0 | 1 |
| 張釋之馮唐列傳 | 14 | 4 | 3 | 0 | 5 | 0 | 0 |
| 韓長孺列傳 | 4 | 1 | 0 | 1 | 0 | 1 | 0 |
| 李將軍列傳 | 13 | 3 | 0 | 1 | 2 | 0 | 1 |
| 汲鄭列傳 | 8 | 2 | 1 | 0 | 3 | 0 | 0 |
| 游俠列傳 | 3 | 1 | 0 | 1 | 7 | 0 | 4 |
| 合　計 | 159 | 24 | 63 | 12 | 68 | 69 | 176 |
| | | 87 | | 80 | | 245 | |

通過以上宏觀考察與微觀比對，可以看出殿本從體例行款至文字訛誤、注文缺失等各個方面對北監本做了大量的校理工作，其對明監本系統最大的完善體現在三家注尤其是《正義》注的校補上。雖然仍舊存在文字訛誤及注文脫漏的情況，但是相對於明代監本已有天壤之別。正是武英殿校勘諸臣的努力，使殿本成爲有清一代影響最大的《史記》版本，其在《史記》版本史上亦佔有重要地位，與同治年間金陵書局三家注合刻本堪稱清代《史記》版本的首尾雙璧。

# 第三章 《史記》殿本與金陵書局本對比研究

  《史記》武英殿本刻於清乾隆四年（1739），金陵書局本刻於同治五年至九年（1866～1870），二者同是三家注合刻本。殿本因其中央官刻的身份，加之校刻精審，成爲有清一代影響最大的三家注本。金陵書局本雖刻於清末，由於張文虎悉心讎校，「擇善而從，不主一本」，廣泛吸收前人的校勘成果，故刊成之日即廣受贊譽，其後又經中華書局點校而發揚光大，實爲至今流傳最廣的三家注本。此二本後出轉精，反映了三家注本系統的發展，研究二者的關係，比較異同，對於《史記》版本與校勘研究無疑具有重要意義。

## 一、金陵書局本《史記》刊刻考

  清咸豐（1851～1861）、同治（1862～1874）年間的太平天國戰爭對當時社會造成了巨大的破壞，眾多古籍毀於戰火。揚州文匯閣、鎮江文宗閣所藏《四庫全書》葬身火海，杭州文瀾閣亦遭破壞。「經太平天國起義，東南各省新舊文獻大都被毀」，〔註 1〕在這種情況下，當時統領湘軍的曾國藩在軍事鎮壓的同時亦著手刊印經籍，重建封建文化。清同治三年（1864）兩江總督曾國藩在安慶內軍械所設官書局，同年九月書局遷金陵。金陵書局先後刻印了《王船山遺書》、《古詩選》、《說文解字》、《讀書雜志》、《管子》以及各類經史典籍，甚至還包括李善蘭續譯的歐幾里德《幾何原本》等自然科學著作。同治三年（1864）後，各省仿金陵書局開官書局，刻印圖書。同治八年（1869），

---

〔註 1〕杜澤遜：《文獻學概要》，北京：中華書局，2001，頁 82。

金陵、江蘇、浙江、崇文、淮南五省官書局合刻《二十四史》，最爲知名。金陵書局所刻圖書於後世影響最大的莫過於《史記》三家注合刻本。其校刊工作由張文虎、唐仁壽負責。金陵本《史記》不主一本，擇善而從，校改了《史記》及三家注的不少訛誤，是清代後期最爲完善的《史記》校本。後世中華書局點校《二十四史》，《史記》即以此爲底本。

金陵書局三家注合刻本《史記》（以下簡稱「金陵本《史記》」）的刊刻得益於周學濬、張文虎、唐仁壽三人，而以張文虎的貢獻最大。張文虎（1808～1885），字孟彪，又字嘯山。江蘇南匯縣周浦鎮（今屬上海）人，清後期著名學者，長於校勘、曆算。館金山錢熙祚氏三十餘年，校訂《守山閣叢書》、《指海》、《小萬卷樓叢書》，「嘗三詣杭州文瀾閣縱觀四庫書，手自校錄」。〔註2〕同治二年（1863），張文虎赴安慶入曾國藩幕。三年（1864）入金陵書局，「校勘《史記》諸書，前後長達十年。同治十二年（1873）冬，張文虎以衰老辭歸，後主講於南菁書院，卒於光緒十一年（1885），終年七十八歲」。〔註3〕張文虎有《舒藝室隨筆》、《續筆》、《餘筆》、《覆瓿集》等著述及日記四冊存世。

唐仁壽（1829～1876），字端甫，號鏡香，浙江海寧人。張裕釗所撰墓誌云其少有神童之譽，從錢泰吉游學。家饒於財，購書累數萬卷，多秘笈珍本。益肆鑽研，尤究心六書音韻之學。讎校經史文字疏訛舛漏，毫髮差失皆辨之。咸豐八年（1858）太平軍戰浙中，藏書蕩盡。同治四年（1865）曾國藩招致金陵書局，與莫友芝、張文虎、戴望、劉寶楠等同事。光緒二年（1876）六月卒於書局中。生平所爲書皆未就，獨有詩若干卷藏於家。〔註4〕

前人考察金陵本《史記》的刊刻過程多據張文虎《校刊史記集解索隱正義札記》跋語〔註5〕及其行狀。今《張文虎日記》經整理出版，其中有關金陵本《史記》校刊者頗多。現即據之對金陵書局本《史記》的刊刻情況略加考述。

---

〔註2〕〔清〕繆荃孫：《州判銜候選訓導張先生墓誌銘》，〔清〕錢儀吉，等：《清碑傳合集》，上海：上海書店，1988，頁2890。

〔註3〕《張文虎日記・前言》，頁1。

〔註4〕〔清〕張裕釗：《唐端甫墓誌銘》，閔爾昌編：《碑傳集補》卷五一，《清碑傳合集》（四），上海：上海書店出版社，1988，頁3732。

〔註5〕〔清〕張文虎：《校刊史記集解索隱正義札記・跋》，徐蜀編：《史記訂補文獻彙編》，頁192。

## （一）刊刻過程

清同治三年（1864）兩江總督曾國藩在安慶內軍械所設官書局，嗣後攻克天京（金陵），書局於同年九月隨遷金陵，〔註6〕為金陵書局，由周學濬（縵雲）、莫友芝（子偲）、李善蘭（壬叔）、張文虎（嘯山）等主持其事。前在安慶時曾國藩命刻《王船山遺書》，此時尚未畢工，而書局新遷，章程尚未議定。〔註7〕九月，曾國荃欲刻《十三經》、《史記》等書，〔註8〕厥後歸湖南養病，其議遂寢。同治四年（1865）五月，李鴻章接任兩江總督。閏五月，李鴻章亦有刻書之意，周學濬為書局提調，遂即擬立章程，欲促成其事。〔註9〕至六月議定章程，準備開局。〔註10〕

金陵書局校刊《史記》亦由此次議定。同治四年（1865）七月初九日《張文虎日記》云：「縵老（周學濬）出示所校《史記》，商榷開雕格式。」〔註11〕周學濬所校《史記》其實是就錢泰吉校本過錄，張文虎《校刊史記集解索隱正義札記》跋語云：「先是嘉興錢警石學博泰吉嘗彙校各本，歷三十餘年，點畫小殊，必詳記之。烏程周縵雲侍御學濬借其本過錄，擇其善而從。」〔註12〕

同治五年（1866）春，李鴻章以《史記》校刊屬唐仁壽，唐仁壽即據周學濬校本覆校付刊。〔註13〕其校刊的具體條例章程，今已不能詳知。《張文虎日記》為考證的重要材料，惜同治四年（1865）九月至同治五年（1866）

---

〔註6〕 同治三年九月二十二日《張文虎日記》：「時書局已封在銅作坊偏慕王府。」（《張文虎日記》，頁3。）

〔註7〕 同治三年十月十三日《張文虎日記》：「節相論刻書章程，謂十三經古注，惟《易》、《書》、《孝經》不足刻。」（《張文虎日記》，頁6。）

〔註8〕 同治三年九月二十九日《張文虎日記》：「沅帥愿重刻《十三經》、段注《說文》、《史記》、《漢書》、胡刻《通鑑》、《文選》諸書，舉以見屬。……阮帥來拜，商刻書事。」（《張文虎日記》，頁3。）

〔註9〕 同治四年閏五月三日《張文虎日記》：「李宮保有刻書之意，縵老以所擬章程來商，其議欲先從四書、五經、三史，次及《周（禮）》、《儀禮》、《爾雅》、《孝經》、《說文》、《通鑑》諸書，蓋亦猶九帥之意。是時九帥以病未愈，家居鬱鬱，前議已寢。故縵老欲勸李宮保成之，亦善舉也。」（《張文虎日記》，頁42。）

〔註10〕 同治四年六月二十四日《張文虎日記》：「周縵老自李宮保處來，言所擬章程皆如議，準七月開局。」（《張文虎日記》，頁53。）

〔註11〕 《張文虎日記》，頁56。

〔註12〕 〔清〕張文虎：《校刊史記集解索隱正義札記・跋》，徐蜀編：《史記訂補文獻彙編》，頁192。

〔註13〕 張文虎《校刊史記集解索隱正義札記・跋》：「同治五年春，請於署江督肅毅伯今相國合肥李公，以屬學博高弟海甯唐端甫文學仁壽覆校付刊。」

九月整一年《日記》皆散佚，無緣據考。李鴻章雖以其事屬唐仁壽，而張文虎實亦參與其事。同治五年（1866）十月二日《張文虎日記》云：「校《曲線說》樣本、《吳世家》樣本。」〔註14〕自此以下張文虎即以校《史記》爲常事。

同治六年（1867），李鴻章依朝天宮舊址重建江寧府學及文廟初具規模。同年三月，曾國藩回任兩江總督，旋將金陵書局自堂子巷遷至江寧府學內飛霞閣。〔註15〕四月，曾國藩對金陵書局人事分工亦做了調整。同治六年（1867）四月十日《張文虎日記》云：「縵老來，言節相派定書局六人：汪梅岑、唐端甫、劉伯山、叔俯、壬叔及予，仍以縵老爲提調，以《史記》屬予與端甫，以前、後《漢書》屬二劉。」〔註16〕張文虎《校刊史記集解索隱正義札記》跋語云：「及明年春，相侯湘鄉曾文正公自淮北回金陵，命文虎同校，益與君相親。」〔註17〕又張文虎所撰《唐端甫別傳》亦云：「六年春，曾文正公自河南還金陵，知《史記》工未竟，命文虎同校。」〔註18〕皆謂此。此後張文虎即專門從事《史記》校刊。

其實張文虎此時已校《史記》數月，《札記》跋語所言衹是突出其校刊《史記》乃有曾國藩之命。後人未見張文虎《日記》，而據《札記》跋語言：「金陵書局校刊《史記》，開始於同治五年（一八八六年），先由唐仁壽用周學濬過錄的錢泰吉校本覆校付刻，次年張文虎纔參加了這一工作。」〔註19〕此說與實不符。

張文虎校刊《史記》開始衹是協助唐仁壽。檢《張文虎日記》，自同治五

---

〔註14〕 《張文虎日記》，頁66。
〔註15〕 金陵書局初設在銅作坊，同治四年（1865）遷至堂子巷。是年七月十三日《張文虎日記》：「同至堂子巷新書局，時江北所購新板片初到，察看僅厚四分，樹亦嫩。」（《張文虎日記》，頁57。）八月初一日《日記》：「舊局中刻工俱遷出，新局刻工遷入。」（《張文虎日記》，頁60。）同治六年三月十四日《張文虎日記》：「午後，與縵老、壬叔往看飛霞閣，以節相命遷局於此故也。」三月十七日記：「遷局飛霞閣。」（《張文虎日記》，頁85。）
〔註16〕 《張文虎日記》，頁87。
〔註17〕 〔清〕張文虎：《校刊史記集解索隱正義札記·跋》，徐蜀編：《史記訂補文獻彙編》，頁192。
〔註18〕 〔清〕張文虎：《唐端甫別傳》，《舒藝室雜著甲編》卷下，清光緒五年（1879）刊本，頁51。
〔註19〕 中華書局編輯部：《〈校刊史記集解索隱正義札記〉出版說明》，張文虎：《校刊史記集解索隱正義札記》，北京：中華書局，1977，頁1。

年（1866）十月二日校《吳世家》樣本，至同治六年（1867）四月十日曾國藩對書局重新分工，此間張文虎除《史記》外，尚校《曲線說》、《古詩選》、《惜抱今體詩》、《〈詩序〉辨說》、《左傳》、《禮記集說》、《詩經》、《禮記》、《後漢書》諸書。可見同治五年（1866）春，李鴻章以《史記》校刊屬唐仁壽時，張文虎另有所任。故在曾國藩重新分工之前，張文虎校《史記》當是協理而已，或是私下相助，並未有李鴻章之命，否則《札記》跋語中不會但言「以屬學博高弟海甯唐端甫文學仁壽覆校付刊」。同治六年（1867）四月十日曾國藩命張文虎與唐仁壽同校《史記》以後，《日記》中即不見其另校他書，是此時張文虎乃專門從事《史記》校刊。張文虎正式從事《史記》校刊後，《史記》的校刊體例又有所修訂。《唐端甫別傳》：「六年春，曾文正公自河南還金陵，知《史記》工未竟，命文虎同校，益與君相親。乃重訂校例，或如舊本，或刪或改，分卷互視，遇所疑難，反覆參訂。」〔註 20〕而其重新改訂的校例，今仍不能詳知。

　　同治七年（1868）八月，金陵書局本《史記》已刊刻大半。〔註 21〕由《張文虎日記》可以考見，張文虎於《史記》十表用力最勤，《六國年表》以下由其自為寫定，〔註 22〕十表之刊刻亦最遲。同治八年（1869）八月二十三日《張文虎日記》云：「校《史表》樣本畢。」〔註 23〕自九月二日後《日記》但記「校《史記》改刻卷樣本」，〔註 24〕因此，《史記》的主體校刊工作至此已基本完成。越三月，《史記》修板的校定亦基本完成。〔註 25〕同治八年（1869）十二月以後，張文虎主要從事《讀書雜志》樣本的校定。同年十二月二十二日「寫定《史記》目錄」，〔註 26〕是年歲除又有一次校「《史記》補刻卷頁」。〔註 27〕同治九年（1870）正月十三日起「復閱《史記》全樣」，至十七日「閱《史記》

〔註 20〕〔清〕張文虎：《唐端甫別傳》，《舒藝室雜著甲編》卷下，頁 52。

〔註 21〕同治七年八月二十六日《張文虎日記》：「局刻《後漢書》已告成，《史記》已刻者百有兩卷矣。」（《張文虎日記》，頁 152。）

〔註 22〕同治七年八月朔《張文虎日記》：「復（校）《漢功臣年表》，自為寫定。」（《張文虎日記》，頁 149。）十二月十一日：「寫定《六國表》。」（《張文虎日記》，頁 165。）

〔註 23〕《張文虎日記》，頁 191。

〔註 24〕同上，頁 192。

〔註 25〕同治八年十一月二十一日《張文虎日記》：「校《史記》修板卷竟。」（《張文虎日記》，頁 199。）

〔註 26〕《張文虎日記》，頁 201。

〔註 27〕《張文虎日記》，頁 202。

全樣竟」，〔註28〕可知此時《史記》全部樣本已校畢。金陵書局本《史記》書首牌記云「同治五年首夏金陵書局校刊九年仲春畢工」，「九年仲春」當是最終的刊刻竣工時間。此年夏，金陵書局本《史記》開始印行。〔註29〕

金陵本《史記》共二十冊，分裝四函。書首篆文題「史記集解索隱正義合刻本」，次頁有「同治五年首夏金陵書局校刊九年仲春畢工」十八字隸書牌記。半頁十一行，行二十一字；注小字雙行，行二十一字。黑口，四周雙邊。雙魚尾，上魚尾下題「史記幾」，標示卷數，下魚尾上記本卷頁碼。小題在上，大題在下。首《史記索隱序》，次《史記索隱後序》，次《史記集解序》，次《史記正義序》，次《史記正義論例謚法解》，次《史記目錄》，次《五帝本紀》，終《太史公自序》。

金陵書局在《史記》三家注合刻本刊畢後又翻刻了毛氏汲古閣《十七史》本《史記》，亦由張文虎、唐仁壽主其事。〔註30〕汲古閣本《史記》爲單《集解》本，一百三十卷，刊於明崇禎十四年（1641）。安平秋謂：「同治年間五局合刻《二十四史》中的《史記》即用此本。」〔註31〕同治八年（1869）六月四日《張文虎日記》：「唐端甫示合肥節相照會湖北及寧、蘇、杭四局合刻二十一史，寧局除《史記》、《兩漢（書）》、《三國（志）》已刻外，接刊晉、宋、齊、梁、陳、隋、北魏、北齊、北周諸書及南、北二史，即日起工。端甫自認與予同校《晉書》。」〔註32〕據此，李鴻章首倡者爲四局合刻《二十一史》，後乃增爲五局《二十四史》，而《史記》本欲以金陵書局三家注合刻本列入，然最終乃用汲古閣本。同治十年（1871）九月十五日《張文虎日記》：「校毛本《史記》。」〔註33〕至十一年（1872）四月四日「校毛本《史記》畢」，〔註34〕又六月五日校「重刻毛本《史記》寫樣」。〔註35〕「毛本《史記》」即毛氏汲古閣單《集解》本。金陵書局之所以要翻刻毛本《史記》以入五局合刻本，當是出於全史體例上的考慮。李鴻章《設刊書局摺》稱：「現在浙江、

〔註28〕　《張文虎日記》，頁 211。

〔註29〕　〔清〕張文虎《校刊史記集解索隱正義札記・跋》：「以是至九年夏始克印行。」

〔註30〕　〔清〕張文虎《唐端甫別傳》：「（端甫）後又與文虎同校《史記集解》單本。」

〔註31〕　安平秋：《〈史記〉版本述要》，《古籍整理與研究》，1987 年第 1 期，頁 32。

〔註32〕　《張文虎日記》，頁 183。

〔註33〕　《張文虎日記》，頁 260。

〔註34〕　《張文虎日記》，頁 275。

〔註35〕　《張文虎日記》，頁 279。

江寧、蘇州、湖北四省，公議合刻《二十四史》，照汲古閣《十七史》版式，行數、字數，較各家所刻者爲精密。」〔註36〕據范希曾《書目答問補正》，五局合刻本除《舊唐書》據江都懼盈齋翻刻殿本，《舊五代史》、《宋史》以下並據殿本外，其餘諸史皆是翻刻毛氏汲古閣《十七史》本。〔註37〕可見，五省官書局合刻本《二十四史》乃主要依據毛氏汲古閣《十七史》本，毛本所無者乃配以殿本或殿本的翻刻本。其以毛本爲底本而不逕依殿本《二十四史》翻刻者，除毛本校刊精善外，同治元年（1862）已有新會陳氏覆刻殿本《二十四史》在前，李鴻章等或亦不欲蹈其後塵。故金陵書局《史記》三家注合刻本雖細加校勘，且三家注並全，然校勘不主一本，是一個全新的校本，以之入五局合刻本則在體例上與全史以翻刻爲主不合，而其他諸史又不能如《史記》一書匯勘眾本，精心讎校，仍以翻刻爲易於成事。此外，金陵本三家注《史記》校刊前後耗時五年，先期投入了大量的人力物力，若以此本與其他書局的翻刻本並列發行，則在收益分配方面難以平衡。因此成本與收益的考量亦當是金陵書局決定重新翻刻汲古閣本《史記集解》以入五局合刻本的原因之一。

金陵書局翻刻汲古閣本《史記》共十六冊，一函。書名頁爲楷書「史記」二字，次頁有「光緒四年冬日金陵書局印行」十二字牌記。半頁十二行，行二十五字，注小字雙行，行三十六七字不等。白口，左右雙邊，單魚尾。版心記「史記幾」標示卷數，下記本卷頁碼。每卷首頁版心魚尾下題「汲古閣」三字及「毛氏正本」雙行小字。每卷卷尾有「金陵書局仿汲古閣本刊」十字篆書牌記。《目錄》前有一頁，分行題「司馬遷史記凡一百三十篇總一百三十卷」、「十二本紀一十二卷」、「十表一十卷」、「八書八卷」、「三十世家三十卷」、「七十列傳七十卷」、「裴駰注」。首《史記目錄》，次《史記集解序》，次《五帝本紀》，終《太史公自序》。

## （二）撰寫《札記》

同治六年（1867）曾國藩命張、唐二人同校《史記》時，張文虎等即有撰寫校勘記的提議，並得到曾國藩的首肯。《校刊札記》跋語云：「及明年春，相侯湘鄉曾文正公自淮北回金陵，命文虎同校。文虎與侍御及唐君議以新刊史文及注皆不主一本，恐滋讀者疑，請於刊竣之後，附記各本同異及所以去

---

〔註36〕李鴻章：《設局刊書摺》，轉引自王紹曾《二十四史版本沿革考》，頁552。
〔註37〕范希曾：《書目答問補正》，南京：江蘇古籍出版社，2000，頁75。

取意，文正頷之。」〔註38〕同治九年（1870）正月《史記》樣本校畢後，自二十四日起，張文虎開始著手校勘記的撰寫。〔註39〕同治十年（1871）十二月十五日「重訂《札記》畢」，又二十五日「重訂《札記》」，〔註40〕至此《〈史記〉札記》亦已完稿。同治十一年（1872）二月二十四日「作《〈史記〉札記》跋」，〔註41〕此後《札記》陸續寫樣刊刻。此年張文虎主要從事《札記》樣本及毛本《史記》的校刊與《舒藝室隨筆》的撰寫工作。

《札記》全稱《校刊史記集解索隱正義札記》，是張文虎、唐仁壽校刊時對所見諸本異文和判斷取捨的記錄。《札記》的撰寫得到曾國藩的支持，已如前述。張文虎在寫作《札記》的過程中亦曾報呈曾國藩批覽。《札記》跋語：「乃屬稿爲札記。是年（吉案：同治九年）冬，公復任江督，文虎以先成稿二卷呈，公以爲善。」〔註42〕檢同治九年（1870）十二月初四《日記》云：「謁曾侯，爲篨仙、劉叔俛、戴子高事及商擬校記紀表稿。」〔註43〕即此事也。撰寫《札記》是張文虎校刊《史記》的最後一項工作。

金陵書局本《史記》的校刊與曾國藩的支持與關注密不可分。金陵書局由曾國藩出資設立，書局人員及分工亦由曾委任派定。《史記》一書的校刊更由曾直接指派張文虎與唐仁壽共同負責，甚至一些校刊中的具體問題，曾國藩也都作出指示。即便曾國藩北任直隸總督期間，張、唐二人還就《史記》校刊問題致函請示於曾，而曾國藩亦有回函批示。〔註44〕因此，當《史記》刊刻已畢，《札記》亦已完稿之時，張文虎向曾國藩請序實在情理之中。《札記》跋語云：「去冬（吉案：同治十年冬）既蕆事，請公總序其端，公命以《札記》先授梓氏，並記緣起於末。」〔註45〕檢《日記》同治十年（1871）十月

〔註38〕〔清〕張文虎：《校刊史記集解索隱正義札記·跋》，徐蜀編：《史記訂補文獻彙編》，頁 192。

〔註39〕同治九年正月二十四日《張文虎日記》：「又復《史記》，爲校勘記作稿。」（《張文虎日記》，頁 211。）

〔註40〕《張文虎日記》，頁 267。

〔註41〕《張文虎日記》，頁 272。

〔註42〕〔清〕張文虎：《校刊史記集解索隱正義札記·跋》，徐蜀編：《史記訂補文獻彙編》，頁 192。

〔註43〕《張文虎日記》，頁 241。

〔註44〕王媛：《曾國藩、李鴻章、洪汝奎等致張文虎函札》，《文獻》，2009 年第 2 期，頁 145～150。

〔註45〕〔清〕張文虎：《校刊史記集解索隱正義札記·跋》，徐蜀編：《史記訂補文獻彙編》，頁 192。

二十六云：「謁湘鄉，請作《史記》序。」〔註46〕正可印證。孰料同治十一年
（1872）二月初四日曾國藩遽然去世，張文虎所求之序尚未作成。二月二十
四日，張文虎作《〈史記〉札記》跋語，云：「嗚乎！孰意寫未竟而公薨，不
及爲之序乎？」〔註47〕

　　曾國藩未及爲《札記》作序，張文虎轉而求之於李鴻章。李鴻章覆函云：
「寄示《史記》校勘記展閱數過，於正訛同異之間，援引確鑿，參訂審詳，
大足津逮後學，執事與端甫洵龍門功臣也。文正師未及著論，徵序於僕，奚
敢以不文辭，謹擬就另紙錄寄，請削正轉付剞劂爲幸。刊成時乞轉告琴西同
年，將有札記之《史記》初印本賜寄五六部，尤深感謝。……附序文一紙。」
〔註48〕據此，李鴻章是確實應張文虎之請作了序文的。但不知何故，今所見
《札記》未有此序。檢《李鴻章全集》，亦未見此序，猶爲疑案。

　　《〈史記〉札記》共五卷，二冊。蓋本欲附金陵本《史記》以行，故金陵
本《史記》目錄末記「札記五卷」。然金陵本《史記》於同治九年（1870）夏
已刷印，而《札記》刊刻於同治十一年（1872），未及附於卷後，「蓋實多單
行」。〔註49〕光緒十六年（1890）《江南書局書目》有「校本《史記》貳拾本」，
又「《校刊〈史記〉札記》貳本」，〔註50〕正可見其爲另冊單行。

## （三）底本與校本

　　有關金陵書局校刊《史記》時所用底本及參校本的問題，亦值得探討。
根據張文虎《札記》卷一首端所記，其校刊所用之本有：

　　常熟毛晉刻集解本云據宋板，今刊《集解》多據此。

　　毛刻單行本索隱云據北宋祕書省大字刊本。今刊《索隱》多據此，省稱「索隱本。」

　　明震澤王延喆翻宋合刻集解索隱正義本今刊《正義》多據此。

　　舊刻本上海郁氏藏本。字形古樸，雜採《集解》、《索隱》頗略，似元明閒刊本，無序跋
年月，卷尾多缺壞，蓋書估去之以充宋本，今不敢定，祇稱「舊刻」。

〔註46〕《張文虎日記》，頁 263。

〔註47〕〔清〕張文虎：《校刊史記集解索隱正義札記・跋》，徐蜀編：《史記訂補文獻
　　　　彙編》，頁 192。

〔註48〕王媛：《曾國藩、李鴻章、洪汝奎等致張文虎函札》，《文獻》，2009 年第 2 期，
　　　　頁 145～150。

〔註49〕安平秋：《〈史記〉版本述要》，《古籍整理與研究》，1987 年第 1 期，頁 32。

〔註50〕徐蜀，宋安莉編：《中國近代古籍出版發行史料叢刊》，北京：北京圖書館出
　　　　版社，2003，頁 81～84。

明豐城游明刻本獨山莫子偲大令友芝藏本。有《集解》、《索隱述贊》，首有董浦序，蓋其本自中統出。

明金臺汪諒刻本云據舊本，有《集解》、《索隱》、《正義》，首有嘉靖四年費懋中序。以柯維熊所校，世稱「柯本」。

明吳興凌稚隆刻本有《集解》、《索隱》、《正義》，云以宋本與汪本字字詳對，有不合者又以他善本參之。

北宋本諸城劉燕庭方伯喜海所藏。集宋殘本之一。但有《集解》，「桓」字不避，知爲北宋刊本。此下並據嘉興錢警石學博泰吉校錄本。

宋本集宋殘本之二。但有《集解》，「桓」字「愼」字不避，蓋亦南宋以前刊本，今統稱「宋本」以爲別。

南宋本集宋殘本之三。有《集解》、《索隱》，「桓」字「愼」字避缺。

南宋建安蔡夢弼刻本集宋殘本之四。有《集解》、《索隱述贊》，卷後題「建安蔡夢弼謹案京蜀諸本校理梓實於東塾」。詳見嘉定錢氏《十駕齋養新錄》及昭文張氏《愛日精廬藏書志》。

元中統本有《集解》、《索隱述贊》，首有「中統十年校理」，董浦序稱「平陽道參幕段子成刊行」，蓋當宋理宗景定時。

明南雍本有《集解》、《索隱》、《正義》，多刪削。

明秦藩刻本莫大令藏本。有《集解》、《索隱》、《正義》，首有嘉靖十三年秦藩鑒抑道人序，大致同王本。

錢唐汪氏小米舍人遠孫校宋本

海寧吳子撰春照校柯本

乾隆四年經史館校刊本今稱「官本」。〔註51〕

據此，北宋本以上七種爲張文虎所親校，北宋本及以下至明秦藩本七種爲錢泰吉校本所見，張氏據錢校本本校錄。此外汪遠孫校宋本、吳春照校柯本、武英殿本（官本）亦爲張氏所參校。

《張文虎日記》同治四年（1865）七月初九日記云：「縵老出示所校《史記》，商榷開雕格式。」〔註52〕《札記》跋語云：「先是嘉興錢警石學博泰吉嘗彙校各本，歷三十餘年，點畫小殊，必詳記之。烏程周縵雲侍御學濬借其本過錄，擇其善而從。同治五年春，請於署江督蕭毅伯今相國合肥李公，以

---

〔註51〕〔清〕張文虎：《校刊史記集解索隱正義札記》，頁1～2。

〔註52〕《張文虎日記》，頁56。

屬學博高弟海甯唐端甫文學仁壽覆校付刊。」〔註53〕據此推斷，張文虎、唐仁壽校刊《史記》時據以寫樣的底本當是周學濬過錄錢氏校記所用的本子。而周學濬過錄本的底本為何本，則不能確知。《藏園訂補邵亭知見傳本書目》卷四：「《史記評林》一百三十卷，明凌稚隆輯。○明萬曆四年凌氏自刊本，十行十九字，白口，左右雙闌。舊人臨錢泰吉校本，用朱、紫、黃、黑四色筆匯校，所據為元中統本及明清諸本。文友堂見。」〔註54〕此條為傅增湘所增補，未知其所見本是否即是周氏過錄本。錄此存疑，尚待深考。

　　《札記》卷首於「常熟毛晉刻集解本」下注「今刊《集解》多據此」，「毛刻單行本索隱」下注「今刊《索隱》多據此」，「明震澤王延喆翻宋合刻集解索隱正義本」下注「今刊《正義》多據此」，此蓋言其校勘時去取之所主，未必是以毛刻《集解》為《集解》底本，以單刻《索隱》為《索隱》底本，以王本為《正義》底本。而《史記》本文所據為何本，則未作說明。

　　賀次君《史記書錄》云：「所謂不主一本者，即其於《史記》本文以毛晉汲古閣本為底本，用錢泰吉、汪遠孫、吳春照所校宋刊殘卷，參以汲古閣《索隱》單行本所出正文及明刻諸本，究其異同，擇善而從，並以改正汲古閣本之舛訛。其於三家注解，《集解》則本之汲古閣本；《索隱》則依據《索隱》單行本；《正義》則據王延喆本，參以明柯維熊、凌稚隆、清武英殿本，及汪遠孫、吳春照所校，即所謂不主一本也。」〔註55〕賀氏之意，似謂金陵本乃以汲古閣《史記集解》本為底本，加上毛刻單行本《索隱》與王本《正義》而成，再參校他本。

　　賀氏謂「其於《史記》本文以毛晉汲古閣本為底本」，則未知所據。而其關於三家注底本的說法，亦可商榷。《張文虎日記》同治八年（1869）三月五日記云：「連日復閱《史記》諸卷，《索隱》頗與單本不合，蓋多後人改竄。今亦不能盡從單本，且書已刊成，勢難一一刓改，去其太甚者而已。」〔註56〕此時金陵書局本《史記》除諸表外，已基本刊刻完成，故張氏云「書已刊成，勢難一一刓改」。若金陵本《索隱》以毛刻單行本為底本抄樣，則斷不致「頗

〔註53〕〔清〕張文虎：《校刊史記集解索隱正義札記·跋》，徐蜀編：《史記訂補文獻彙編》，頁192。
〔註54〕〔清〕莫友芝撰，傅增湘訂補：《藏園訂補邵亭知見傳本書目·史部》，北京：中華書局，1993，頁10。
〔註55〕賀次君：《史記書錄》，頁214。
〔註56〕《張文虎日記》，頁173。

與單本不合」、「今亦不能盡從單本」。其言「蓋多後人改竄」，當指其所據之底本而言。故對於張文虎所言「今刊《集解》多據此」、「今刊《索隱》多據此」、「今刊《正義》多據此」，尚須重新考察。由此，金陵書局本三家注是否用幾種版本拼湊後再施校勘，或者說金陵本是否存在一個據以校勘的合刻底本，尚待進一步探討。

《張文虎日記》中可以考見其參校的版本主要有：明游明本、歸子慕藏本、《史記評林》本。其他校勘材料有：錢大昕《廿二史考異》、王念孫《讀書雜志》、梁玉繩《史記志疑》及類書《羣書治要》、《藝文類聚》、《太平御覽》、《冊府元龜》。

同治五年（1866）十月十二日《張文虎日記》：「從偲老借得明游明本《史記》，翻中統本也，無甚佳處。」〔註57〕十三日：「從偲老借得歸子慕藏本《史記》，字形帶隸，似元末明初本，偲老以爲宋槧，殆非也，中頗有與宋本合者。」〔註58〕十七日：「以歸子慕藏本《史記》校湖本（吉案：即《評林》本），完《五帝紀》、《夏紀》。」〔註59〕十八日：「校《殷本紀》。」〔註60〕十九日：「校游大昇翻中統本《史記》，有《集解》、《索隱》而無《正義》，脫誤處甚多。」〔註61〕十一月六日：「以游本校《五帝本紀》。」〔註62〕十二月九日：「以歸本、游本合校《周本紀》。」〔註63〕同治六年（1867）正月初九日「以歸本《史記》校《周、秦本紀》」，〔註64〕此後至三月三日「校《太史公自序》」，〔註65〕中間所記目次井然，可以肯定張文虎將歸本《史記》全校一過。歸子慕，歸有光之子，其所藏之本究竟爲何本不得而知。

張文虎《札記》卷端記有舊刻本一種，注云：「上海郁氏藏本。字形古樸，雜採《集解》、《索隱》頗略，似元明間刊本，無序跋年月，卷尾多缺壞，蓋書估去之以充宋本，今不敢定，祇稱『舊刻本』。」〔註66〕張玉春云「所謂舊

〔註57〕《張文虎日記》，頁67。
〔註58〕《張文虎日記》，頁67。
〔註59〕《張文虎日記》，頁67。
〔註60〕《張文虎日記》，頁67。
〔註61〕《張文虎日記》，頁67。
〔註62〕《張文虎日記》，頁69。
〔註63〕《張文虎日記》，頁73。
〔註64〕《張文虎日記》，頁76。
〔註65〕《張文虎日記》，頁83。
〔註66〕〔清〕張文虎：《校刊史記集解索隱正義札記·跋》，徐蜀編：《史記訂補文獻

刻是上海郁氏藏僅存三十卷本的淮南路本」。〔註67〕根據張玉春所見，上海郁氏藏本爲南宋紹興間淮南路刊本當無疑問。然淮南路刊本爲單《集解》本，而張文虎謂此本「雜採《集解》、《索隱》頗略」，似其所見者爲《集解》、《索隱》二家注合刻本。張玉春又謂「卷一百十一的《匈奴列傳》自『於是制詔御史曰匈奴』以下缺。北京圖書館藏本此卷末有『左迪功郎充無爲軍學教授潘旦校對，右承直郎充淮南路轉運司幹辦公事石蒙正監雕』二行，《李斯列傳》、《樊酈滕灌列傳》、《建元以來王子侯者年表》卷末均有二行結銜，因此本均缺，此二行結銜不可見。」〔註68〕張文虎謂此本「卷尾多缺壞，蓋書估去之以充宋本」，與張玉春說相對，則張文虎所見本亦當是淮南路本。此本有宋諱可考，張玉春又據此本刻工定其爲南宋高宗時所刻，張文虎蓋未深考。如此其所謂「雜採《集解》、《索隱》頗略，似元明間刊本」，亦可存疑。

　　據《札記》卷端，張文虎於明南監本乃據錢泰吉校本，並未親校，《日記》亦可以證之。《張文虎日記》同治八年（1869）十二月二十六日記云：「從方小東借得明南雍本《史記》，蓋亦三家合刻本，明萬曆二十四年南京國子監祭酒馮夢禎校刊，國朝順治十六年兩江總督郎廷佐修補，康熙三十八年江蘇巡撫宋犖重修。經兩次修補，板式、字體不一，幸板心各有識別，先後瞭然。」〔註69〕時金陵本《史記》已近畢工，張氏但借觀而已，並未據以校勘。

　　據《札記》跋語，張文虎、唐仁壽校刊時所見錢泰吉校本乃是周學濬的過錄本。金陵本《史記》印行之後張氏方見錢氏親校本。《張文虎日記》同治十年（1871）二月二十六日記云：「復校《史記》本紀，時從子密借警石先生校本也。」〔註70〕子密，即錢應溥，錢泰吉次子，亦在曾國藩幕中。可知張文虎借得錢校本後又曾據之重校《史記》，三月七日仍記「復校《史記》」，此後即不見，當未通校全書。

　　《張文虎日記》同治十年（1871）十月二十六日記云：「謁湘鄉，請作《史記》序，並借柯板本《史記》。」〔註71〕十一月八日記云：「以湘鄉公所得柯

　　　彙編》，頁 192。
〔註67〕 張玉春：《〈史記〉版本研究》，頁 229。
〔註68〕 張玉春：《〈史記〉版本研究》，頁 184。
〔註69〕 《張文虎日記》，頁 201。
〔註70〕 《張文虎日記》，頁 248。
〔註71〕 《張文虎日記》，頁 263。

板本《史記》校今刊本，大約殘板所餘十得八九。」〔註72〕「柯板本」即明柯維熊所校金臺汪諒刊本，《札記》卷首有記。「今刊本」當指金陵本。此云「殘板」，不知謂曾國藩此時所得之柯本爲殘本，抑謂張文虎當初所據以校勘之本。以語甚簡略，不能詳知。《日記》亦未見其據此本再作校勘。

### （四）修板挖補

《史記》卷帙浩繁，版本眾多，故欲精校此書實爲不易。張文虎亦嘗慨歎校《史記》之難。《張文虎日記》同治六年（1867）九月二十八日記云：「古書本難校，而莫難於《史記》。搜羅舊本，博取群書，採諸家辨論，而平心折中之，勿持意見，勿惑妄言，集數賢之精力，積十年之功，博訪通人，就正有道，然後勒爲一編，或於史公可告無罪。然而欲徹底通曉，毫無疑滯，亦不能也。今也旋校旋寫，旋寫旋刊，區區以兩人之心力，而出之以急就。予老而衰，端甫又多病，如此雖二三前輩恐亦不能任也。」〔註73〕

由此可知，金陵本《史記》是「旋校旋寫，旋寫旋刊」。倉促之中，不免疏漏。而據《張文虎日記》可見其於《史記》一書前後復校多次。有時前云「校定」某某卷，而後又見「復校」「復審定」之語。復校出的訛誤，若書板已刊成，則須挖改，甚至重刻。同治七年（1868）閏四月三日《張文虎日記》：「復審定《五帝本紀》。」〔註74〕《五帝本紀》爲《史記》第一卷，此時當早已刊畢。而張文虎在重校中顯然發現了比較多的問題，故其《日記》是年九月二十九日記云：「謁節相，擬商《史記》第一卷重刊事。以他出未晤，託張蓮卿轉致。」〔註75〕不久張氏提議得到曾國藩同意，並下令對已刻諸卷中復校出的訛誤亦要隨時挖改。《日記》十月四日記云：「得節相批下，《史記》第一卷依校重刊。」〔註76〕《札記》跋語云：「七年冬，公將移任畿輔，命凡已刻之卷中有宜改者，隨時剷補。」〔註77〕同治八年（1869）七月初一日《張文虎日記》云：「校《史記》重寫樣本。」此時《史記》校刊已接近尾聲，張文虎開始著手修板的工作。據《張文虎日記》，此後九月、十月、十一月張文

---

〔註72〕《張文虎日記》，頁264。
〔註73〕《張文虎日記》，頁106。
〔註74〕《張文虎日記》，頁135。
〔註75〕《張文虎日記》，頁156。
〔註76〕《張文虎日記》，頁157。
〔註77〕〔清〕張文虎：《校刊史記集解索隱正義札記・跋》，徐蜀編：《史記訂補文獻彙編》，頁192。

虎全部從事《史記》「補刻」、「重刻」、「改刻」、「修板」卷頁的校勘。是年十一月二十一日「校《史記》修板卷竟」，十二月歲除又記一次「校《史記》補刻卷頁」。至此，金陵本《史記》刷印前的修板工作全部完成。今所見金陵本《史記》時有字體大小疏密不均處，即是修板所致。

　　金陵本《史記》雖有修板挖改，但亦有改之不盡者。同治八年（1869）三月五日《張文虎日記》云：「連日復閱《史記》諸卷，《索隱》頗與單本不合，蓋多後人改竄。今亦不能盡從單本，且書已刊成，勢難一一刊改，去其太甚者而已。」〔註78〕因其本遞有挖改，又有挖改不盡者，故張氏《校刊札記》時與刊本不合。如：《惠景閒侯者年表札記》：「甲辰凌誤『申』。」中華書局整理者案云：「金陵本亦作『甲申』，中華本初版依之，再版改正。」〔註79〕此即《札記》已明其誤而未及挖改者。同卷：「征和二年王、柯、凌『二』謁『三』。」中華書局整理者案云：「金陵本往往挖改，故同是局本，有作『征和二年』，有作『征和三年』。」〔註80〕又《漢興以來將相名臣年表札記》：「四將位格任千秋爲左將軍官本『左』，與《漢表》合，蓋亦從右轉左也，各本謁『右』。」中華書局整理者案云：「金陵本亦作『右』，中華本初版從之，再版改。」〔註81〕今筆者所見金陵本作「左」。如此則金陵本於印行之後原板仍有挖改，故不同印次間文字亦有差別。

　　以上主要依據《張文虎日記》考察了金陵書局刊刻《史記》的過程及相關問題。《張文虎日記》是考證金陵書局本《史記》的重要材料，可供深究的問題還有很多。如，金陵本《史記》無司馬貞補《三皇本紀》，今中華書局點校本承金陵本亦付闕如。同治七年（1868）十月二十二日《張文虎日記》：「與端甫謁節相，……予請刪去小司馬述贊及《補史記》，深以爲然，以述贊已刻附每篇之後，可無刻者，其《補史記》依予說刪之。」〔註82〕據此，司馬貞補《三皇本紀》乃張文虎所刪，而其並欲刪《索隱述贊》，因業已刊刻乃罷。這在下文還要詳論。

---

〔註78〕《張文虎日記》，頁173。
〔註79〕〔清〕張文虎：《校刊史記集解索隱正義札記》，頁236。
〔註80〕〔清〕張文虎：《校刊史記集解索隱正義札記》，頁237。
〔註81〕〔清〕張文虎：《校刊史記集解索隱正義札記》，頁275。
〔註82〕《張文虎日記》，頁159。

## 二、殿本與金陵書局本之異同

### （一）殿本與金陵本之關係

研究武英殿刊本與金陵書局三家注合刻本的異同，首先要對二者的關係有一定的認識，這又需要考察二本的版本源流。殿本以明萬曆二十六年（1598）北京國子監刊本爲底本，校改訛字，增補三家注脫文，如前所論，當無疑義。根據張玉春《〈史記〉版本研究》，北監本以明嘉靖九年（1530）南京國子監刊本爲底本，明南北監皆爲三家注本，嘉靖九年南監本又是在元大德九年（1305）刊二家注本的基礎上增入《正義》注而成，元大德本又承蒙古中統二年（1261）平陽段子成刊本，中統本亦爲二家注本，其史文及《集解》注則與南宋乾道七年（1171）蔡夢弼刊二家注本屬於同一系統。〔註83〕

金陵書局《史記》三家注合刻本的版本構成及來源則較爲複雜。原因在於張文虎校刊《史記》時「不主一本，擇善而從」，與以往的三家注本不同，金陵本是一個全新的三家注本。如上所論，張文虎自謂金陵本《集解》注多據明毛晉汲古閣刻單本，《索隱》多據汲古閣單行本、《正義》多據明王延喆三家注合刻本。這祇能看作是張文虎校刊三家注文去取的主要依據，憑此尚不能推斷金陵本的底本。

依據現有的研究成果，從殿本與金陵本的版本源流上看，二者的關係並不明朗。不過可以肯定的二者的直接關係則是殿本爲金陵本的參校本，金陵本依據殿本改正了不少其他版本的訛誤。張文虎《校刊史記集解索隱正義札記》中多有依據「官本」改字的情況，所謂「官本」即指殿本。如《五帝本紀》一卷，《札記》出校 148 條，其中依官本校改者有 18 處。張文虎不但據殿本校勘，張照《殿本史記考證》與王太岳《四庫全書考證》亦爲張文虎所參考。《四庫全書》本據殿本翻抄，與殿本屬同一系統，研究殿本與金陵本的關係，張照、王太岳等人的校勘成果自當納入視野。《五帝本紀》一卷中，《札記》據「考證」校改者 11 處。所謂「考證」既指張照《殿本考證》，亦指王太岳《四庫考證》。《札記》《五帝本紀》「熊湘正義上洛」條云：「『上』字依《四庫全書考證》增。」〔註84〕自此以下但稱「考證」，然亦有實爲《殿本史記考證》者。如《夏本紀》「蒙陰縣西南」條：「『南』字吳補，與《漢志》合。《考

---

〔註83〕 參張玉春《〈史記〉版本研究》頁 220《蒙古中統二年平陽段子成刊本考》及頁 339《結語》。

〔註84〕 〔清〕張文虎：《校刊史記集解索隱正義札記》，頁 5。

證》說同。」〔註85〕《四庫考證》無此條。《殿本考證》《夏本紀》「蒙羽其藝索隱蒙山在泰山蒙陰縣西」條云：「以《漢書・地理志》考之，『西』下脫『南』字。」

張文虎之所以能在《史記》校勘上取得巨大的成就，所刊金陵書局本影響至今，與其廣泛吸收前人校勘成果密不可分，其中自然也包括張照、王太岳等人的努力。此在上文亦有說，不贅。

### （二）殿本與金陵本之差異

殿本雖然與金陵本關係密切，但二本並非同一系統，故其差異亦非常明顯。筆者曾將金陵本與殿本對校，僅以《本紀》、《表》兩部分爲例，剔除部分明顯的殿本訛誤，共出校記約一千八百條。

除了文字內容上的較大差異，在其他方面，殿本亦有整體上不同於金陵本的特點。如：（1）殿本《集解》引書，書名前往往有「駰案」二字，金陵本罕見。（2）殿本三家注多刻於句讀處，金陵本則多刻於所注之字下。（3）殿本《本紀》每年記事皆另起一行，《列傳》合傳之後一人亦另起行，金陵皆當行書之。（4）金陵本三家注往往重出，至《集解》或與《索隱》全同，此類最多，亦間有《集解》與《正義》相重者。張文虎《札記》《夏本紀》「壺口集解縣之東南」條：「案：此條全同《索隱》，小司馬注本以補裴，不當相襲，蓋傳寫錯亂，今不能別，各仍之。後放此，不復記。」〔註86〕毛刻單行本《索隱》亦有此注，此蓋張文虎據單本刻入，而兩存之。殿本承前代三家注合刻本，此類皆不重，蓋前人合刻時即已刪去。（5）金陵本多有古字，尤以《索隱》注爲最，蓋依毛本之故，丁晏《史記毛本正誤》列百餘字，殿本則作今字。（6）金陵本《索隱》往往重出所釋之字句，所重出多是《索隱》本史文與今本不同者，此亦金陵本《索隱》據毛氏單本之跡。殿本則往往統一史文與三家注之異文。（7）十《表》中，「前元」、「中元」、「後元」，金陵本皆省「元」字。

金陵本與殿本差異最明顯亦最有爭議者，是金陵本脫佚《索隱》注問題。以下試就這一問題重點討論。

張文虎自謂金陵本三家注中《集解》多據明毛晉汲古閣刻單本，《索隱》多據汲古閣單行本、《正義》多據明王延喆三家注合刻本。而其《日記》又云

---

〔註85〕〔清〕張文虎：《校刊史記集解索隱正義札記》，頁16。
〔註86〕〔清〕張文虎：《校刊史記集解索隱正義札記》，頁14。

「《索隱》頗與單本不合，蓋多後人改竄。今亦不能盡從單本」，〔註87〕觀此語似張文虎就《索隱》問題在主觀意願與實際效果之間尚有差距。故金陵本三家注中以《索隱》問題爲最多。同門趙昌文兄嘗以中華書局點校本爲底本，以殿本、毛刻汲古閣《索隱》單本、張元濟百衲本爲校本，對中華本的《索隱》佚文做了輯佚工作。據其統計，「版本校勘所得完全佚失的《索隱》有近百條之多」，「部分亡佚的佚文數量很多，有近三百條」。〔註88〕中華本以金陵本爲底本點校，由此金陵本的《索隱》脫佚問題亦顯端倪。

金陵本脫佚《索隱》注一方面是由於其所據的毛刻單本《索隱》不善。賀次君謂：「又此書《索隱》全用單行《索隱》本文，而毛晉汲古閣刊單行本《索隱》錯誤特多」，「此本於《索隱》悉依單行本，且仍其錯誤，反不如合刻《索隱》之得當」，「而此本《索隱》悉從毛刻，一仍其錯奪誤衍，鮮加補正，則非擇善而從之初義矣」。〔註89〕賀氏謂金陵本「全用」、「悉依」單行本，「悉從毛刻」，「鮮加補正」，言辭未免武斷，然而所反映的金陵本據單行本《索隱》而致誤的情況確是事實。

另一方面的原因則是張文虎人爲刪削。張文虎在日記中云：「與端甫謁節相，……予請刪去小司馬述贊及《補史記》，深以爲然，以述贊已刻附每篇之後，可無刻者，其《補史記》依予說刪之。」〔註90〕可見，金陵本無司馬貞《補史記》乃是張文虎有意刪削所致。

司馬貞《史記索隱》三十卷原本單行，南宋始有《集解》、《索隱》合刻本。合刻之後單本乃罕見，明末常熟毛晉自謂得宋秘閣單本《索隱》而重刻之，此後毛刻本即爲單本之僅見者。《四庫總目》謂：「（毛刻本）猶可以見司馬氏之舊。」〔註91〕程金造認爲毛刻《索隱》單本並非出自北宋秘閣，「論其來源，也絕非後人之所僞造。從其體例規模編次文字觀之，它當是小司馬原書之本，展轉傳錄而又經後世屢亂的抄本。」〔註92〕程氏之言可從。毛刻單本《索隱》三十卷，前二十八卷爲注釋文字，其體例如《經典釋文》，標字列

〔註87〕《張文虎日記》，頁173。
〔註88〕趙昌文：《〈史記索隱〉佚文探索》，南京師範大學文學院碩士學位論文，南京，2001，頁6。
〔註89〕賀次君：《史記書錄》，頁219〜220。
〔註90〕《張文虎日記》，頁159。
〔註91〕〔清〕紀昀：《四庫全書總目》，頁399。
〔註92〕程金造：《汲古閣單本史記索隱之來源和價值》，《史記管窺》，西安：陝西人民出版社，1985，頁239。

注；後兩卷爲《述贊》、《補史記》、《三皇本紀》。毛本體例篇次當是小司馬原本之舊。

　　司馬貞《史記索隱》不僅注釋《史記》文字，對於《史記》的體例編次亦有自己的看法。如他認爲司馬遷既論古史，不當全闕三皇，故作《三皇本紀》以補之；又以司馬遷贊論不能備論終始，故重作一百三十篇《述贊》；又以《史記》體例有未盡善者，或編錄有闕，或篇章倒錯，故採遺補闕改定篇目，作《補史記》。其《補史記》除《三皇本紀》外，餘祇列篇名，附述所以去取改定之由，實爲計劃，並未成書。小司馬的這些努力與嘗試著於《索隱》末兩卷之中。

　　《史記》自成書以來，研究者代不乏人，觀歷代經籍志自可知。然而傳之於今者則寥寥。魏晉人所論，或爲裴駰所採。《集解》、《索隱》、《正義》三家之注，爲《史記》古注之大成，刻附正文之下乃得傳於今世。前人之論或有可商，然其書不可偏廢。故《索隱》自南宋合刻以來，小司馬《述贊》、《補史記》、《三皇本紀》皆未見捨棄。《史記索隱》單本卷二十九、卷三十首百三十篇《述贊》，次《補史記序》，次《補史記》，次《三皇本紀》，編次井然。合刻之本以《述贊》刻附諸卷之末，《補史記》則多散在各篇小題之下，《補史記序》、《三皇本紀》或列卷首，或附卷尾。雖不存小司馬原本之次第，然其內容則未有脫佚。至清同治間金陵書局張文虎校刊三家注合刻本，則有意刪削小司馬《述贊》、《補史記》及《三皇本紀》，惟《述贊》已刻成而未及刪落。其後中華書局點校《二十四史》，《史記》以金陵書局本爲底本，於《史記索隱》一仍金陵本之脫漏，後之讀《史記》者多唯中華本是從，小司馬之說遂鮮爲人知。

　　司馬貞《補史記序》、《三皇本紀》在金陵本已遭刪削，此易見。今據明毛晉汲古閣單本卷三十錄小司馬《補史記》於下，以清武英殿本對校，參以南宋黃善夫本、元彭寅翁本、明萬曆四年（1576）凌稚隆《評林》本、清遞修明萬曆二十四年（1596）南監本，以見金陵本之刪削。

### 三皇本紀第一

　　太史公作《史記》，古今君臣宜應上自開闢，下迄當代，以爲一家之首尾。今闕三皇而以五帝爲首者，正以《大戴禮》有《五帝德》篇，又帝系皆敘自黃帝已下，故因以《五帝本紀》爲首，其實三皇已還，載籍罕備。然君臣之始，教化之先，既論古史，不合全闕。近代皇甫謐作《帝王代紀》，徐整作《三

五麻》，皆論三皇已來事，斯亦近古之一證。今竝採而集之，作《三皇本紀》，雖復淺近，聊補闕云。

吉案：金陵本無。殿本此條列在書後所附《三皇本紀》小題下，小字雙行。黃本《三皇本紀》在《五帝本紀》前，首行題「三皇本紀　補史記」，又小字雙行題「小司馬撰並注」，次行即爲此條《索隱》注文，小字雙行，前有「小司馬氏云」五字。凌本《三皇本紀》在《史記目錄》前，亦有此注。南監本《三皇本紀》在《五帝本紀》前，亦有此注，今所見南監本前兩頁爲康熙三十九年（1700）補版。

### 秦本紀

秦雖嬴政之祖，本西戎附庸之君，豈以諸侯之邦而與五帝三王同稱本紀？斯必不可，可降爲《秦系家》。

吉案：單本、金陵本小題下無此條。殿本有，「系」作「世」。黃本、彭本、凌本、南監本皆有此注。

### 項羽本紀

項羽掘起，爭雄一朝，假號西楚，竟未踐天子之位而身首別離，斯亦不可稱本紀，宜降爲系家。

吉案：單本、金陵本小題下無此條。殿本有，「掘」作「崛」，「系」作「世」。黃本、彭本、凌本有此注。

### 呂太后本紀

呂太后本以女主臨朝，自孝惠崩後，立少帝而始稱制，正附《惠紀》而論之，不者或別爲《呂后本紀》，豈得全沒孝惠而稱《呂后本紀》？今依班氏分爲二紀焉。

吉案：單本、金陵本小題下無此條。殿本有，「正」下有「合」字，「不者」作「不然」，「而稱」作「而獨稱」，「今」作「合」。黃本、彭本、凌本、南監本亦有此注。

### 曹叔振鐸系家

右亦姬姓之國而文昭春秋之時，頗稱強國，其後數十代，豈可附管蔡亡國之末而沒其篇？今《曹叔振鐸系家》自爲一篇。

吉案：單本《管蔡世家》出「曹叔振鐸系家」六字，下另有注。殿本《管蔡世家》卷中另行題「曹叔世家」四字，注與單本略同。又殿本上「其後爲

曹有世家言」句下出《索隱》注，文與上所引同，「右」作「曹」，「文」下有「之」字，「其後數十代」作「傳數十代而後亡」，「今《曹叔振鐸系家》自爲一篇」作「第自合析爲一篇」。金陵本無「曹叔振鐸系家」六字，亦無「曹叔世家」四字，系其注文在「曹叔振鐸者」下，無上所引《索隱》文，詳張文虎《札記》。黃善夫本、彭本、凌本、南監本同殿本。

### 許男邾子系家

許文叔，太岳之胤，二邾，曹姓之君，竝通好諸侯，同盟大國，不宜令沒其事，亦可敘其本末，補《許邾系家》焉。

吉案：單本無此注。殿本《陳杞世家》「小不足齒列弗論也」句下《索隱》注「滕不知本」云云末附此注，「許」上有「又」字，「文」作「太」，「令」作「全」，「系」作「世」，無「焉」字。金陵本有前注，無上所引之注。黃本、彭本、凌本、南監本亦有此注。

### 孔子系家

右教化之主，吾之師也。爲帝王之儀表，示人倫之準的，自子思已下代有哲人，繼代象賢，誠可仰同列國，前史既定，吾無間然。

吉案：單本小題下亦有此注，「右」作「古」，「繼代」作「繼世」；下接「又孔子非有諸侯之位而亦稱系家者」云云凡三十四字。殿本同單本，無「右」字，「繼代」作「繼世」，下亦有「又孔子」云云三十四字注。金陵本無上所引注文，有「孔子」云云三十三字。黃本、彭本、凌本、南監本同殿本。

### 陳涉系家

右時因擾攘，起自匹夫，假託妖祥，一朝稱楚，厤年不永，勳業蔑如，繼之齊魯，曾何等級。可降爲列傳。

吉案：單本小題下有《索隱》注「按勝立數月而死」云云三十字，而無此注，金陵本同單本。殿本有「勝立數月而死」云云二十九字，下接上所引注文，惟「右」作「然」。黃本、彭本、凌本、南監本亦有此注。

### 張耳吳芮系家

右勢侔楚漢，位埒齊韓，俱懷從沛之心，咸享誓河之業，爵在列侯之上，家傳累代之基，長沙既曰令終，趙王亦謂善始。竝可列同系家焉。

吉案：單本、金陵本無，殿本《張耳陳餘列傳》有此注，「右」作「張耳吳芮」，「系」作「世」。黃本、彭本、凌本、南監本亦有此注。

### 吳濞淮南系家

右五宗之國，俱享大邦，雖復逆亂心，取汙朝典，豈可謂非青社之國哉？然淮南猶有後不絕，衡山亦其罪蓋輕。比三卿之分晉，方暴秦之滅周，可不優乎，安得黜其王國不止，上同五宗三王，列於系家，其吳濞請與楚元王同爲一篇，淮南宜與齊悼惠王爲一篇。

吉案：金陵本無此注。殿本《吳王濞列傳》小題下有此注，無「右」字，「心」上有「萌」字，「黜」作「出」，「不」下無「止」字，「系」作「世」。單本《吳王濞列傳》小題下亦出此注，文與殿本略同，惟有「右」字，「蓋」作「差」。黃本、彭本、凌本、南監本亦有此注。

### 蕭相國、曹相國、留侯、絳侯、五宗、三王

右六篇請各爲一篇。

吉案：單本、南監本、金陵本無。殿本《蕭相國世家》小題下出《索隱》注：「蕭相國、曹相國、留侯、絳侯、五宗、三王六篇可合爲一篇。」黃本、彭本、凌本在《曹相國世家》小題下。

### 列傳

### 子產叔向列傳

按有《管晏列傳》，其國僑羊舌胘等亦古之賢大夫，合著在管晏之下，不宜散入循吏之篇。

吉案：單本、金陵本無此注。殿本《循吏列傳》「子產者鄭之列大夫也」句下有《索隱》此注。黃本、彭本、凌本、南監本同殿本。

### 老子韓非列傳

右二人教迹全乖，不宜同傳，先賢已有成說，今則不可依循，宜令老子尹喜莊周同爲傳，其韓非可居商君傳末。

吉案：單本小題下亦有此注，無「右」字。殿本、南監本、金陵本無此注。黃本、彭本在《老子伯夷列傳》小題下。凌本《伯夷列傳》下有此注。

### 魯連鄒陽屈原賈生列傳

魯連屈原當六國之時，賈誼鄒陽在文景之日，事迹雖復相類，年代甚爲乖絕，其鄒陽不可上同魯連，賈生亦不可下同屈平，今抽魯連同田單爲傳，其屈原與宋玉等爲一傳，其鄒陽與枚乘賈生等同傳。

吉案：單本、金陵本無此注，殿本《魯仲連鄒陽列傳》小題下有此注，「屈平」作「屈原」，「今」作「宜」。黃本、彭本、凌本、南監本有此注。

## 司馬相如汲鄭列傳

右不宜在西夷下。

吉案：單本、金陵本無。殿本《司馬相如列傳》小題下有此注，「西」下有「南」字。黃本、彭本、凌本、南監本有此注。

## 大宛列傳

右宜在朝鮮之下，不合在酷吏游俠之間，斯蓋司馬公之殘缺，褚先生補之失也，幸不深尤焉。

吉案：金陵本無。殿本《大宛列傳》小題下出《索隱》此注，「右宜在朝鮮下」作「案此傳合在西南夷下」，「不合」作「不宜」。單本《大宛列傳》小題下亦出此注，「斯蓋」至「深尤焉」作「今誤刻于此也」。黃本、彭本、凌本、南監本同殿本。

## 為述贊

右述贊之體，深所不安。何者？夫敘事美功，合有首末，懲惡勸善，是稱褒貶。觀太史公贊論之中，或國有數君，或士兼百行，不能備論終始，自可畧申梗概，遂乃頗取一事，偏引一奇，即爲一篇之贊，將爲龜鑑，誠所不取。斯亦明月之珠，不能無纇矣。今竝重爲一百三十篇之贊云。

吉案：金陵本無。殿本此條注文在《五帝本紀》《索隱述贊》後，黃本、彭本、凌本、南監本同。

由上可見，《補史記》所出十七條文字，金陵本全刪，南監本脫兩條，《伯夷列傳》因涉及唐代敕升老子與之同傳，情況略爲複雜，故南監本、殿本有脫落，其餘諸條各本皆未見脫佚。

綜上所論，金陵書局在張文虎、唐仁壽共同參與下，匯刻《史記》三家注，擇善而從，不主一本，博採前說，校正了前代版本的不少訛誤，使金陵本後出轉精，功施於今。中華書局點校《史記》以金陵本爲底本，誠爲明智。然而由於主客觀的原因，金陵本仍未爲盡善。武英殿本及《殿本史記考證》、《四庫全書考證》皆爲張文虎所參校，爲金陵本版本質量的提高發揮了作用，不過殿本及兩種《考證》的可取之處仍有不少，其校勘價值仍有待進一步發掘。

# 第四章 《史記》殿本異文考證

凡例：

1. 本考證以南京大學藏清同治五年金陵書局刊三家注合刻本（簡稱金陵本）爲底本，每條首出金陵本文字，行前爲金陵本當卷頁數行數，行末爲中華書局點校本 1982 年第二版第 16 次印刷本頁數行數。

2. 本考證以清乾隆四年武英殿刊三家注合刻本（簡稱殿本）爲校本，每條於金陵本文字之次行出殿本異文，前標「【殿】」以示區別。

3. 二本文字有不同者，在金陵本文字下標下劃線；殿本有而金陵本無者，以「＾」標示。

4. 本考證參校以下諸本：

北宋景祐監本《史記集解》（簡稱景祐本）、南宋紹興初杭州刻本《史記集解》（簡稱紹興本）、明崇禎末毛晉汲古閣刊十七史本《史記集解》（簡稱毛本）；（以上爲《集解》單注本）

明崇禎末毛晉汲古閣刊本《史記索隱》（簡稱《索隱》本）；（以上爲《索隱》單注本）

南宋建安黃善夫刊本（簡稱黃本）、元至元二十五年彭寅翁刊本（簡稱彭本）、明萬曆三年南京國子監余有丁刊本（簡稱南監余本）、清遞修明萬曆二十四年南京國子監馮夢禎刊本（簡稱南監馮本）、明萬曆二十六年北京國子監刊本（簡稱北監本）、明萬曆四年凌稚隆刊本《史記評林》（簡稱凌本）、明萬曆間李光縉增補本《史記評林》（簡稱增補凌本）、清乾隆三十九年文淵閣《四庫全書》本（簡稱《四庫》本）、清乾隆四十一年摛藻堂《四庫全

書薈要》本（簡稱《四庫薈要》本）、商務印書館影印百衲本《二十四史》（簡稱百衲本）、瀧川資言《史記會注考證》（簡稱瀧川本）、中華書局點校本（簡稱中華本）。（以上爲《集解》《索隱》《正義》三家注合刻本）

5. 本考證參考張照《殿本史記考證》（簡稱《殿本考證》）、王太岳《欽定四庫全書考證》（簡稱《四庫考證》）、梁玉繩《史記志疑》（簡稱《志疑》）、張文虎《校刊史記集解索隱正義札記》（簡稱《札記》）、張元濟《百衲本史記校勘記》（簡稱《百衲本校勘記》）、瀧川資言《史記會注考證》（簡稱瀧川《考證》）、水澤利忠《史記會注考證校補》（簡稱《校補》）、王叔岷《史記斠證》（簡稱《斠證》），諸書篇次易於翻檢，爲避繁瑣，徵引以上諸書一般不另出腳注。

# 一、本紀

## 五帝本紀第一　　史記一

十四上行四　「璿璣玉衡以齊七政」正義「說文云璿赤玉也」（24/11）
【殿】「赤」作「美」。

《校補》：「赤，凌：亦；殿、閣：美。」

吉案：《校補》謂凌本作「亦」，不確。檢萬曆四年凌氏刻本作「赤」，作「亦」者乃是李光縉增補凌本。

《說文·玉部》：「璿，美玉也。」。〔註1〕同部：「瓊，赤玉也。」〔註2〕璿、瓊二字形近，古多相混。今本《說文》「瓊」下出或體「璇」，云：「璇，瓊或从旋省。」徐鉉注：「臣鉉等曰：今與璿同。」段玉裁移「璇」字並說解在「璿」字下，〔註3〕良是。

案，旋、璇、璇、璿並通。《史記·天官書》：「北斗七星，所謂『旋機玉衡以其七政』。」《索隱》：「案《尚書》『旋』作『璿』。」〔註4〕《天官書》「三能、三衡者，天廷也」《正義》引《晉書·天文志》：「北斗魁四星爲璇機。」〔註5〕疑張守節所見本此「璿」字作「璇」，因見《說文》以「璇」爲「瓊」之或體，遂引「赤玉」爲釋。

〔註1〕《說文解字·玉部》，北京：中華書局，1963，頁10。
〔註2〕《說文解字·玉部》，頁10。
〔註3〕〔清〕段玉裁：《說文解字注》，上海：上海古籍出版社，1988，頁11。
〔註4〕《史記》卷二七《天官書》，北京：中華書局，1982，頁1292。
〔註5〕《史記》卷二七《天官書》，頁1352。

《尚書・舜典》「在璿璣玉衡以齊七政」孔傳：「璿，美玉。」孔穎達疏：「《說文》云『璿，美玉也』。」〔註6〕《史記・天官書》「北斗七星，所謂『旋璣玉衡以其七政』」《索隱》引馬融云：「璿，美玉也。」〔註7〕皆不誤。殿本作「璿美玉也」為長。

十四上行六　「以齊七政」正義「竝縣機以象天而以衡望之」（24/13）

【殿】「竝」作「蓋」。

《札記》：「『竝』疑誤，《書疏》作『蓋』。」

吉案：《正義》此解本諸蔡邕，《尚書・舜典》「以齊七政」孔疏引蔡邕作：「蓋縣機以象天而衡望之。」〔註8〕以文意考之，亦當以「蓋」字為長。

二十七上行四　「賢哉二君^」（48/6）

【殿】「君」下另行有「右述贊之體深所不安何者夫敘事美功合有首末懲惡勸善是稱褒貶觀太史公贊論之中或國有數君或士兼百行不能備論終始自可略申梗概遂乃頗取一事偏引一奇即為一篇之贊將為龜鏡誠所不取斯亦明月之珠不能無纇矣今並重為一百三十篇之贊云」一百零五字。

《校補》：「彭、金陵無此百五字。慶、中統、南、北、柯、凌、游、殿有此百五字。」

吉案：檢彭本實有此百五字，水澤氏誤校。此小司馬自陳所以為述贊之由，《索隱》本在書末《補史記》之中，合刻本分之在此，張文虎全刪小司馬《補史記》，故金陵本無之，遂使後人不得一窺《史記索隱》全貌。他本並有，當據補。

## 夏本紀第二　　史記二

四下行二　「堣夷既略」索隱「按今文尚書及帝命驗並作嵎鐵在遼西鐵古夷字也」（56/1）

【殿】兩「鐵」字並作「銕」。

吉案：《索隱》本、黃本、彭本、凌本作「鐵」，南監馮本《索隱》不全，

---

〔註6〕《尚書正義》卷三《舜典》，《十三經注疏》，杭州：浙江古籍出版社影印阮刻本，1998，頁126。

〔註7〕《史記》卷二七《天官書》，頁1292。

〔註8〕《尚書正義》卷三《舜典》，《十三經注疏》，頁126。

不見此文。百衲本作「鐵」，《百衲本校勘記》謂黃本作「銕」，殿本作「鐵」，整理者備注云「原未批修，已修」。案《百衲本校勘記》誤倒黃本與殿本異文，百衲本實未修。

今案「銕」通「夷」。《集韻·脂韻》：「銕，嵎銕，東表之地，通作夷、𡰣。」〔註9〕《尚書·堯典》「宅嵎夷曰暘谷」《釋文》：「夷，萊夷也。《尚書考靈耀》及《史記》作禺銕。」〔註10〕「銕」又爲「鐵」之古文。《說文·金部》：「鐵，黑金也。銕，古文鐵。」〔註11〕《集韻·齊韻》：「銕，鐵謂之銕，古以爲鐵字。」〔註12〕此當以作「銕」爲是。蓋「銕」爲「鐵」之古文，傳抄即以「鐵」代「銕」。然此處「銕」實用爲「夷」，《集韻》在脂韻，非齊韻「古以爲鐵字」之「銕」。當從殿本。

八下行十一　「蔡蒙旅平」索隱「此非徐州之蒙在蜀郡青衣縣青衣後改爲漢嘉蔡山不知所在也蒙縣名」（64/8）

【殿】無「蒙縣名」三字。

《校補》：「蒙縣名，索、金陵同，各本無此注。」

吉案：《漢書·地理志》：「青衣，《禹貢》蒙山谿大渡水東南至南安入渽。」應劭注：「順帝更名漢嘉也」。〔註13〕《後漢書·郡國志》：「漢嘉故青衣，陽嘉二年改。有蒙山。」〔註14〕《尚書·禹貢》「蔡蒙旅平和夷底績」孔疏：「《地理志》云蒙山在蜀郡青衣縣。應劭云順帝改曰漢嘉縣。蔡山不知所在。」〔註15〕案：《索隱》文蓋依孔疏。此注「此非徐州之蒙在蜀郡青衣縣青衣後改爲漢嘉」十九字釋「蒙」字，「蔡山不知所在也」七字釋「蔡」字，後不當再有「蒙縣名」自相矛盾之語。《禹貢》孔傳云「蔡、蒙，二山名」，《史記》《集解》、《正義》亦皆以之爲山名。蓋蒙山有二，《禹貢》「蒙羽其藝」，徐州之蒙也，故《索隱》曰「此非徐州之蒙」，是其亦以「蒙」爲山名。何前以其爲山名，而後又云縣名？此三字蓋後人妄增。《漢書·地理志》梁國有蒙縣，與此亦無涉。金陵本《索隱》注多依毛氏《索隱》單刻本，故獨此二本有此三字。

〔註9〕　《宋刻集韻·脂韻》，北京，中華書局，2005，頁14。
〔註10〕　《尚書正義》卷二《堯典》，《十三經注疏》，頁119。
〔註11〕　《說文解字·金部》，頁293。
〔註12〕　《宋刻集韻·齊韻》，頁27。
〔註13〕　《漢書》卷二八上《地理志上》，北京：中華書局，1962，頁1598。
〔註14〕　《後漢書志》卷二三《郡國五》，北京：中華書局，1965，頁3515。
〔註15〕　《尚書正義》卷六《禹貢》，《十三經注疏》，頁150。

疑此三字之衍亦起於單《索隱》本。當從他本刪。

十八下行十一 「乃更爲歌曰元首明哉股肱良哉庶事康哉舜又歌曰元首
叢脞哉股肱惰哉萬事墮哉」（82/2）

【殿】無「舜」字。

《校補》：「南、北、殿：無『舜』字。」

《志疑》：「一本無『舜』字，是也，當衍之。若以此歌爲舜，則下『帝
拜』，將自拜其戒勉乎？」

《札記》：「《志疑》云一本無『舜』字，當衍。」

吉案：紹興本、黃本、彭本、凌本有此字。《尚書·益稷》亦無「舜」字。
上文「股肱喜哉，元首起哉，百工熙哉」，先臣後君，乃帝舜所歌。下文「元
首明哉，股肱良哉，庶事康哉」與「元首叢脞哉，股肱惰哉，萬事墮哉」可
爲對文，一正一反，再三申明，先君後臣，皆皋陶之言，非帝舜所歌。故《益
稷》孔傳云：「帝歌歸美股肱，義未足，故續歌。先君後臣，眾事乃安，以成
其義。」〔註16〕此當從殿本。中華本已刪。

十九下行十一 「有扈氏不服」集解「地理志曰扶風鄠縣是扈國」凡十
一字（84/9）

【殿】無此注。

吉案：辨見下條。

二十上行一 「有扈氏不服」索隱「地理志曰扶風縣鄠是扈國」（84/9）

【殿】「縣鄠」作「鄠縣」。

吉案：《索隱》本同金陵本。「縣鄠」二字殿本爲長，《漢書·地理志》右
扶風有鄠縣。黃本、彭本、劉承幹影刻宋蜀大字本皆無此《索隱》注。殿本
有《索隱》注而無《集解》注。此處《索隱》與《集解》文字全同。小司馬
作《索隱》，得見《集解》，《索隱序》言據劉伯莊《音義》「解其所未解，申
其所未申者」，而其於《集解》亦不當全同。疑殿本誤《集解》爲《索隱》，
而金陵本衍《索隱》注。

_____

〔註16〕《尚書正義》卷五《益稷》，《十三經注疏》，頁144。

## 周本紀第四　　史記四

五上行六　　「明年伐犬戎」正義「又後漢書云犬戎槃瓠之後也今長沙武
　　　　　　　　林之郡太半是也」（118/5）

【殿】「林」作「陵」。

《校補》：「金陵同，各本林字作陵。」

吉案：殿本是。《後漢書・南蠻傳》：「今長沙武陵蠻是也。」〔註17〕「秦
昭王使白起伐楚，略取蠻夷，始置黔中郡。漢興，改爲武陵。……光武中興，
武陵蠻夷特盛。」〔註18〕「武陵蠻」，《後漢書》、《三國志》屢見。《漢志》、《隋
志》、兩《唐書》《地理志》皆有武陵郡。考諸史《地理志》，武林爲縣名，非
郡。

六上行一　　「後十年而崩」（119/2）

【殿】「十」作「七」，注同。

《校補》：「十，高山、南化、楓、三、梅、狩、高、中彭、中韓、殿：
七。」

《志疑》：「因考此云『後十年』，乃『後七年』之訛。文王賜專征之年數，
元不能確定，《史》從《大傳》作『七年』，《詩・文王》與《書・泰誓》、《武
成》《疏》言『馬遷以爲「七年」』可據，傳寫訛爲『十』字。」

吉案：《校補》列高山、南化等十本異文，皆作「七」，是。《殿本考證》
詳考之，謂「監本『七』字皆訛作『十』字，今俱改正」，文繁不備錄。張文
虎《札記》未從，失之。

八上行八　　「及庸蜀羌髳微纑彭濮人」正義「戎府之南古微纑彭三國之
　　　　　　　　地濮在楚西南有髳州微濮州纑府彭州焉」（123/15）

【殿】兩「纑」字並作「盧」。

《校補》：「古微纑彭三國之地濮在楚西南　○彭、金陵同，各本纑字作
盧。」

吉案：《尚書・牧誓》作「盧」，傳疏並同。蓋古國名，字當作「盧」。《國
語・周語》「盧由荊嬀」，注云：「盧，嬀姓之國。荊嬀，盧女，爲荊夫人。荊，

---

〔註17〕《後漢書》卷八六《南蠻西南夷列傳》，頁2830。
〔註18〕《後漢書》卷八六《南蠻西南夷列傳》，頁2831。

楚也。」〔註19〕史文作「纑」，與「盧」通。瀘，水名。《後漢書・南蠻西南夷列傳》：「（劉）尙軍遂度瀘水，入益州界。」〔註20〕諸葛亮《後出師表》：「故五月渡瀘，深入不毛，並日而食。」〔註21〕梁周始有瀘州，隋唐因之。此處前「瀘」字，當從殿本作「盧」。後一「瀘」字，《札記》：「有髳州微濮州瀘府，譽云疑有脫誤。」〔註22〕待考，字姑從之。

二十五上行六　「鄭文公怨惠王之入不與厲公爵」正義「杜預云后鞶帶
　　　　　　　　而以鏡爲飾也爵飲酒器也蚌地^酒泉周邑」（154/6）
【殿】「地」下有「名」字。
《校補》：「凌和：——蚌號地。各本無『名』字，按瀧本以意補。」
吉案：據《左傳・莊公二十一年》杜注，「后」下當補「王后也」三字，「地」上當補「號」字，無「名」字。《札記》多有據杜注校勘者，此處未檢，失之。又《校補》云「各本無『名』字，按瀧本以意補」，亦失校，殿本有「名」字，瀧川本或據殿本補。

三十四上行七　「盡獻其邑三十六口三萬」索隱「秦昭王之五十二年」
　　　　　　　　（169/11）
【殿】「二」作「一」。
《校補》：「二，慶、中統、凌、游、殿：一。」
吉案：考《秦本紀》，其事在秦昭王五十一年，當從殿本。

## 秦本紀第五　　史記五
一上行一　秦本紀第五^（173/1）
【殿】小題下另行出《索隱》注「秦雖嬴政之祖本西戎附庸之君豈以諸侯之邦而與五帝三王同稱本紀斯必不可可降爲秦世家」，凡三十九字。
《校補》：「索、金陵無此注。」
吉案：此爲小司馬《補史記》條例，《索隱》本列在書末，合刻本分之在此。張文虎全刪小司馬《補史記》，故金陵本無之。當從殿本補。

〔註19〕《國語》卷二《周語中》，上海：上海古籍出版社，1978，頁50。
〔註20〕《後漢書》卷八六《南蠻西南夷列傳》，頁2846。
〔註21〕〔三國〕諸葛亮：《後出師表》，《諸葛亮集》卷一，北京：中華書局，1960，頁6。
〔註22〕〔清〕張文虎：《校刊史記集解索隱正義札記》，頁39。

五上行十一　「十九年得陳寶」索隱「又臣瓚云陳倉縣有寶夫人祠歲與葉君神會<u>祭於此者</u>也」（180/10）

【殿】無「祭於此者」四字。

《校補》：「祭於此者也　○毛、金陵同，各本無『祭於此者』四字。」

吉案：《史記・封禪書》「以一牢祠命曰陳寶」《集解》引瓚曰，《漢書・郊祀志》「以一牢祠之名曰陳寶」注引臣瓚曰，《通典》卷五十五「祠以一牢名曰陳寶」注引臣瓚曰，三者皆無此四字。當從殿本刪。

## 項羽本紀第七　　史記七

一上行一　「項羽本紀第七^」（295/1）

【殿】小題下另行出《索隱》注「項羽崛起爭雄一朝假號西楚竟未踐天子之位而身首別離斯亦不可稱本紀宜降爲世家」，凡三十六字。

吉案：此爲小司馬《補史記》條例，合刻本分之在此，金陵本刪《補史記》，故無此注。如前例，當據殿本補。

二十一上行十一　「疽發背而死」正義「括地志云髑髏山在廬州巢縣東北五里昔范增居<u>北</u>山之陽後佐項羽」（326/3）

【殿】「北」作「此」。

《校補》：「此，慶、彭、凌、金陵：北。」

吉案：賀次君《括地志輯校》作「此」，注謂：「《史記・項羽本紀》『疽發背而死』《正義》引。按『北』當作『此』。據《越王勾踐世家》《正義》引《括地志》陶山條改。」〔註23〕瀧川本亦作「此」，當從。此形近而訛。

## 高祖本紀第八　　史記八

二十二下行三　「鴻溝而東者爲楚」索隱「應劭云在滎陽東南<u>三</u>十里」（378/2）

【殿】「三」作「二」。

《校補》：「索、金陵同，各本『三』作『二』。」

吉案：《漢書・高帝紀》注亦作「二」，《項羽本紀》「割鴻溝以西者爲漢」《正義》引應劭亦作「二」。殿本是。

〔註23〕賀次君：《括地志輯校》，北京：中華書局，1980，頁214。

二十五上末行　「心善家令言」索隱「<u>顏</u>氏按荀悅云故雖天子必有尊也」
　　　　　　　　　　　　　　　　　　　（382/10）

【殿】「顏」作「顧」。

《校補》：「顏氏按荀悅云　○索、金陵同，各本『顏』字作『顧』。」

吉案：殿本作「顧」是，此顧氏指顧胤，解見本書《衛將軍驃騎列傳》異文考證。

二十七上行一　「遂至平城」正義「漢書匈奴傳云<u>蹋</u>頓圍高帝于白登七
　　　　　　　　　　　　　日即此也」（385/7）

【殿】「蹋」作「冒」。

《校補》：「冒，慶、彭、凌、金陵：蹋；謙：校記冒。」

吉案：瀧川本亦作「冒」。白登之圍乃匈奴單于冒頓所為，《史記》、《漢書》皆作「冒」。《後漢書》、《三國志》乃見「蹋頓」之名。中華本已改。

二十七下行八　「廢以爲合陽侯」正義「括地志云部陽故城在同州河西
　　　　　　　　　　　　　縣<u>三</u>里」（386/12）

【殿】「三」作「二」。

《校補》：「三，南、北、殿：二。」

吉案：賀次君《括地志輯校》引作「南三里」，注：「《史記・高祖本紀》『廢以爲部陽侯』《正義》引。又《史記・吳王濞列傳》『廢以爲部陽侯』《正義》及《詩地理考》卷四部陽引『部陽故城在同州河西縣南三里』十三字。」〔註24〕檢《史記・吳王濞列傳》「廢以爲部陽侯」《正義》實作：「部陽故城在同州河西縣南三十里。」〔註25〕諸本皆同。又《史記・魏世家》「築雒陰合陽」《正義》引《括地志》作「南三里」。〔註26〕諸本同。案：《括地志》於里數前皆標方位，依例此處「三」字上當有「南」字。至於「三」與「三十」則難斷，姑仍之。

## 呂太后本紀第九　　史記九

一上行一　「呂太后本紀第九ˆ」（395/1）

---

〔註24〕賀次君：《括地志輯校》，頁32。

〔註25〕《史記》卷一〇六《吳王濞列傳》，頁2822。

〔註26〕《史記》卷四四《魏世家》，頁1838。

【殿】小題下出《索隱》注「呂太后本以女主臨朝自孝惠崩後立少帝而始稱制正合附惠紀而論之不然或別爲呂后本紀豈得全沒孝惠而獨稱呂后本紀合依班氏分爲二紀焉」，凡六十字。

吉案：此亦小司馬《補史記》條例，合刻本分之在此，金陵本刪《補史記》，故無此注。如前例，當據殿本補。

## 孝文本紀第十　　史記十

三下行九　「奉天子法駕」索隱「漢官儀云天子鹵簿有大駕法駕^大駕公
　　　　　卿奉引大將軍參乘屬車八十一乘」（417/10）

【殿】「法駕」下有「小駕」二字。

《校補》：「索、金陵同，各本『法駕』下有『小駕』二字。」

吉案：《呂太后本紀》「乃奉天子法駕」《集解》：「蔡邕曰：『天子有大駕、小駕、法駕。』」〔註27〕他本有此二字，《索隱》單本脫，金陵本《索隱》多從單本，亦脫，當依殿本補。

十五下行八　「爲將屯將軍」集解「李奇曰馮奉世爲石將軍以將屯將軍
　　　　　爲名」（435/12）

【殿】「石」作「右」。

吉案：《漢興以來將相名臣年表》：「十二月，執金吾馮奉世爲右將軍。」〔註28〕《漢書·百官公卿表》、《馮奉世傳》同。金陵本形近誤刻，當從殿本改。中華本已正。

## 孝景本紀第十一　　史記十一

五下行八　「三月封皇太后弟蚡」索隱「按外戚世家皇太后母臧氏初嬪
　　　　　王氏」（449/5）

【殿】「氏」作「兒」。

《校補》：「索、金陵同，各本『氏』字作『兒』。」

吉案：《外戚世家》：「王皇后，槐里人，母曰臧兒。」〔註29〕《史記》、《漢書》皆作「臧兒」，不避其名。《孝武本紀》「平原君往祠」《索隱》：「徐云武

---

〔註27〕《史記》卷九《呂太后本紀》，頁412。
〔註28〕《史記》卷二二《漢興以來將相名臣年表》，頁1151。
〔註29〕《史記》卷四九《外戚世家》，頁1975。

帝外祖母，則是臧兒也。」〔註30〕亦不避。此作「臧氏」，蓋涉下「王氏」而
訛。當從殿本。

## 孝武本紀第十二　　史記十二

一下行七　「會竇太后治黃老言不好儒術使人微^得趙綰等奸利事」
　　　　　　（452/3）

【殿】「微」下有「伺」字。

《校補》：「南化、楓、三、謙、北、殿：使人微伺得趙綰等──。」

吉案：金陵本、殿本並通。凌本無「伺」字，旁注云「一本微字下有伺
字」。《封禪書》有「伺」字，《漢書‧郊祀志》作「使人微伺趙綰等奸利事」。
《集解》注云：「徐廣曰：『纖微伺察之。』」〔註31〕徐廣以「纖微」釋「微」，
不確。微伺義同連用。《漢書‧郭解傳》：「解使人微知賊處。」顏注：「微，
伺問之也。」〔註32〕可為其證。然徐廣分為「微伺」兩字作注，可知徐廣所
見本亦有「伺」字。

二上行一　「郊見五時」正義「時音止括地志云漢五帝時在岐州雍縣南
　　　　　　孟康云時者神靈之所止或曰以雍州雍縣南孟康云時者神靈
　　　　　　上帝也案五時者」（453/2）

【殿】無「或曰以雍州雍縣南孟康云時者神靈上帝也」十八字。

吉案：黃本有此十八字，彭本無。《校補》未出校。此十八字頗可疑。《秦
本紀》「四年作密時」《正義》引《括地志》云：「漢有五時，在岐州雍縣南。」
〔註33〕此處《正義》亦引《括地志》云「漢五帝時在岐州雍縣南」。雍縣，漢
時屬右扶風，唐時屬岐州，而與雍州無涉。此云「或曰以雍州雍縣南」，不明
所以。前已出「孟康云時者神靈之所止」，而此又作「孟康云時者神靈上帝也」，
且語意不明。此十八字蓋涉上而衍。中華本已刪。

二上行二　「郊見五時」正義「先是^文公作鄜時」（453/3）

【殿】「文」上有「秦」字。

〔註30〕《史記》卷一二《孝武本紀》，頁453。
〔註31〕《史記》卷一二《孝武本紀》，頁452。
〔註32〕《漢書》卷九二《游俠傳》，頁3702。
〔註33〕《史記》卷五《秦本紀》，頁185。

《校補》：「慶、彭、南、金陵，無『秦』字。」

吉案：此處《正義》引《括地志》文，亦見《秦本紀》「四年作密畤」《正義》引《括地志》：「秦文公夢黃蛇自天而下，屬地，其口止於鄜衍，作畤，郊祭白帝，曰鄜畤。」〔註34〕下文言「秦宣公作密畤」「秦靈公作吳陽上畤、下畤」皆出「秦」字，此亦當以有「秦」字爲是。當從殿本補。

三下行十　「亳人薄誘忌」索隱「姓謬名忌居亳故下稱薄忌此文則作薄　　　　字而謬又誤作誘矣」（456/8）

【殿】「作」作「衍」。

《校補》：「索、金陵同，各本『作』字作『衍』。」

吉案：其人名，本作「謬忌」。《史記‧封禪書》：「亳人謬忌奏祠太一方。」〔註35〕《漢書‧郊祀志》、《資治通鑑‧漢紀十》、《通典》卷四十二亦作「謬忌」。又作「薄忌」。下文云「壇放薄忌泰一壇，壇三垓」，「薄忌泰一及三一」。或作「亳忌」。《漢書‧郊祀志》：「祠壇放亳忌泰一壇，三陛。」〔註36〕正文「亳人薄誘忌」，字有訛衍。《集解》引徐廣曰：「一云亳人謬忌也。」〔註37〕是徐廣時所見本已有不同。司馬貞所辨甚是。而「作」字當如殿本作「衍」。小司馬云其人「姓謬名忌」，「故下稱薄忌」，是明知其人名作「謬忌」、「薄忌」，而其又云「謬又誤作誘」，則此處「薄」字爲衍文明矣。作「作」字則不合小司馬原意。中華本已改作「衍」。

十一下行七　「所謂寒門者谷口也」索隱「今呼爲冶谷去甘泉八十里盛　　　　夏凜然故曰寒門谷口也」（469/4）

【殿】無「谷口也」三字。

《校補》：「索、金陵同，各本無『谷口也』三字。」

吉案：《漢書‧郊祀志上》「所謂寒門者，谷口也」顏師古注：「谷口，仲山之谷口也，漢時爲縣，今呼之冶谷是也。以仲山之北寒涼，故謂此谷爲寒門也。」〔註38〕案：「盛夏凜然」在釋「寒門」之所得名，不當有「谷口也」三字。當據殿本刪。

---

〔註34〕《史記》卷五《秦本紀》。
〔註35〕《史記》卷二八《封禪書》，頁1386。
〔註36〕《漢書》卷二五上《郊祀志上》，頁1230。
〔註37〕《史記》卷十二《孝武本紀》，頁456。
〔註38〕《漢書》卷二五上《郊祀志上》，頁1229。

十八下行十一　「濟南人公王帶」索隱「三輔決錄云杜陵有<u>王</u>氏音肅說
　　　　　　　　文以爲從<u>王</u>音畜牧之畜今讀公<u>王</u>與決錄音同然二姓單
　　　　　　　　複有異單姓者^肅後漢司徒<u>王</u>況是其後也」（481/4）

【殿】「王」作「玉」，「肅」上有「音」字。

　　吉案：南監馮本同殿本，彭本作「王」，有「音」字，黃本作「玉」，有
「音」字，《索隱》本作「玉」，無「音」字。《索隱》云「杜陵有王氏，音肅」，
是知「肅」字乃爲單姓之「王」字注音，金陵本脫「音」字，當據殿本補。
又案，「說文以爲從王」，此「王」字作「玉」爲宜。《說文・玉部》：「玗，朽
玉也。從玉，有聲。讀若畜牧之畜。」〔註39〕段注本作：「王，朽玉也。從王
有點，讀若畜牧之畜。」注云：「各本篆文作『玗』，解云『從玉有聲』，今訂
正。《史記》『公王帶』《索隱》曰：『《三輔決錄》注云杜陵有王氏，音肅。《說
文》以爲從王，音畜牧之畜。』此可證唐本但作玉，不作玗。」〔註40〕案篆
書帝王之「王」字與玉石之「玉」字形近，隸定以「王」爲帝王字，以「玉」
爲玉石字，遂又高其點作「王」以爲朽玉字。《索隱》引《說文》解「王」字
而又云王字「從王」，不通，蓋涉上下文而訛，當改作「玉」。段注引《索隱》
作「從王」，亦通，然未知所本。

十九下行七　「受計甘泉」正義「顧胤云柏梁被燒故受<u>記故</u>之物于甘泉
　　　　　　　也顏師古曰受郡國計簿也」（482/12）

【殿】「記故」作「計獻」。

《校補》：「金陵：『計獻』二字作『計故』。計，慶：記。」

　　吉案：南監馮本、瀧川本同殿本，彭本作「計獻」，黃本作「記獻」。「記
故」不文，當作「計獻」。計獻謂地方郡國年終上計並貢獻方物于天子。《左
傳・隱公七年》「戎朝于周，發幣於公卿」杜注：「朝而發幣於公卿，如今計
獻詣公府卿寺。」孔疏：「如晉時諸州年終遣會計之吏獻物于天子。」〔註41〕
黃本作「記獻」，「記」通「計」。

---

〔註39〕《說文解字・玉部》，頁10。
〔註40〕〔清〕段玉裁：《說文解字注》，頁11。
〔註41〕《春秋左傳正義》卷四《隱公七年》，《十三經注疏》，杭州：浙江古籍出版社
　　　　影印阮刻本，1998，頁1732。

## 二、表

### 三代世表第一　　史記十三

十二下表一行二列帝王世國號格　「孝王＾方懿王弟」（503/1）

【殿】「方」上有「辟」字。

《志疑》：「《本紀》孝王名辟方，《竹書》、《人表》同，此誤脫『辟』字。然與十六世祖同名，可怪也。」

《斠證》：「案與祖同名，古人不嫌。」

吉案：《周本紀》：「懿王崩，共王弟辟方立，是爲孝王。」〔註42〕《漢書·古今人表》：「孝王辟方。共王弟。」顏師古注：「辟音壁。」〔註43〕《今本竹書紀年》：「孝王名辟方。」〔註44〕金陵本脫「辟」字，當從殿本補。

### 十二諸侯年表第二　　史記十四

一上行八　「而箕子唏」索隱「唏鳴歎聲音許既反又音希希亦聲餘故記曰夫子曰噫其甚也亦饎音也」（510/11）

【殿】「饎音」作「音饎」。

吉案：彭本、百衲本同殿本。二字倒，當從殿本乙。饎，《廣韻》許既切。

二十七下表四行一列齊桓公二　「爲糾故」（568/3）

【殿】三字在上一行「魯莊公十年」格內。

吉案：金陵本錯行，當據殿本正。中華本不誤。

二十七下表八行一列宋湣公八　「陳女過蔡蔡不禮惡之楚伐蔡獲哀侯以歸」（569/7）

【殿】此十七字在上一行「楚文王六年」格內。

吉案：金陵本錯行，當據殿本正。中華本不誤。

四十一下表五行二列晉襄公五　「伐秦圍祁」索隱「阢音」（601/5）

【殿】「阢音」作「祁音阢」。

---

〔註42〕《史記》卷四《周本紀》，頁141。
〔註43〕《漢書》卷二〇《古今人表》，頁898。
〔註44〕王國維：《今本竹書紀年疏證》，見方詩銘、王修齡：《古本竹書紀年輯證》，上海：上海古籍出版社，2005，頁253。

吉案：彭本同殿本。「阮音」不文，當從殿本。

四十九上表六行二列秦桓公十　「十^」（619/6）

【殿】此格內有「伐晉」二字。

《校補》：「景、井、蜀、紹、耿、慶、中統、彭、毛、凌、殿：十伐晉。」

吉案：《秦本紀》桓公十年、〔註45〕《晉本紀》景公六年皆不載秦伐晉事。然《左傳・宣公十五年》《經》云：「秦人伐晉。」〔註46〕《傳》云：「秋七月，秦桓公伐晉，次於輔氏。壬午，晉侯治兵於稷，以略狄土，立黎侯而還。及雒，魏顆敗秦師於輔氏，獲杜回，秦之力人也。」〔註47〕是秦桓公十年伐晉果有其事。此表晉景公六年云「秦伐我」，依表之例，此當出「伐晉」二字。

五十六上表八行二列宋平公十四　「楚^伐我」（634/8）

【殿】「楚」下有「鄭」字。

《札記》：「官本有『鄭』字。」

吉案：《左傳・襄公十一年》《經》：「楚子、鄭伯伐宋。」〔註48〕鄭簡公四年《表》文：「與楚伐宋。」此當從殿本補。

五十六上表九行二列衛獻公十五　「救鄭敗晉師櫟」（634/9）

【殿】無此六字。

《志疑》：「案：伐鄭者晉也，救鄭敗晉者秦也，衛與晉伐鄭，未嘗與秦敗晉，此六字當衍。《史詮》云『救鄭』乃『伐鄭』之誤，衍『敗晉師櫟』四字。」

吉案：梁玉繩說與殿本同。此年衛獻公、秦景公俱在位十五年，此六字或涉上秦景公十五年欄「伐晉救鄭敗之櫟」而衍。

〔註45〕《秦本紀》云「十年楚莊王服鄭」，「十」乃「七」之訛，《年表》可證。《史記志疑》已辨，金陵本未從，失之。

〔註46〕《春秋左傳正義》卷二四《宣公十五年》，《十三經注疏》，頁1886。

〔註47〕《春秋左傳正義》卷二四《宣公十五年》，《十三經注疏》，頁1888。

〔註48〕《春秋左傳正義》卷三一《襄公十一年》，《十三經注疏》，頁1949。

六十下表十三行二列鄭簡公二十二　　「吳季札^謂子產曰政將歸子子以禮
　　　　　　　　　　　　　　　　　　幸脫於厄矣」（644/13）

【殿】「謂」上有「來」字。

《校補》：「蜀、殿：——吳季札來謂子產曰。」

吉案：同表魯襄公二十九年云「吳季札來觀周樂盡知樂所爲」，齊景公四年云「吳季札來使與晏嬰歡」，晉平公十四年云「吳季札來曰晉政卒歸韓魏趙」，皆出「來」字。依其例，此當從殿本補「來」字。

七十上表七行一列楚昭王十二　　「吳伐我番楚恐徙^都」（666/7）

【殿】「郤」上有「都」字。

《札記》：「舊刻『徙』作『都』，與《索隱》本合。」

吉案：南監馮本同殿本，紹興本出「都」字，無「郤」字，黃本、彭本、凌本同金陵本。《楚世家》：「楚恐，去郢，北徙都郤。」《正義》注引《括地志》：「楚昭王故城在襄州樂鄉縣東北三十二里，在故都城東五里，即楚國故昭王徙都郤城也。」〔註49〕皆出「都」字。《索隱》本出「都郤」二字，表文「郤」金陵本《索隱》：「都郤音郤。」亦出「都」字。皆可證此處「徙」下當有「都」字。金陵本脫，當從殿本補。

## 秦楚之際月表第四　　　史記十六

二十三下表二十行一列長沙王吳芮元年　　「衡山王吳芮爲爲長沙王」
　　　　　　　　　　　　　　　　　　　　　　　（797/20）

【殿】不重「爲」字。

《校補》：「景、丼、紹、慶、中統、毛、凌、殿：不重『爲』字。」

吉案：彭本、南監馮本亦不重「爲」字。「爲」字衍，殿本是，中華本已刪。

## 漢興以來諸侯王年表第五　　　史記十七

一下行六　　「自陳以西南至九疑東帶江淮穀泗薄會稽爲梁楚^淮南長沙國
　　　　　　　皆外接于胡越」（802/2）

【殿】「楚」下有「吳」字。

---

〔註49〕《史記》卷四〇《楚世家》，頁1716。

《校補》：「除金陵本各本『楚』下有『吳』字。」

吉案：高祖十二年立吳國，其地外接南越。他本並有「吳」字，金陵本脫，當補。

十九下表十三行二列淮南厲王二十一　「二十」（829/3）

【殿】「二十」作「二十一」。

吉案：上欄爲二十年，下欄爲二十二年，此誤。殿本是，中華本已改。

二十七上表二十四行一列汝南王餘二　「一」（840/24）

【殿】「一」作「二」。

吉案：此誤刻，當從殿本。中華本已改。

三十下表二十三行臨江閔王元年　「榮元年景帝^太子廢^」（846/23）

【殿】「帝」下有「子」字，「廢」下有「爲王」二字。

《校補》：「景、邢、蜀、紹、慶、中統、彭、毛、凌、殿：景帝子太子廢爲王。」

《志疑》：「『帝』下『子』字衍。」

《札記》：「各本『太子』上衍『子』字，依《志疑》刪。」

吉案：《漢書・景十三王傳》：「臨江閔王榮以孝景前四年爲皇太子，四歲廢爲臨江王。」〔註50〕《志疑》說是，然「爲王」二字不衍，他本並有，當據補。

五十一上行二　「^徐廣曰孝武太始二年」（875/4）

【殿】「徐廣」上有「集解」二字。

吉案：此當是《集解》注，金陵本脫「集解」二字。

### 高祖功臣侯者年表第六　　史記十八

六上表八行一列汝陰　「元鼎二年侯頗^尚公主與父御婢姦罪自殺國除」（884/8）

【殿】「頗」下有「坐」字。

《校補》：「侯頗尚公主，景、邢、蜀、紹、耿、慶、中統、彭、毛、凌、

〔註50〕《漢書》卷五三《景十三王傳》，頁2412。

殿：此五字作<sup>凌殿本</sup>『頗坐尙公主』。」<sub>有侯字</sub>

《札記》：「官本、凌本有『坐』字。」

吉案：依表文例，此脫「坐」字，當從他本補。

十一下表五行二列鄸　「二年懿侯同元年同祿弟」（892/5）

【殿】「弟」作「母」。

《校補》：「弟，殿：母。」

《志疑》：「『同，祿弟。』附案：《史詮》曰：『同，蕭何夫人名，即祿之母也，湖本「母」作「弟」，誤。』」

《札記》：「《漢書》本傳以同爲蕭何夫人，表云祿母，《史記》世家不載，表則以爲祿弟，蓋傳寫誤。《史詮》、《考異》說同。」

吉案：《漢書‧蕭何傳》：「孝惠二年，何薨，諡曰文終侯。子祿嗣，薨，無子。高后乃封何夫人同爲鄸侯，小子延爲筑陽侯。」〔註51〕《漢書‧高惠高后文功臣表》：「高后二年，封何夫人祿母同爲侯，孝文元年罷。」〔註52〕則此處「弟」爲「母」之訛明矣。張文虎已辨其誤而金陵本未正，當從殿本改。

十八上表一行一列陽夏　「陽夏」索隱「縣名屬淮陰」（902/1）

【殿】「陰」作「陽」。

《校補》：「陰，耿、慶、中統、彭、㲥、凌、殿：陽。」

吉案：《索隱》言地理乃據《漢書‧地理志》，今考《漢志》淮陰爲縣名，屬臨淮郡，淮陽國有陽夏縣。此誤，當從殿本改。

二十二上表六行二列賈　「二元年煬侯赤元年」（909/6）

【殿】「二」作「十一」。

《校補》：「景、井、蜀、紹、耿、慶、彭、毛、凌、殿：『二』作『十一』。」

吉案：同格「十二　十二年康侯遺元年」，孝文共二十三年，此作「十一」乃合。當從殿本改。

---

〔註51〕《漢書》卷三九《蕭何曹參傳》，頁2012。

〔註52〕《漢書》卷一六《高惠高后文功臣表》，頁541。

三十四下表四行二列安平　「<u>孝惠</u>三年簡侯嘉元年」（926/4）

【殿】無「孝惠」二字。

《札記》：「『孝惠』二字疑衍。」

　　吉案：此表與下《惠景閒侯者年表》體例相同，表首皆著國名、侯功及各帝帝號年份。故表中不重出帝號，但稱某年而已。盧文弨《史記惠景間侯者年表校補》於「上邳」侯下案云：「又上衍孝文二字。案首行已著各帝年分，侯下案格可知。前亦有出高后者，皆後人妄增。」〔註53〕盧說是也。此處「孝惠」二字誤衍。上芒侯孝景格「孝景三年昭以故芒侯將兵從太尉亞夫擊吳楚有功」，故市侯孝景格「孝景五年侯穀嗣」，「孝景」二字皆衍。

三十八上表三行二列朝陽　「七年三月<u>丙</u>寅齊侯華寄元年」（931/3）

【殿】「丙」作「壬」。

《志疑》：「《漢表》作壬寅，是也，高祖七年三月無丙寅。」

《札記》：「《志疑》云《漢表》作『壬寅』，是。三月無丙寅。」

　　吉案：《札記》既明其誤而金陵本未正，此當從殿本改。

四十九下表七行二列高京　「侯平嗣不得元＾」（949/7）

【殿】「元」下有「年」字。

《校補》：「景、井、蜀、紹、耿、慶、中統、彭、毛、凌、殿：不得元年。」

　　吉案：諸本並有「年」字，當據補。

五十九上表八行二列平州　「二十<u>三</u>　元狩五年侯眛坐行馳道中更呵馳去罪國除」（964/8）

【殿】「三」作「二」。

《校補》：「三十三，景、井、蜀、紹、耿、慶、中統、彭、凌、殿：『三十三』作『二十二』，毛、金陵作『二十三』。」

　　吉案：元狩五年武帝在位二十三年，然表例不數國除之年，故此當作二十二，殿本是。

〔註53〕〔清〕盧文弨：《史記惠景間侯者年表校補》，《史記漢書諸表訂補十種》，北京：中華書局，1982，頁162。

### 惠景閒侯者年表第七　　史記十九

十四下表二行三列瓜丘　「齊悼惠王子ˆ」（998/2）

【殿】「子」下有「侯」字。

吉案：本表朱虛侯、東牟侯、管侯、營侯、楊虛侯、朸侯、安都侯、平昌侯、武城侯、白石侯皆齊悼惠王子，侯功格皆作「齊悼惠王子侯」，依其例，此脫「侯」字，當從殿本補。依表例，「齊悼惠王」上當出「以」字。然表中亦數有侯功格不出「以」字者。此闕疑。《漢書·王子侯者年表》侯功格作屬格，不出「以」字、「侯」字。《建元已來王子侯者年表》王子號格亦不出二字。

### 建元以來侯者年表第八　　史記二十

一下表三行二列持裝　「ˆ六年後九月丙寅侯樂元年」（1028/3）

【殿】「六」上有「一」字。

《校補》：「景、𤰝、蜀：持裝元光格有『一』字。」

吉案：此脫，當據補。

五下表五行二列樂安　「五年侯蔡以丞相ˆ盜孝景園神道壖地罪自殺國
　　　　　　　　　　除」（1034/5）

【殿】「盜」上有「侵」字。

《校補》：「景、紹、耿、慶、中統、彭、毛、凌、殿：侯蔡以丞相侵盜
——。」

吉案：《漢書·景武昭宣元成功臣表》作「以丞相侵賣園陵道壖地」。〔註54〕《史記》「侵盜」連文多見。此當據他本補。

十八下表八行二列開陵　此格金陵本無文字（1053/8）

【殿】此格有「四」字。

《校補》：「景、𤰝、蜀、紹、耿、慶、中統、彭、毛、凌、殿：後格有『四』，按：下或有。」

吉案：開陵侯，《漢書·景武昭宣元成功臣表》：「侯祿嗣，征和三年，坐舍衛太子所私幸女子，又祝詛上，要斬。」〔註55〕是其太初年間尚侯。此

---

〔註54〕《漢書》卷一七《景武昭宣元成功臣表》，頁644。
〔註55〕《漢書》卷一七《景武昭宣元成功臣表》，頁657。

格當有「四」字。本表太初年間尚在之侯，以「太初已後」一格有「四」字為正例。上煇渠侯、下麾侯、河綦侯、壯侯、眾利侯、義陽侯、散侯（分書作二二，亦合四年之數）、周子南君、昆侯、騏侯、梁期侯、牧丘侯（分書作二二）、瞭侯、安道侯、隨桃侯、湘成侯、下酈侯，下瓠讘侯，皆是其例。趙生群師云：「表中……凡十六侯於『太初已後』一欄皆標明在位年數為『四』，足證表文所載本止於太初四年，原標題當是『太初』二字。」〔註56〕亦可證金陵本之脫。下東成侯、無錫侯、荻苴侯、潙清侯「太初已後」格放此。

十九上表八行一列東成　此格金陵本無文字（1053/8）

【殿】此格有「四」字。

吉案：《漢書・景武昭宣元成功臣表》：「閏月癸卯封，二十年，征和三年，坐衛太子舉兵謀反，要斬。」〔註57〕是其太初年間尚侯，當從殿本補。辨見上。

十九上表八行二列無錫　此格金陵本無文字（1054/8）

【殿】此格有「四」字。

吉案：《漢書・景武昭宣元成功臣表》：「侯卯嗣，征和四年，坐與歸義趙文王將兵追反虜，到弘農擅棄兵還，贖罪，免。」〔註58〕是其太初年間尚侯，當從殿本補。辨見上。

十九下表八行二列荻苴　此格金陵本無文字（1055/8）

【殿】此格有「四」字。

吉案：《漢書・景武昭宣元成功臣表》：「四月丁卯封，十九年，征和二年薨，封終身，不得嗣。」〔註59〕是其太初年間尚侯，當從殿本補。辨見上。

十九下表八行三列潙清　此格金陵本無文字（1055/8）

【殿】此格有「四」字。

〔註56〕趙師生群：《論〈史記〉記事迄於太初》，《〈史記〉文獻學叢稿》，南京：江蘇古籍出版社，2000，頁5。

〔註57〕《漢書》卷一七《景武昭宣元成功臣表》，頁658。

〔註58〕《漢書》卷一七《景武昭宣元成功臣表》，頁658。

〔註59〕《漢書》卷一七《景武昭宣元成功臣表》，頁659。

吉案:《漢書‧景武昭宣元成功臣表》:「六月丙辰封,十一年,天漢二年,坐匿朝鮮亡虜,下獄病死。」〔註60〕是其太初年間尚侯,當從殿本補。辨見上。

### 建元已來王子侯者年表第九　　史記二十一

二下表五行三列丹楊　「元狩元年侯敢蠆」(1074/5)

【殿】無「元狩」二字。

吉案:《史表》之例,表內不出年號,但稱某年。蓋表端已有年號格,表內不必重出。《漢表》無年號格,故於表內稱年號。此「元狩」二字衍,當刪。

三上表四行三列湖孰　「元年正月丁亥頃侯劉胥元年」(1074/4)

【殿】「亥」作「卯」。

《志疑》:「《漢表》作『丁卯』,是也,元朔元年正月壬子朔,不應有丁亥。」

吉案:殿本蓋據《漢表》改,可從。

十八下表二行三列易　此格金陵本無文字(1095/2)

【殿】此格有「趙敬肅王子」五字。

《校補》:「景、蜀、紹、耿、慶、彭、毛、凌、殿:此國王子號格有『趙敬肅王子』五字。」

吉案:《漢書‧王子侯表》「易安侯平」屬格亦有「趙敬肅王子」五字。〔註61〕前「邯平侯」王子號格《索隱》云「趙敬肅王子四人以異年封故別見於此」,四人者,邯平、武始、象氏、易四侯也。明小司馬所見本當有此五字。此表其他王子號格皆有文字,以明侯之所屬。此是脫文無疑,當從殿本補。

十九下表四行二列建成　「四年二月乙丑」(1096/4)

【殿】「二」作「三」。

吉案:長沙定王六子、城陽共王十子皆以元朔四年三月乙丑同日封,《漢書‧王子侯表》同。此誤,當據殿本改。

---

〔註60〕《漢書》卷一七《景武昭宣元成功臣表》,頁659。

〔註61〕《漢書》卷一五上《王子侯表上》,頁458。

二十七上表六行一列夫夷　「四 六 五年今侯禹元年」（1106/6）

【殿】「六」作「二」。

吉案：元鼎共六年，五年嗣，「二」字是。此蓋涉下而訛，當從殿本改。

二十八下表七行三列雩殷　此格金陵本無文字（1109/7）

【殿】此格有「六」字。

吉案：《漢書·王子侯表》作「虖葭康侯澤」，云：「四月戊寅封，六十二年薨。」〔註62〕則此侯元封、太初年間尚在。依表例此格當有「六」字，下太初格當有「四」字以記侯年。金陵本俱脫，當從殿本補。

二十八下表八行三列雩殷　此格金陵本無文字（1109/8）

【殿】此格有「四」字。

吉案：「四」字脫，辨見上，當據殿本補。

### 漢興以來將相名臣年表第十　　史記二十二

二十四下表四行一列建始三年將位　「十月右將軍樂昌侯王商為光祿大夫右將軍執金吾弋陽侯任千秋為右將軍」（1153/4）

【殿】「右」作「左」。

《札記》：「《漢表》『右』作『左』，蓋從右轉左也，此誤。」

吉案：王商時已為右將軍，何以又為右將軍？若王商仍為右將軍，任千秋又何以得為右將軍？此「右」字乃「左」之訛甚明。《札記》已知其非而金陵本未正，當據殿本改。

## 三、書

### 禮書第一　　史記二十三

六上行三　「阻之以鄧林」集解「夸父與日逐走日入渴欲得飲飲於渭河」（1166/6）

【殿】「日入」作「入日」，「渭河」作「河渭」。

《札記》：「王本作『渭水』。案：今《山海經》作『河渭』。」

---

〔註62〕《漢書》卷一五上《王子侯表上》，頁471。

　　吉案：南監馮本作「日入」、「渭水」，彭本、凌本、百衲本與金陵本同。《山海經・海經三》、《博物志》卷七作「河渭」。殿本作「河渭」爲長。河、渭皆專名，二名並列，當大者在前，小者在後。中華本點校者以「渭河」連讀，且施一專名線，以今隸古，誤。

　　九上行十一　「入焉而弱」正義「言禮之貌信深厚矣雖有鄒子堅白同異
　　　　　　　　之辯明察入於禮義之中自然ㄥ儒弱敗壞之禮也」（1172/10）
　　【殿】「辯」作「辨」，「自然」下有「成」字，「禮」作「體」。
　　《校補》：「慶、彭、凌、金陵：無成字。」
　　《札記》：「『辯』上當脫一字。」「『之禮』二字疑衍。」
　　吉案：「辨」「辯」古多通用。南監馮本亦有「成」字，有「成」字是。下文「入焉而望」《正義》「自然成淫俗褊陋之言」，「入焉而隊」《正義》「自然成墜落暴慢輕俗之人」句式相同，而皆有「成」字，可爲證。又「禮」字諸本同誤，殿本作「體」字是。《札記》謂「『之禮』二字疑衍」，蓋所見本無「成」字，故讀「自然儒弱敗壞也」於義爲順，而未審《正義》文例。下文《正義》言「淫俗褊陋之言」「墜落暴慢輕俗之人」，與此「儒弱敗壞之體」正可對照。諸本形近而訛作「禮」，殿本蓋以意改。百衲本從殿本增改，瀧川本有「成」字，而「禮」字仍舊。

　　《札記》言「『辯』上當脫一字」，蓋以「明察」二字屬上，其所標引之文即「辯明察」連文，「堅白同異之辯明察」句式似有闕，故謂「當脫一字」，又非也。「明察」二字當屬下。「雖有鄒子堅白同異之辯明察入於禮義之中」，與下文「入焉而望」《正義》「雖有擅作典制褊陋之說，文辭入於禮義之中」句式相同，言堅白同異之辨，其明察入於禮義之中云云。中華本據張氏疑詞刪「之禮」二字，又以「明察」二字屬上，皆非。瀧川本「明察」二字屬下不誤，然下文「入焉而嗛」瀧川《考證》云：「《正義》『文辭』二字疑衍。」〔註63〕又下文「入焉而隊」瀧川《考證》云：「愚按《正義》『暴慢輕俗之人』六字，疑衍。」〔註64〕恐非。

　　九下行二　「入焉而望」索隱「言擅作典制及褊陋之說入焉謂入禮則自
　　　　　　　　嗛望知其失」（1172/11）

〔註63〕〔日〕瀧川資言：《史記會注考證》，頁1638。
〔註64〕〔日〕瀧川資言：《史記會注考證》，頁1638。

【殿】無「及」、「入焉謂」四字，「失」作「小矣」。

《校補》：「慶、中統、彭、凌、殿：無及字。」「耿、慶、中統、彭、凌、殿：無入焉謂三字。」「慶、彭、凌：失字作小大二字；殿：失字作小矣二字；中統：則自嗛至望知其小大。」

吉案：南監馮本同殿本。「及」、「入焉謂」四字當是衍文。「典制」與「褊陋之說」為同位語，非並列關係，小司馬不至誤讀，「及」字當是鄙俗所增。「入焉謂」三字於此亦不通。有此三字則「言擅作典制褊陋之說」為句，如此而句意未完，且逕抄史文，未有所釋。而以「入禮則自嗛望知其失」釋「入焉」於義亦不通。即如瀧川《考證》以「入焉謂入禮」五字為句，然全句亦割裂不通。且「入焉」二字此非首見，《索隱》若釋此二字，則當於上句「入焉而弱」下釋之。以上可見四字皆為衍文。「失」字諸本或作「小大」或作「小矣」，皆可通。然史正文云「其貌誠大矣」，則殿本似為長。

## 樂書第二　　史記二十四

二上行七　「非此和說不通解澤不流」正義「說音悅解音蟹言非此樂和適亦悅樂之不通散恩澤之事不流各一世之化也」（1177/7）

【殿】「樂和適亦悅樂之不通」作「和適懌悅之事不通解」。

《札記》：「此注有脫誤，各本皆同。」

《斠證》：「案《正義》『亦』字，蓋涉下正文『亦各』字而衍。」

吉案：彭本、凌本同金陵本，南監馮本無「言非此」以下二十五字。此《正義》注有脫衍，致不能卒讀。殿本以意去取，稍可通。惟前一「樂」字非衍文，不當刪。《正義》以「和適懌悅」釋「和說」，「解散恩澤」釋「解澤」；「亦」字當是「懌」字音訛，或當在下文「各」字上，而錯在此；「和適懌悅之事」與「解散恩澤之事」為對文，前一「事」字可據後字補；解訓散，解散連文；故竊以殿本所增改近是。依中華本整理體例，此段注文或可如是處理：「說音悅，解音蟹。言非此樂，和適（亦）〔懌〕悅（樂）之〔事〕不通，〔解〕散恩澤之事不流，各一世之化也。」

二下行一　「更於樂府習常肄舊而已」正義「肄音異」（1177/12）

【殿】「肄」作「隸」，注同。

《校補》：「景、井、蜀、慶、凌、殿：隸；金陵：肄。下同。」

《四庫考證》：「刊本肄訛隸，《正義》同，今並改。」

《札記》:「『肄』譌『隸』,《考證》改。注同。」

瀧川《考證》:「凌稚隆曰,隸當作肄,習也。」

《斠證》:「案習、隸互文,隸借爲肄,《叔孫通傳》有說。」《叔孫通傳》《斠證》:「肄、隸正、假字。」

吉案:南監馮本作「隸」,瀧川本作「肄」。諸本作「隸」、「隸」皆「隸」字異體。金陵本《正義》作「肄」,乃「肄」字異體,《正字通‧隶部》:「肄,同肄。見聿部。」〔註65〕「隸」「肄」通用,王叔岷說是。朱駿聲《說文通訓定聲‧履部》:「(隸)叚借爲肄。《史記‧劉敬叔孫通傳》:『羣臣習隸。』《索隱》:『隸,亦習也。』」〔註66〕版本異文亦可以爲證。《劉敬叔孫通列傳》:「爲緜蕞野外」《集解》:「爲習肄處。」《校補》:「景、井、蜀、蜀刻、紹、耿、慶、中統、彭、毛、凌、殿:隸。」又同傳「迺令羣臣習肄」,《校補》:「景、井、蜀、紹、蜀刻、耿、慶、中統、彭、凌、殿:隸。」又《漢書‧匈奴傳下》:「易隸以惡。」顏注:「隸謂附屬之也。」〔註67〕「隸」爲「肄」之異體,假借爲「隸」。

《四庫考證》謂「刊本肄訛隸」,《叔孫通傳》《四庫考證》亦謂「刊本肄訛隸,注同,據毛本索隱改」,是以假借爲訛字。張文虎《札記》此從《四庫考證》改,《叔孫通傳》《札記》云:「毛本與《索隱》本合。各本譌『隸』。」〔註68〕亦與《四庫考證》同,皆可商。

附案:金陵本《史記》「肄」字尚有一見。《淮南衡山列傳》:「與諸侯王列侯會肄丞相諸侯議。」《校補》:「南化、景、井:肆。」《札記》:「舊刻『肄』譌『肆』。」〔註69〕案「肄」「肆」字通,《札記》以其爲訛字,非是。《周禮‧春官‧小宗伯》「肄儀爲位」鄭注:「肄,習也。故書肄爲肆,儀爲義。杜子春讀肆當爲肄。」〔註70〕《儀禮‧聘禮》「爲肆」鄭注:「肆猶陳列也……古文肆爲肄。」〔註71〕《禮記‧玉藻》「肆束及帶」鄭注:「肆讀爲肄。肄,餘

---

〔註65〕 〔明〕張自烈,〔清〕廖文英:《正字通》,北京:中國工人出版社,1996,頁1248。

〔註66〕 〔清〕朱駿聲:《說文通訓定聲》,武漢:武漢市古籍書店,1983,頁607。

〔註67〕 《漢書》卷九四下《匈奴傳下》,頁3814。

〔註68〕 〔清〕張文虎:《校刊史記集解索隱正義札記》,頁611。

〔註69〕 〔清〕張文虎:《校刊史記集解索隱正義札記》,頁698。

〔註70〕 《周禮注疏》卷一九《春官宗伯‧肆師》,《十三經注疏》,杭州:浙江古籍出版社影印阮刻本,1998,頁768。

〔註71〕 《儀禮注疏》卷二四《聘禮》,《十三經注疏》,杭州:浙江古籍出版社影印阮

也。」〔註72〕皆可證。

　　三上行四　「騁容與兮跇萬里」索隱「亦逝鄒誕生云跇一作世亦音跇跇超也」（1179/3）

【殿】此句作「鄒誕生云跇一作世音跇」。

《札記》：「『亦』下疑脫『作』字。」

《校補》：「音逝，慶、中統、彭、凌、殿：無此注二字。音，金陵：亦。」

　　吉案：瀧川本前一「亦」字作「音」，中華本據《札記》補「作」字。《集解》引孟康曰：「跇音逝。」《索隱》常從《集解》之音讀，他本無此二字，蓋合刻者因《集解》有「跇音逝」而刪，此例常見，故「逝」當是直音之字，非異文。瀧川本作「音」字為長，然未知其所本。又「鄒誕生云跇一作世」，「世」當是「迣」字之訛。《漢書・禮樂志》作「體容與，迣萬里」，〔註73〕《藝文類聚》卷九十三、《太平御覽》卷八百九十四、《玉海》卷一百四十八引同。《玉篇・辵部》：「迣，超踰也。」〔註74〕《集韻・祭韻》：「跇，超踰也，通作迣。」〔註75〕是其證。

　　然《索隱》「逝」字亦或「趰」字之訛，偏旁「走」「辵」或混用。「趰」與「跇」同。《廣韻・祭韻》：「趰，踰也。」〔註76〕《集韻・祭韻》：「趰、跩、跇、迣：超踰也，或作跩、跇、迣，通作迣。」〔註77〕如此則《札記》謂「『亦』下疑脫『作』字」亦或有理。

　　五上行四　「角為民」索隱「故云清濁中人之象」（1182/15）

【殿】「云」作「音」。

《校補》：「音，耿、慶、中統、彭、索、金陵：云。按瀧本據鳳文館刊《史記評林》。」

　　吉案：凌本、殿本作「音」是。《索隱》上云「聲居宮羽之中，比君為劣

---

　　刻本，1998，頁1073。

〔註72〕《禮記正義》卷三〇《玉藻》，《十三經注疏》，杭州：浙江古籍出版社影印阮刻本，1998，頁1483。

〔註73〕《漢書》卷二二《禮樂志》，頁1060。

〔註74〕《大廣益會玉篇・辵部》，北京：中華書局，1987，頁49。

〔註75〕《宋刻集韻・祭韻》，頁146。

〔註76〕《宋本廣韻・祭韻》，北京：北京市中國書店，1982，頁357。

〔註77〕《宋刻集韻・祭韻》，頁146。

比物為優」，此言「清濁中人之象」，謂角音清濁适中，是人民之象。《正義》言「以其清濁中，民之象」，「其」亦指角音而言。故此作「音」字是。

十上行三　「故知禮樂之情者能作」正義「既能窮本<u>知末</u>知變又能著誠去僞」（1191/10）

【殿】無「知末」二字。

《札記》：「《疏》無『知末』二字，疑衍。官本無。」

吉案：殿本是。「知末」、「知變」重複，中華本已據《札記》刪。

十三下行九　「其舞行級遠」正義「行音胡郎反級音<u>子</u>衛反本或作綴音同」（1198/7）

【殿】「子」作「孑」。

《校補》：「子，☐慶、☐彭：下。」

吉案：諸本並非，其作「子」、「孑」、「下」者皆是「丁」字之形訛。此處《正義》實破字為讀，非依「級」字讀。下云「本或作綴，音同」，可證。《禮記・樂記》正作「綴」字，〔註78〕《正義》下文亦云「綴謂綴列也」，又下文「故觀其舞而知其德」《正義》云「觀其儷位人多少，去綴近遠」，亦可見《正義》讀「級」為「綴」。

《廣韻・祭韻》：「綴，連綴。陟衛切，又丁劣切。」〔註79〕又《薛韻》：「綴，連補也。又竹芮切。」陟劣切。〔註80〕《集韻・泰韻》：「綴，表也。」都外切。〔註81〕可見綴字有端母、知母兩讀。端母為舌頭音，知母為舌上音，古多相通之例。故此作「丁衛反」乃為合理。

他本作「子衛反」，子為精母，與知母相去較遠，無由用其為切上字。殿本作「孑衛反」，孑、級同為見母，是殿本以《正義》依「級」字讀，故改其切上字作「孑」。然《廣韻》級音居立切，屬緝韻，而此切下字「衛」屬祭韻，不相合。張元濟《百衲本校勘記》從殿本修黃善夫本「下」為「孑」，亦不審。

二十三下行七　「小人以息過」正義「樂理周<u>是</u>象德可尊以此教世何往而不可」（1217/11）

〔註78〕《禮記正義》卷三八《樂記》，《十三經注疏》，頁 1534。

〔註79〕《宋本廣韻・祭韻》，頁 356。

〔註80〕《宋本廣韻・薛韻》，頁 479。

〔註81〕《宋刻集韻・泰韻》，頁 148。

【殿】「是」作「足」。

吉案：諸本並作「足」字，金陵本誤刻，中華本作「足」，已正其誤。

二十六上行四　　「魏文侯問於子夏曰」正義「此章第八<u>明</u>文侯問也」
　　　　　　　　　（1222/2）

【殿】「明」作「名」。

《校補》：「明，殿：名。按明名音近而譌。」

吉案：水澤氏但言「明名音近而譌」，而未言孰正孰譌。今案諸本並譌作「明」，惟殿本不誤。《正義》依次注出本段所當《樂記》之篇名段次，又總本段之大旨而以「明」字發語。諸本蓋因發語之「明」字而誤。本卷小題《正義》云：「此於《別錄》屬《樂記》，蓋十一篇合爲一篇。十一篇者，有《樂本》，有《樂論》，有《樂施》，有《樂言》，有《樂禮》，有《樂情》，有《樂化》，有《樂象》，有《賓牟賈》，有《師乙》，有《魏文侯》。今雖合之，亦略有分焉。劉向校書，得《樂書》二十三篇，著於《別錄》。今《樂記》惟有十一篇，其名猶存也。」又篇末「《子貢問樂》」《正義》注：「今此文篇次顛倒者，以褚先生升降，故今亂也。今逐舊次第隨段記之，使後略知也。」此可見《正義》之凡例。

細檢《正義》注文，上文「由人心生也」《正義》引皇侃云「此章有三品，故名爲《樂本》」，又「禮者爲異」《正義》云「此第二章名爲《樂論》」，又「治定制禮」《正義》云「此第三章名《樂禮章》」，又「以歌《南風》」《正義》云「此第四章名《樂施》」，又「夫人有血氣心知之性」《正義》云「此第五章名《樂言》」，又「而逆氣應之」《正義》云「此第六章名《樂象》也」，又「禮樂不可以斯須去身」《正義》「此第十章名爲《樂化章》第十」；又下文「賓牟賈侍坐於孔子」《正義》云「此第九章名《賓牟賈》者」；以上皆《正義》出篇名之例。

觀此而「明」爲「名」之誤可知，殿本是。中華本從金陵本作「明」，遂不以「文侯問」爲篇名，失之。

三十上行十一　　「夾振之而四伐盛<u>振</u>威於中國也」（1229/8）

【殿】無「振」字。

《校補》：「景、殿：無振字。」

《札記》：「『振』字衍，官本無，與《記》合。」

吉案：中華本已刪。

## 律書第三　　史記二十五

一上行四　「壹稟於六律」索隱「律厤志云呂旅助陽氣也」（1239/5）

【殿】「助陽」作「陽宣」。

《校補》：「殿：『助陽』二字作『陽宣』。」

吉案：《索隱》本、南監馮本、凌本、百衲本作「助陽」。《漢書·律曆志》云：「律以統氣類物，一曰黃鐘，二曰太族，三曰姑洗，四曰蕤賓，五曰夷則，六曰亡射。呂以旅陽宣氣，一曰林鐘，二曰南呂，三曰應鐘，四曰大呂，五曰夾鐘，六曰中呂。」〔註82〕又云：「呂，旅也，言陰大，旅助黃鐘宣氣而牙物也。」〔註83〕《律曆志》一云「旅陽宣氣」，一云「旅助黃鐘宣氣」。按，旅有助義。《文選》卷四十四陳孔璋《爲袁紹檄豫州》「違眾旅叛」李善注：「《漢書》以旅爲助。」劉良注：「旅，助也。」〔註84〕黃鐘爲六律之一，律爲陽。而「宣」字不可省，故殿本爲長。

一上行十一　「聞聲效勝負」索隱「周禮太師執同律以聽軍聲而占其吉凶是也故左傳稱師曠知南風之不競此即其類也」（1240/4）

【殿】無此注三十五字。

《校補》：「慶、彭、凌、殿：無此注三十五字。」

吉案：諸本此下並有《正義》注「周禮云太師執同律以聽軍聲而詔其吉凶左傳云師曠知南風之不競即其類」三十一字，與《索隱》注幾同。「聞聲效勝負」《正義》條張文虎《札記》云：「此注全同《索隱》。王、柯、凌無《索隱》，蓋以複而刪之。」〔註85〕《索隱》本此條「此即其類也」句無「此」字、「也」字，與《正義》更相近，又與上句「望敵知吉凶」《索隱》位置互易，金陵本移正。故此條《索隱》頗可疑。

一下行五　「而音尙宮」正義「兵書云夫戰太師吹律合商則戰勝軍事張彊角則軍擾多變失士心宮則軍和主卒同心徵則將急數怒軍

---

〔註82〕《漢書》卷二一上《律曆志上》，頁958～959。

〔註83〕《漢書》卷二一上《律曆志上》，頁959。

〔註84〕〔東漢〕陳孔璋：《爲袁紹檄豫州》，《六臣注文選》卷四四，《四部叢刊》本，頁14。

〔註85〕〔清〕張文虎：《校刊史記集解索隱正義札記》，頁302。

士勞羽則兵弱少威焉」（1240/11）

【殿】「事張」作「士」，「主」作「士」。

《校補》：「慶、彭、凌、金陵：『士』字作『事』而『彊』上有『張』字。」「慶、彭、凌：『士心』二字作『志』字。」「主，殿：士。」

《殿本考證》：「《正義》監本訛舛不可讀，今據《周禮》『典同』注改。」

《札記》：「官本『士心』二字，各本並作『志』。」

吉案：南監馮本同金陵本而「士心」二字作「志」。金陵本據殿本改「士心」二字，而其他仍舊。瀧川本「合」下有「音」字，「事張」作「士」，「志」作「士心」，「主卒同心」仍舊，瀧川《考證》云：「愚按《正義》本《周禮・大師》鄭注，文多訛舛，今改。」〔註86〕今檢《周禮・春官宗伯・大師》「大師執同律以聽軍聲而詔吉凶」鄭注：「兵書曰：王者行師，出軍之日，授將弓矢，士卒振旅，將張弓大呼，大師吹律合音。商則戰勝，軍士彊；角則軍擾多變，失士心；宮則軍和，士卒同心；徵則將急數怒，軍士勞；羽則兵弱，少威明。」〔註87〕殿本為長，惟《殿本考證》云據「《周禮》『典同』注改」則恐誤記。

七上行三　「黃鍾長八寸七分一宮」索隱「黃鍾長八寸十分一宮案上文云律九九八十一以為宮故云長八寸十分一宮而^云黃鍾長九寸者九分之寸也」（1249/9）

【殿】「七」作「十」，無「黃鍾長八寸十分一宮」九字，無「以為宮」三字，無「宮」字，「而」下有「漢書」二字。

《校補》：「十，景、井、慶、彭、凌、金陵：七。凌：一本七作十。」

《校補》：「以為言，慶、彭、凌、殿：無此注三字。」「宮而云，慶、凌、殿：此注三字作『而漢書云』四字。」

《札記》：「『七』字誤，《索隱》本作『十』，是。然云舊本多作『七分』，則承謬久矣。」

吉案：《札記》知「七」字誤而不改，囿於舊本，則非擇善而從之初意。殿本改作「十」，是。又「而」下當從殿本增「漢書」二字，南監馮本亦有此二字。《漢書・律曆志》「如法為一寸，則黃鍾之長也」孟康注：「得一寸，則

〔註86〕〔日〕瀧川資言：《史記會注考證》，頁 1722。

〔註87〕《周禮注疏》卷二三《春官宗伯・大師》，頁 796。

所謂得九寸也。言一者,張法辭。」〔註88〕可知《漢書》以爲黃鐘之長爲九寸。

　　七下行九　　「寅九分八」正義「此陰陽合德氣種於子化生萬物者也」
　　　　　　　　（1252/7）
　　【殿】「種」作「鐘」。
　　吉案:彭本、凌本、南監馮本、百衲本並作「鐘」,瀧川本作「鍾」。「鐘」通「鍾」,聚也。金陵本誤,中華本改作「鍾」,然未出校改符號。

　　八上行八　　「生黃鍾術曰以下生者」索隱「生鍾術曰以下生者案蔡邕曰
　　　　　　　　陽生陰爲下生」（1251/12）
　　【殿】無「生鍾術曰以下生者」八字。
　　《校補》:「黃鍾術曰以下生者　○慶、彭、凌、殿:無此注八字。黃,
金陵:生。按金陵本譌。」
　　《札記》:「《索隱》出正文無『生』字,各本以『術曰』另提行,皆誤,今正。案:《正譌》謂『黃』字衍,似矣;乃并刪『曰』字,則非。生鍾術曰者,正承上生鍾分而解之。」
　　吉案:瀧川本有此八字而「生」字作「黃」。此八字乃金陵本所出《索隱》本異文。《索隱》本所出史文多有與他本不同者,金陵本則刻入《索隱》注中以見異,故他本無之。惟《索隱》本「生鍾術」作「黃鍾術」,據張文虎《札記》,則金陵本引《索隱》本異文而又有改動。張文虎既以「黃」字爲衍文,然又不改史文,而改《索隱》所出史文,不當。蓋其列《索隱》異文本即爲求異,如若徑爲增改,則何益之有?瀧川本則存《索隱》本之舊。

　　八下行五　　「置一而九三之以爲法」索隱「參之於丑得三又參之於寅得
　　　　　　　　九是謂因而九三之也」（1252/3）
　　【殿】「因」作「置一」。
　　《校補》:「慶、彭、凌、殿:『因』字作『置一』二字。」
　　吉案:南監馮本亦作「置一」。《索隱》前語在釋「置一而九三之」,終以「是謂」總結之。殿本爲長。

<hr>

〔註88〕《漢書》卷二一上《律曆志上》,頁966。

九上行七　「太史公曰<u>故</u>旋璣玉衡以齊七政」（1253/4）

【殿】「故」作「在」。

《札記》：「《正譌》云『故』字譌，當從《尚書》作『在』。」

吉案：諸本並作「故」，中華本改作「在」。

**曆書第四　　史記二十六**

五上行三　「年名焉逢攝提格」索隱「然此篇末亦云寅名攝提格則<u>此</u>
　　　　　　<u>寅之歲</u>也」（1262/3）

【殿】「此」作「是」，「之歲」作「不疑」。

《校補》：「此，耴、慶、中統、彭、凌、殿：是。耴、慶、中統、彭、
凌、殿：『之歲』二字作『不疑』。」

吉案：觀《索隱》上下文，知其在辯「焉逢攝提格」為甲寅年。前已引
《爾雅》「歲在甲曰焉逢，寅曰攝提格」，知此為甲寅之年。繼引此篇之末「寅
名攝提格」復證之，故殿本作「則此甲寅不疑也」為長。

八上行六　「商橫汭灘三年」索隱「商橫庚也爾雅作上章<u>赤奮若丑也</u>天
　　　　　　官書及爾雅申爲<u>汭漢</u>丑爲赤奮若今自太初已來計歲次與天
　　　　　　官書不同者有四蓋後^麻術改<u>故</u>也<u>三年也</u>」（1267/5）

【殿】「赤奮若丑也」作「汭灘申也本作赤奮若非也」，「汭漢」作「汭灘」，
「後」下有「之」字，無「故」、「三年也」四字。

《校補》：「赤奮若丑也，耴、慶、中統、彭、凌、殿：此注五字作『汭
灘申也本作赤奮若非也』十一字。」「申爲汭漢，耴、慶、中統、彭、凌、
殿：『汭漢』二字作『汭灘』。」「蓋後歷術改故也，耴、慶、中統、彭、凌、
殿：蓋後之歷術改<sup>無故</sup>也。」

《札記》：「《索隱》本此文作『商橫赤奮若』，而太始四年作『端蒙汭漢』，
蓋小司馬所見本互誤，致與《天官書》及《爾雅·釋天》違異。張守節與小
司馬同時，而所據本作『汭灘』，則知『赤奮若』之誤矣。或乃疑爲改曆之殊
稱，是果於信誤本也。今各本皆作『汭灘』，惟毛本與《索隱》合。」

吉案：《札記》所言爲是。耴、慶、中統、彭、凌、殿諸本《索隱》異文
當是後人讀《索隱》與史文及《正義》不合，遂改之。若《索隱》果云「本
作赤奮若非也」，則必不致說「蓋後麻術改故也」而爲自相矛盾之語。張文虎
校刊金陵本云所刊《索隱》多據毛刻單本，此毛本多存小司馬之舊。下文「尚

章大淵獻」、「焉逢困敦」、「端蒙赤奮若」《索隱》注皆經淺人誤改，惟金陵本存《索隱》之舊。

## 天官書第五　　史記二十七

一上行五　小題正義注「日月運行厤示吉凶也」（1289/6）

【殿】「也」作「五緯躔次用告禍福」。

《殿本考證》云：「此係《晉書・天文志》所載張衡之語，而《正義》引之。監本『有五列焉』句，『有』訛作『育』，又『日月運行歷示吉凶五緯纏度用告禍福』四句脫去『歷示吉凶五緯纏度』八字，今俱添改。」

吉案：今檢《晉志》作「日月運行，歷示吉凶，五緯躔次，用告禍福」，〔註89〕文字與殿本同。而《考證》「躔」字作「纏」，「次」字作「度」，是殿本之增改亦未全依《考證》。《考證》「纏」字與「躔」通。《漢書・王莽傳中》「歲纏星紀」，孟康曰：「纏，居也。」師古曰：「纏，踐歷也。」〔註90〕《說文・足部》：「躔，踐也。」〔註91〕又《糸部》：「纏，繞也。」〔註92〕是「躔」爲本字，「纏」爲借字。而「度」字乃暗改。躔次、躔度皆謂日月運行之迹。《考證》或以上句「行」、「凶」爲韻，下句作「度」字乃與「福」叶韻，然未見版本依據，所改不當。

殿本所增改之文與《晉志》合。然殿本增此八字實亦不必。古人引書多以意去取，未必全依原書。《正義》此注出自《晉書・天文志》，《晉志》又出自張衡《靈憲》。《後漢書・天文上》「以顯天戒，明王事焉」〔註93〕注引張衡《靈憲》文，與《晉志》文多有不同，蓋《晉志》乃節引。《晉志》「用告禍福」下尚有「中外之官」云云數十字，而《正義》全無，故《正義》所引亦有刪節。殿本所補八字雖與「日月運行歷示吉凶」八字爲對文，然無此八字語意亦不爲不完。且其原本已有「也」字絕句，安知此非《正義》之舊？金陵本未從殿本增改，審愼也。

---

〔註89〕《晉書》卷一一《天文志上》，北京：中華書局，1974，頁288。
〔註90〕《漢書》卷九九中《王莽傳中》，頁4133。
〔註91〕《說文解字・足部》，頁46。
〔註92〕《說文解字・糸部》，頁272。
〔註93〕《後漢書志・天文上》，頁3215。

一下行二　「末大星正妃」索隱「案援神契云辰極橫后妃四星從端大妃光明」（1290/6）

【殿】無「端」字。

《校補》：「慶、彭、殿：無端字。」

《殿本考證》：「『後宮之屬也』《索隱》『辰極橫后妃四星端』○『端』一本作『從』。臣照按從即縱，對橫而言，端即耑直也，端與從未審孰是，姑仍監本之舊。」

吉案：毛本、凌本同金陵本，南監馮本無「從」字。《殿本考證》所出《索隱》作「端」，校語云「端一本作從」「姑仍監本之舊」，然殿本實作「從」，殿本蓋據他本改。此又《考證》與殿本不合處。

明孫瑴編《古微書》卷二十七引《孝經援神契》：「辰極橫后妃四星端大妃光明縱曲相扶。」〔註94〕馬國翰《玉函山房輯佚書·孝經緯援神契》卷上引此「端」上有「從」字，注云：「《史記·天官書》司馬貞《索隱》引無末句，《禮記·檀弓上》《正義》引云『辰極橫后妃四星縱曲相扶』，《古微書》合訂為一節。」〔註95〕元馬端臨《文獻通考》卷二百七十八引同金陵本。王叔岷《斠證》：「朱文鑫讀『辰極橫后妃四星』句。『從端大妃光明』句。『從端』猶『縱端』也。」〔註96〕案朱讀可商。中華本斷作：「辰極橫，后妃四星從，端大妃光明。」亦通。張照謂「從即縱，對橫而言」，是。惟其訓「端」為「耑直」，恐非。「端」即首端、末端之端。王叔岷所解「端」字不誤。考星圖，辰極與后妃四星有縱橫之勢，故言「辰極橫，后妃四星縱」。「端大妃」即四星末端之正妃，與史文「末大星正妃」相應。《宋史·天文志二》：「其端大星曰元始，餘星乘之曰庶妾。」〔註97〕亦可證。諸本或脫「從」字，或脫「端」字，《索隱》本、凌本、金陵本是。

一下行五　「三星隨北端兌」（1290/10）

【殿】「隨」作「隋」。

《校補》：「隋，慶、彭、凌、金陵：隨。」

---

〔註94〕〔明〕孫瑴：《古微書》，《四庫全書》（第194冊），上海：上海古籍出版社影印文淵閣本，1987，頁1000。

〔註95〕馬國翰：《玉函山房輯佚書》，上海：上海古籍出版社，1990，頁2175。

〔註96〕王叔岷：《史記斠證》，頁1092。

〔註97〕《宋史》卷四九《天文志二》，北京：中華書局，1977，頁976。

《殿本考證》：「臣照按：『北』之當爲『比』，『端』之當爲『耑』，『兑』之當爲『銳』，《索隱》詳之矣。唯『隋』字但云『音他果反』，而未申其義。蓋『隋』即『橢』，橢比者，斜相連也。耑，直也；耑銳者，直而尖也。古字通用者多，加以傳寫之訛，遂不可曉。」

吉案：南監馮本同金陵本。《漢書・天文志》、《宋史・天文志》引《天官書》作「隨北耑銳」。「隨北端兑」四字，諸說不一。《索隱》本作「隋斗端兑」。梁玉繩《志疑》云：「隨北端兑。『隨』乃『隋』之譌，湯果反，垂下也。《索隱》本作『隋斗』。蓋舊本多作『斗』，故小司馬引劉氏云『斗，一作「北」』，并引《漢志》作『北』爲證，必後人知『斗』爲誤，改從『北』字。」〔註98〕王叔岷《斠證》亦謂《索隱》本作「隋斗端兑」，云張照「謂『北之當作比』，乃據妄改之《索隱》爲說」，「小司馬所見《漢志》固作『北』也。」〔註99〕亦主梁氏《志疑》之說。

四字之訓亦不明。《索隱》：「隋音湯果反。劉氏云斗一作北。案《漢書・天文志》作北，端作耑，兑作銳，銳謂星形尖銳也。」王先謙云：「隋、隨，耑、端，兑、銳，字通。《詩・破斧》《釋文》：『隋，形狹而長也。』」〔註100〕孫星衍云：「劉氏所見本作隨斗，隨當讀如字，若依劉音橢，則作北字爲長。」〔註101〕按如孫氏所言，則或作「隨斗」或作「橢北」。然孫氏執兩可之辭而未申言二詞何義。

梁玉繩謂「隋」訓「垂下」，是。《索隱》注云：「隋音湯果反。」下文南宮「廷藩西有隋星五」《集解》：「隋音他果反。」《索隱》：「宋均云『南北爲隋』。又他果反，隋爲垂下。」〔註102〕《索隱》訓「隋爲垂下」，此處「隋」字音「湯果反」，與「他果反」同音，其義亦當相同。又下文北宮「危爲蓋屋」，《索隱》：「宋均云：『危上一星高，旁兩星隋下，似乎蓋屋也。』」此言「隋下」，明是垂下之義。「隋北」即向北而垂之意。宋均云「南北爲隋」，可參。

---

〔註98〕〔清〕梁玉繩：《史記志疑》，北京：中華書局，1981，頁767。

〔註99〕王叔岷：《史記斠證》，頁1092。

〔註100〕〔清〕王先謙：《漢書補注》，北京：書目文獻出版社，1995，頁545。

〔註101〕〔清〕孫星衍：《史記天官書補證》，張舜徽編：《二十五史三編》（第2分冊），長沙：岳麓書社，1994，頁621。

〔註102〕《史記》卷二七《天官書》，頁1299。

　　《說文・肉部》:「隋,裂肉也。从肉,从隓省。」〔註103〕《廣韻》徒果切。又《𨸏部》:「隓,敗城𨸏曰隓。从𨸏,𡫳聲。墮,篆文。」〔註104〕同部:「陊,落也。从𨸏多聲。」〔註105〕段玉裁注:「按今字假墮爲陊。……《召南》毛傳:『盛極則隋落者,梅也。』又叚隋爲陊。」〔註106〕《集韻・果韻》:「墮,墜也。」〔註107〕同韻:「陊隓墮,《說文》:『落也。』或作隓墮,亦書作墮。」〔註108〕《廣雅・釋詁》:「隓、陊,壞也。」王念孫疏證:「《荀子・富國篇》云『徙壞墮落』,墮與陊通。」〔註109〕朱駿聲謂:「(陊)當爲墮之或體。」〔註110〕又謂:「(隋)叚借爲墮。《史記・天官書》『廷藩西有隋星五,曰少微,士大夫』,宋均曰『南北爲隋』,謂垂下也。」〔註111〕按朱說是。隋本義爲裂肉,假借爲隓(墮),遂有落下之義。垂亦包含自上而下之義,二字義近,故《索隱》以垂下訓隋。

　　《漢書・天文志》「隋」作「隨」,王先謙云「隨」「隋」字通,又引《詩・破斧》《釋文》:「隋,形狹而長也。」則又以「隋」通「橢」。《說文・木部》:「橢,車笭中橢橢器也。从木隋聲。」《廣韻・果韻》:「橢,器之狹長。」〔註112〕他果切。《集韻・果韻》:「橢,木圓而長曰橢。一曰車中器。通作隋。」〔註113〕吐火切。橢從隋得聲,自可通假。《平準書》:「三曰復小,撱之。」《索隱》:「復小隋之。湯果反。《爾雅》注『隋者,狹長也』。謂長而方,去四角也。」〔註114〕「撱」,《漢書・食貨志》作「橢」。「扌」「木」二旁抄本多相混,《史記》「撱」字蓋即「橢」之訛。《索隱》作「隋」,引《爾雅》注「隋者,狹長也」,明是以隋爲橢之假借。然謂「隨北端兌」之「隨」通「隋」,「隋」又通「橢」,則于義未安。張照謂「北」當作「比」,「橢比者,斜相連也」,又因橢之「狹長」義而引申爲「斜」義,恐非。

〔註103〕《說文解字・肉部》,頁89。
〔註104〕《說文解字・𨸏部》,頁305。
〔註105〕《說文解字・𨸏部》,頁305。
〔註106〕〔清〕段玉裁:《說文解字注》,頁733。
〔註107〕《宋刻集韻・果韻》,頁117。
〔註108〕《宋刻集韻・果韻》,頁117。
〔註109〕〔清〕王念孫:《廣雅疏證》,北京:中華書局,2004,頁21。
〔註110〕〔清〕朱駿聲:《說文通訓定聲・隨部第十》,頁492。
〔註111〕〔清〕朱駿聲:《說文通訓定聲・隨部第十》,頁492。
〔註112〕《宋本廣韻・果韻》,頁286。
〔註113〕《宋刻集韻・果韻》,頁117。
〔註114〕《史記》卷三○《平準書》,頁1428。

「隋」字有「他果」、「徒果」兩讀。其本義讀他果切，《廣韻‧果韻》：「隋，裂肉也。又徒果切。」〔註115〕「墮」字亦有「他果」、「徒果」兩讀。《廣韻‧果韻》：「墮，落也。徒果切，又他果切。」〔註116〕又同韻：「墮，倭墮髻也，又徒果切」〔註117〕《史記‧武帝本紀》「墮黃帝之弓」《正義》：「徒果反。」可見墮爲落義，讀徒果切，唐時已然。「隋」與「墮」相通，有落義，其字當讀徒果切。而《索隱》謂「隋音湯果反」，「宋均云『南北爲隋』。又他果反，隋爲垂下。」是其依本字讀，非是。

端兌，《漢書》作「耑銳」，蓋用其本字。《說文‧耑部》：「耑，物初生之題也。上象生形，下象根也。」段注：「古發端字作此，今則端行而耑廢。」〔註118〕又《說文‧立部》：「端，直也。从立，耑聲。」段注：「用爲發耑、耑緒字者，叚借也。」〔註119〕按耑端通假字。《漢書》「耑」爲本字，《史記》用借字。下「兌」字《史記》亦用借字，《漢書》用「銳」爲本字。《說文‧金部》：「銳，芒也。」〔註120〕《艸部》：「芒，艸耑也。」〔註121〕草端尖稱芒，芒銳同義。故星形之端尖亦言銳，小司馬云「銳謂星形尖銳也」，極是。張照云：「耑，直也。耑銳者，直而尖也。」訓耑爲直不確，當用其本義。又《天官書》：「軸雲摶兩端兌。」〔註122〕《漢書》作「柚雲摶而耑銳」，〔註123〕「兩」、「而」或形近而訛，然「端兌」二字，與此可互證。

《天官書》陰德三星，後世以其一明者爲天一，餘二者曰陰德。朱文鑫云：「天一一星，近北斗之口，在紫宮帝星之前，陰德二星，在天一之北。……因天一一星較陰德二星略明大，而陰德在天一之北，故曰隨北端銳。蓋由大而小，其形爲銳也。……今星圖陰德二星在右垣上輔之北，去天一略遠，是後世實測之變遷也。」〔註124〕朱說近是，惟于「隨」字未詳。

愚意「隨」字，《索隱》本、殿本作「隋」爲長，《廣韻》徒果切，通「墮」。

〔註115〕《宋本廣韻‧果韻》，頁286。
〔註116〕《宋本廣韻‧果韻》，頁286。
〔註117〕《宋本廣韻‧果韻》，頁286。
〔註118〕〔清〕段玉裁：《說文解字注》，頁336。
〔註119〕〔清〕段玉裁：《說文解字注》，頁500。
〔註120〕〔清〕段玉裁：《說文解字注》，頁707。
〔註121〕〔清〕段玉裁：《說文解字注》，頁38。
〔註122〕《史記》卷二七《天官書》，頁1337。
〔註123〕《漢書》卷二六《天文志》，頁1297。
〔註124〕朱文鑫：《史記天官書恒星圖考》，上海：商務印書館，1934，頁9。

《玉篇‧阜部》：「隋，落也。墮，同隋。」引申之而有垂下之義。陰德二星在北，天一一星在南，向北而垂，故言隋北。天一一星與陰德二星成銳角，以天一為端，故言端銳。

　　一下行六　「三星隨北端兌」索隱「隋音湯果反」（1290/13）
　　【殿】「湯」作「他」。
　　《校補》：「湯，慶、彭、凌、殿：他；索：易。」
　　吉案：南監馮本同殿本，而「隋」作「隨」。湯果、他果二切音同。《索隱》本作「易」，乃「湯」字之訛。金陵本蓋據單本而改正。下文南宮「廷藩西有隋星五」《集解》：「隋音他果反。」《索隱》：「宋均云『南北為隋』。又他果反，隋為垂下。」〔註125〕又《平準書》：「三曰復小，撱之。」《索隱》：「復小隋之。湯果反。《爾雅》注『隋者，狹長也』。謂長而方，去四角也。」〔註126〕是《索隱》本或作他果切或作湯果切，不必泥于一字。

　　二上行一　「紫宮左三星曰天槍」索隱「楚庚反」（1291/4）
　　【殿】「楚」作「七」。
　　《校補》：「楚，慶、彭、凌、殿：七。」
　　吉案：《廣韻‧庚韻》：「槍，欃槍，祅星。」楚庚切。〔註127〕又《陽韻》：「槍，稍也。《通俗文》云『剡葦傷盜謂之槍』，《說文》曰『距也』。」七羊切。〔註128〕「七」字為清母，「庚」字為二等韻。中古音「精清從心邪」諸聲母極少與二等韻相切，而「七」作為反切上字祇與三等韻相切。〔註129〕可知《索隱》必不作「七庚反」。諸本或因「槍」有「七羊切」一音而致誤。下文「三月生天槍」《正義》：「槍，楚行反。」行屬庚韻，《廣韻》戶庚切，亦可證。

　　二上行三　「天棓」正義「棓龐掌反」（1291/6）
　　【殿】「棓」作「槍」。
　　《札記》：「『掌』字誤，後文作『蒲講反』，是也。」

〔註125〕《史記》卷二七《天官書》，頁1301。
〔註126〕《史記》卷三〇《平準書》，頁1428。
〔註127〕《宋本廣韻‧庚韻》，頁165。
〔註128〕《宋本廣韻‧陽韻》，頁156。
〔註129〕參見唐作藩《音韻學教程》，北京大學出版社，1991，頁111。

　　吉案：殿本顯誤。棓，《廣韻》步項切，上聲，講韻。掌屬養韻，與棓不同韻，不當用爲反切下字。張文虎所言良是。且《廣韻》並母反切上字一二四等爲一類，三等爲一類，互不混用。龐字爲並母二等，不當與三等之掌字相切。此蓋後世講、養合韻，〔註130〕掌讀與棓同韻，傳刻者據時音而改。

　　又《索隱》云：「棓音皮，韋昭音剖。」張文虎《札記》：「棓無皮音，疑當作『皮項反』，脫兩字。」〔註131〕案：皮爲並母三等字，項爲二等字。不當用皮爲反切上字。《廣韻》棓音「步項反」，步爲並母一等字，以一等切二等可也。張氏所疑蓋非。王叔岷《斠證》謂：「案棓、皮皆屬並紐。棓可音皮。」〔註132〕王氏云「棓可音皮」是也，惟但言聲母而未詳論韻母。今案：棓字《廣韻》有三音。《灰韻》：「棓，姓也。前漢爰盎之棓生所問占。又龐項切。」薄回切。〔註133〕又《尤韻》：「棓，杖也。又音棒。」縛謀切。〔註134〕又《講韻》：「上同，《魏志》云曹操爲北部尉，門左右縣五色棓各十枚。」步項切。〔註135〕尤韻「縛謀切」與講韻「步項切」同是杖義，乃同義異音。棓字「薄回切」與「縛謀切」古音皆屬並母之部。《索隱》云「棓音皮」，皮古音屬並母歌部，後讀入支韻。之支旁轉，〔註136〕並母雙聲，故棓讀與皮近。《正義》又音「蒲講反」，與《廣韻》步項反同音。此古音在並母東部，支東旁對轉，〔註137〕此讀與皮音亦存在相通可能。又《索隱》引韋昭音剖。剖古音滂母之部，滂並旁紐，之部疊韻，故剖與棓亦音近。

　　二上行四　　「抵營室曰閣道」索隱「又案樂汁圖^云」（1291/8）
　　【殿】「圖」下有「徵」字。
　　《校補》：「慶、彭、凌、金陵：無徵字。」
　　《殿本考證》：「樂汁圖徵，緯書也。監本脫『徵』字，今添。」

〔註130〕《廣韻》江講絳覺屬江攝，陽養漾藥屬宕攝。清人戈載據宋代詞人用韻歸納整理的《詞林正韻》一書中江陽同在第二部，元人周德清《中原音韻》中江陽亦合爲一部。參唐作藩《音韻學教程》，頁 207、208。
〔註131〕〔清〕張文虎：《校刊史記集解索隱正義札記》，頁 318。
〔註132〕王叔岷：《史記斠證》，頁 1093。
〔註133〕《宋本廣韻·灰韻》，頁 78。
〔註134〕《宋本廣韻·尤韻》，頁 191。
〔註135〕《宋本廣韻·講韻》，頁 220。
〔註136〕之支旁轉例見王力《同源字典》（商務印書館，1982），頁 86、109、112、113。
〔註137〕王力《同源字典》支部列蠡（蜱蠃）、蚌（蠯）同源字，二字即支東旁對轉，可參。

　　吉案：下文「在斗魁中，貴人之牢」《索隱》、「一內爲矛，招搖」《索隱》、「曰賤人之勞」《索隱》亦引作「樂汁圖」。《孝武本紀》「天神貴者泰一」《索隱》引作「樂汁微圖」，〔註138〕《封禪書》「天神貴者太一」《索隱》引作「樂汁徵圖」。〔註139〕《司馬相如列傳》「掩焦明」《索隱》引作「樂叶圖徵」，〔註140〕《校補》：「叶，蔡、慶、中統、彭、凌、殿：汁。」「圖，慶、中統：圈。」又「掩焦明」《正義》「員尾」，張文虎《札記》：「各本『員』譌『覔』，依《續漢五行志》引《樂叶圖徵》改。」〔註141〕

　　王叔岷《斠證》云：「黃善夫本《索隱》，《樂汁圖》下亦無徵字。下文黃本《索隱》引《樂汁圖》皆同。《御覽》六亦引作《樂汁圖》。或宋人避仁宗諱嫌名而略徵字與？」〔註142〕今案：黃本《孝武本紀》《索隱》亦作「樂汁微圖」，《封禪書》《索隱》作「樂汁徵圖」，《司馬相如列傳》《索隱》作「樂汁圈徵」，可見黃本亦未全省「徵」字。

　　《後漢書・樊英傳》「《河》《洛》七緯，推步災異」李賢注出七緯之篇名，其中《樂緯》有三篇，曰「《動聲儀》、《稽耀嘉》、《汁圖徵》」也。〔註143〕汁字亦或作叶、協。《方言》卷三：「斟、協、汁也。北燕朝鮮洌水之閒曰斟，自關而東曰協，關西曰汁。」〔註144〕戴震疏證：「協、汁古多無別。《周禮》『太史讀禮書而協事』鄭注云『故書協作叶』，杜子春云『叶，協也，書亦或爲協，或爲汁』。」〔註145〕諸本《史記索隱》或作「樂汁圖」、「樂汁微圖」、「樂汁徵圖」，皆有脫倒，惟《司馬相如列傳》作「樂叶圖徵」不誤。此處當依《殿本考證》補「徵」字。「貴人之牢」《索隱》、「一內爲矛招搖」《索隱》、「曰賤人之牢」《索隱》引此書皆作《樂汁圖》，殿本皆補「徵」字。

　　三下行四　「貴人之牢」索隱「樂汁圖^云天理理貴人牢」（1294/4）
　　【殿】「圖」下有「徵」字，不重「理」字。

〔註138〕《史記》卷一二《孝武本紀》，頁456。
〔註139〕《史記》卷二八《封禪書》，頁1386。
〔註140〕《史記》卷一一七《司馬相如列傳》，頁3037。
〔註141〕〔清〕張文虎：《校刊史記集解索隱正義札記》，頁686。
〔註142〕王叔岷：《史記斠證》，頁1093。
〔註143〕《後漢書》卷八二上《方術列傳上》，頁2721。
〔註144〕〔漢〕揚雄：《輶軒使者絕代語釋別國方言》，《叢書集成初編》（第1178冊），北京：中華書局，1985，頁53。
〔註145〕〔漢〕揚雄：《輶軒使者絕代語釋別國方言》，《叢書集成初編》（第1178冊），頁53。

《殿本考證》：「監本脫『徵』字，今添。又『天理貴人牢』，監本作『天寶理貴人牢』，『寶』字衍，今刪。」

《校補》：「殿：無『理』字；理，慶、中統、彭、凌：寶。」

吉案：「圖」下當有「徵」字，殿本是。說詳前。又金陵本「天理理貴人牢」，監本作「天寶理貴人牢」。《殿本考證》謂「寶」字衍。愚意金陵本亦衍一「理」字。「天理」為貴人牢名。《開元占經》引《樂緯》曰：「天理，貴人之牢也。」〔註146〕小司馬所引與此同出一源。《漢志》「貴人之牢」注引孟康曰：「貴人牢名曰天理也。」〔註147〕《晉志》云：「魁中四星為貴人之牢，曰天理。」〔註148〕《隋志》同，《宋志》云：「天理四星，在北斗魁中，貴人之牢也。」〔註149〕「賤人之牢」名曰「連營」，《晉志》：「貫索九星在其前，賤人之牢也。一曰連索，一曰連營，一曰天牢。」〔註150〕《天官書》下文「賤人之牢」《索隱》：「又《樂汁圖》云連營賤人牢。」即謂「連營」為賤人牢之名，句式當與此同。殿本是。

四上行二　「一內為矛招搖」集解「晉灼曰更河三星天矛^鋒招搖一星耳」
　　　　　（1294/17）

【殿】「更」作「梗」，下同；「鋒」上有「天」字。

《校補》：「梗，景、井、蜀、紹、慶、中統、彭、毛、索、凌、金陵：更，下同。《殿考》：查《晉書》『更』作『梗』，今依《晉書》改正。按瀧川本依殿本。」「天矛天鋒招搖一星耳，景、井、慶、中統、彭、凌、金陵，無下『天』字。」

《殿本考證》：「查《晉書》『更』作『梗』，今依《晉書》改正。」

吉案：「更河」，後世皆作「梗河」；下文「天鋒」《正義》引《星經》亦作「梗河」；《漢志》「一內為矛招搖」注引晉灼曰亦作「梗河」。王叔岷《斠證》云：「更、梗古通，《風俗通·祀典篇》：『梗者更也。』即其證。」〔註151〕《開元占經》引《石氏》曰：「梗河三星天矛也。梗者，遞也；河者，擔也。

〔註146〕〔唐〕瞿曇悉達：《開元占經》，《四庫術數類叢書》（五），上海：上海古籍出版社，1990，頁681。
〔註147〕《漢書》卷二六《天文志》，頁1275。
〔註148〕《晉書》卷一一《天文志上》，頁291。
〔註149〕《宋史》卷四九《天文志二》，頁981。
〔註150〕《晉書》卷一一《天文志上》，頁294。
〔註151〕王叔岷：《史記斠證》，頁1095。

士卒更遞擔持天矛以行也。」〔註152〕依其解，則「更」爲本字，「河」亦「荷」之假借。

　　瀧川《考證》云：「《集解》『天鋒』二字，恐衍。」〔註153〕按下文「天鋒」《集解》：「晉灼曰：外遠北斗也，在招搖南，一名玄戈。」是晉灼以招搖與天鋒爲二星。殿本晉灼曰「天矛天鋒招搖一星耳」，前後矛盾，當有誤，瀧川所疑良是。金陵本作「鋒」，《漢志》注引晉灼曰亦有「鋒」字，皆是衍文。《集解》所引當作：「晉灼曰：『更河三星、天矛、（鋒）招搖，一星耳。』」

　　然朱文鑫云：「《星經》以天鋒爲梗河，故後世有梗河之星，而無天鋒之名。」〔註154〕《晉志》云：「北三星曰梗河，天矛也。一曰天鋒，主胡兵。……其北一星曰招搖，一曰矛楯，其北一星曰玄戈，皆主胡兵。」〔註155〕是其以梗河、天矛、天鋒爲一星，招搖爲一星，玄戈爲一星，與《天官書》及諸家注不同也。蓋星座之名，經後世推衍，愈加繁複，而不能與《天官書》一一對應。

　　四上行二　「一內爲矛招搖」索隱「案詩記麻樞云」（1294/17）

　　【殿】「記」作「氾」。

　　《殿本考證》：「氾，監本訛作紀，今改正。」

　　吉案：《後漢書・樊英傳》「《河》《洛》七緯，推步災異」李賢注出《詩》緯三篇，曰「《推度災》、《記歷樞》、《含神務》」。〔註156〕《隋書・經籍志》亦出《詩》緯之名，曰「《推度災》、《氾曆樞》、《含神務》」。〔註157〕明清人所輯各據所本或作《紀歷圖》、《汎歷樞》、《汎歷》、《紀歷樞》、《氾歷樞》。〔註158〕蓋纖緯之書，其命名之義本即難求，又加傳抄翻刻，字形相混，其正字已難考見，存疑則可。殿本所改不當。下文「曰賤人之牢」、「房爲府曰天駟」《索隱》皆作「記」，殿本皆改作「氾」。

〔註152〕〔唐〕瞿曇悉達：《開元占經》，頁634。

〔註153〕〔日〕瀧川資言：《史記會注考證》，頁1812。

〔註154〕朱文鑫：《史記天官書恒星圖考》，頁16。

〔註155〕《晉書》卷一一《天文志上》，頁294。

〔註156〕《後漢書》卷八二上《方術列傳上》，頁2721。

〔註157〕《隋書》卷三二《經籍志一》，北京：中華書局，1973，頁941。

〔註158〕孫啓治、陳建華編：《古佚書輯本目錄》，北京：中華書局，1997，頁126。

四上行七　「曰賤人之牢」正義「一曰連索^主法律禁暴彊」（1295/8）

【殿】「索」下有「一曰連營一曰天牢」八字。

吉案：《晉志》作：「一曰連索，一曰連營，一曰天牢，主法律，禁暴強也。」〔註159〕殿本與《晉志》合，南監馮本同，他本無此八字。

四上行八　「曰賤人之牢」正義「占星悉見則獄事繁」（1295/8）

【殿】「占」作「九」。

《殿本考證》：「九，監本訛作占，今改正。」

吉案：他本皆作「占」。貫索有九星，《晉志》云：「九星皆明，天下獄繁。」〔註160〕《考證》或據此改。然以「占」字爲句，亦可通，《正義》常見，不必改。金陵本即未從殿本。

四下行六　「旁有兩星曰衿」（1295/15）

【殿】「衿」作「鈐」，注同。

《校補》：「鈐，景、丼、蜀、紹、慶、中統、彭、索、毛、凌、金陵：衿。」

《殿本考證》：「鈐，監本訛作衿，今改正。」

吉案：彭本、凌本、南監馮本、百衲本正文作「衿」而注文作「鈐」。《漢志》作「衿」，《晉志》、《隋志》作「鈐」。《正義》注亦作「鈐」。

王先謙云：「衿、鈐通借字，或徑改爲鈐，非。」〔註161〕朱文鑫云：「衿兩星在赤道南十八度，房宿第三星與第四星之間，今名鉤鈐者是也。房北一星曰鏲，今名鍵閉者是也。《說文》云：『鏲，車軸耑鍵也。』《玉篇》云：『鉤鈐，車轄也。』因近旁駟驂而取義衿鏲也。鈐衿通借字。《漢志》亦作衿，或據《索隱》《元命苞》鉤鈐二星語而徑改作鈐，非也。」〔註162〕案王、朱二說是。鈐爲本字，衿爲借字，通假字不必改。

四下行七　「旁有兩星曰衿」索隱「房有兩星曰衿一音其炎反」（1296/11）

【殿】「房有兩星曰衿一」七字作「鈐」。

〔註159〕《晉書》卷一一《天文志上》，頁294。
〔註160〕《晉書》卷一一《天文志上》，頁294。
〔註161〕〔清〕王先謙：《漢書補注》，頁547。
〔註162〕朱文鑫：《史記天官書恒星圖考》，頁20。

《校補》：「房有兩星曰衿一，慶、彭：無此注七字；中統：無『一』字；殿：無注七字而有『鈐』字。」

《殿本考證》：「監本脫『鈐』字，今添。」

吉案：「房有兩星曰衿一」，凌本亦無此七字，水澤失校。南監馮本亦無此七字。「房有兩星曰衿」六字乃《索隱》所出《史記》正文。金陵本《索隱》多據毛刻《索隱》本，故重出史文，此金陵本之通例。他三家注合刻本多不重出。此注「一」字疑衍。如前所說，「衿」假借爲「鈐」，小司馬不能不知。若言「一音其炎反」，則此處當依本字讀，「其炎反」祇一音備考而已。此實是小司馬爲本字「鈐」注音，後人不知，遂增「一」字。殿本增「鈐」字，亦不必。

四下行九　「北一星曰蠭」正義「占不居其所則<u>津梁不通</u>宮門不禁居則反是也」（1296/14）

【殿】無「津梁不通」四字。

《殿本考證》：「監本作『占一反不居其所』，衍『一反』二字，今刪。又『則津梁不通宮門不禁』，今查『津梁不通』四字係下文『東北曲十二星曰旗』注文，重出於此，今亦刪。」

《札記》：「各本『占』下衍『一反』二字，官本無。」

吉案：「津梁不通」四字，《考證》刪是。此蓋抄者因下文「及不居其所則津梁不通」而誤抄在此。而《殿本考證》云「一反」二字爲衍文，可商。愚意「一反」二字乃「及」字之誤，非衍文。下文「東北曲十二星曰旗」《正義》「及不居其所」，可證。「占及不居其所」，「及」訓「若」。王念孫《讀書雜志・管子雜志》「及齊君之能用之也」條：「及猶若也。」〔註163〕例多不備舉。下文「及不居其所」同此訓，非「與」之意。金陵本據《殿本考證》刪「一反」二字，不審。南監馮本將「一」字修爲墨釘，而「反」字仍舊，亦未得其實。

五上行一　「旗中四星曰天市」正義「天市^二十<u>三</u>星在房心東北」（1296/17）

【殿】「市」下有「垣」字，「三」作「二」。

---

〔註163〕〔清〕王念孫：《讀書雜志》，南京：江蘇古籍出版社，1985，頁438。

《校補》：「二，慶、彭、凌：三。」

吉案：南監馮本同金陵本，《殿本考證》未言。水澤《校補》未列金陵本，失校。瀧川本從殿本作「二」。按作「二」是。《開元占經》引《石氏》曰：「天市垣二十二星，在房心東北。」〔註164〕《晉志》：「天市垣二十二星，在房心東北，主權衡，主聚眾。」〔註165〕《隋志》同，《宋志》亦謂「天市垣二十二星」。〔註166〕唐王希明《步天歌》：「下元一宮名天市，兩扇垣墻二十二。」〔註167〕天市垣無二十三星之說。又諸本無「垣」字、「在」字，疑殿本據《晉志》增改。《札記》：「官本有『在』字，各本脫。」〔註168〕金陵本從殿本增「在」字。

五上行九　「鼎足句之曰攝提」正義「占色溫溫不明而大者人君恐客星入之聖人受制也」（1297/11）

【殿】「恐」作「吉」，「聖」作「主」。

《殿本考證》：「吉，監本訛作恐，今改正。」

吉案：凌本、南監馮本、彭本、百衲本同金陵本。《開元占經》引《石氏》云：「攝提，色欲黃而潤澤，溫溫不明天下安，明大者三公恣，天子弱，鈇鉞用。」〔註169〕《晉志》云：「攝提為楯，以夾擁帝座也，主九卿。明大，三公恣。客星入之，聖人受制。」〔註170〕《宋志》云：「星明大，三公恣，主弱；色溫不明，天下安；近大角，近戚有謀。」〔註171〕按：「色溫溫不明而大」似有矛盾，《正義》當有脫文。與《石氏》相校，疑當作「占色溫溫不明〔天下安明〕而大者人君恐」。殿本改「恐」為「吉」，非是。又《開元占經》卷八十二《客星占六》引郗萌曰：「客星入攝提座，謀臣在側，聖人受制。」〔註172〕又卷十四《月占四》引《海中占》曰：「月入攝提，聖人受制。」〔註173〕《晉

〔註164〕〔唐〕瞿曇悉達：《開元占經》，頁639。
〔註165〕《晉書》卷一一《天文志上》，頁295。
〔註166〕《宋史》卷四九《天文志二》，頁990。
〔註167〕潘鼐：《中國恒星觀測史》，北京：學林出版社，1989，頁134。
〔註168〕〔清〕張文虎：《校刊史記集解索隱正義札記》，頁320。
〔註169〕〔唐〕瞿曇悉達：《開元占經》，頁633。
〔註170〕《晉書》卷一一《天文志上》，頁293。
〔註171〕《宋史》卷五〇《天文志三》，頁1000。
〔註172〕〔唐〕瞿曇悉達：《開元占經》，頁762。
〔註173〕〔唐〕瞿曇悉達：《開元占經》，頁292。

志》亦作「聖人受制」，唯《宋志》云「太陰入，主受制」，殿本蓋據此改作「主」，亦不必。

六下行二　「門內六星諸侯」正義「又云^諸侯五星在東井^北河主刺舉戒不虞」（1300/5）

【殿】「云」下有「五」字，「井」下有「東北近」三字。

《殿本考證》：「按舊本作『東井在北河主判舉』，東井北河兩星名，又相離甚遠，定有訛舛，今據《宋史》及《星經》知在東井東北近北河也。『判舉』，《宋史》作『刺舉』，今并改正。」

《札記》：「『河』字衍，《晉志》無。」「官本『刺』，與《晉志》合。各本誤『判』。」

《斠證》：「案殿本《正義》『諸侯』上衍『五』字，餘與張照《考證》中所舉者同。黃善夫本《正義》『刺舉』字不誤。」

吉案：《開元占經》引《石氏》曰：「五諸侯五星在東井北，近北河。」〔註174〕《宋志》云：「五諸侯五星，在東井北，主斷疑、刺舉、戒不虞、理陰陽、察得失。」〔註175〕「五諸侯」為星名，殿本有「五」字是，王說非。又《殿本考證》云據《宋史》及《星經》知五諸侯在東井東北，然二者皆言北，不言東北，疑殿本逕增「東」字。《札記》謂「河」字衍，亦通。然《正義》文多與《石氏星經》合，當如殿本作「近北河」是。

《開元占經》又引《春秋緯・元命包》曰：「五諸侯主刺舉，戒不虞。」〔註176〕殿本據《宋史》改「判」為「刺」，與《元命包》同，所改是。今檢黃善夫本亦作「判」，又查張元濟《百衲本校勘記》，知張氏據殿本修作「刺」。如此可知王叔岷所謂黃善夫本實乃涵芬樓影印之百衲本。王氏不知百衲本已經張元濟校改，非黃本之舊，而逕云黃善夫本，一失也。

七下行三　「軒轅黃龍體」正義「陰陽交感激為雷電和為雨怒為風亂為霧凝為霜散為露聚為雲氣立為虹蜺離為背璚分為抱珥」（1301/13）

【殿】「雷」在「激」字上。

---

〔註174〕〔唐〕瞿曇悉達：《開元占經》，頁650。
〔註175〕《宋史》卷五一《天文志四》，頁1051。
〔註176〕〔唐〕瞿曇悉達：《開元占經》，頁650。

《校補》：「激爲雷電，慶、彭、凌、殿：此注四字作『雷激爲電』。」

《札記》：「《御覽》六引《大象列星圖》作『激爲雷震爲電』。」

吉案：《宋志》引「武密曰」作「陰陽交合，感爲雷，激爲電」，〔註177〕餘與《正義》同。可知慶、彭、凌、殿諸本「交」下脫「合」字，「感」下脫「爲」字。然其較金陵本爲近古。蓋後人又以「陰陽交感雷激爲電」不通，遂移「雷」字在「電」字上，讀作「陰陽交感，激爲雷電」。諸本皆誤，當據《宋志》改。

七下行九　「其西曲星曰鉞」正義「鉞一星輿鬼四星一星爲質」（1302/6）
【殿】「四」作「五」。

《殿本考證》：「監本誤作『輿鬼四星爲質一星』，今改正。」

《札記》：「『一星』二字各本倒在下，官本不誤。」

吉案：金陵本從殿本乙正「一星」二字，而「四」字仍舊。《晉志》云：「輿鬼五星，天目也。」〔註178〕《隋志》同。《宋志》云：「輿鬼五星，主觀察姦謀，天目也。」〔註179〕《開元占經》卷六十三《南方七宿占四》引《石氏》曰：「輿鬼五星，四度。」〔註180〕又曰：「鬼東北一星主積馬，東南一星主積兵，西南一星主積布帛，西北一星主積金玉。此四星有變則占其所主也。中央色白如粉絮者，所謂積尸氣也。」〔註181〕又引《黃帝占》曰：「輿鬼，南星積布帛，西星積金玉，北星積銖錢，東星積馬，中央星積尸。」〔註182〕《晉志》云：「東北星主積馬，東南星主積兵，西南星主積布帛，西北星主積金玉，隨變占之。中央星爲積尸，主死喪祠祀。」〔註183〕《隋志》、《宋志》同。其皆以五星并列。下文「中白者爲質」《集解》引晉灼曰：「輿鬼五星，其中白者爲質。」《漢書》注引同。又下文「中白者爲質」《正義》注與《晉志》、《隋志》、《宋志》幾同，唯「五」字亦訛作「四」，《殿本考證》并改正。

王叔岷《斠證》引高平子云：「輿鬼即鬼宿，其狀略成四邊形。外周爲西

〔註177〕《宋史》卷五一《天文志四》，頁 1060。
〔註178〕《晉書》卷一一《天文志上》，頁 303。
〔註179〕《宋史》卷五一《天文志四》，頁 1055。
〔註180〕〔唐〕瞿曇悉達：《開元占經》，頁 618。
〔註181〕〔唐〕瞿曇悉達：《開元占經》，頁 619。
〔註182〕〔唐〕瞿曇悉達：《開元占經》，頁 619。
〔註183〕《晉書》卷一一《天文志上》，頁 303。

圖巨蟹座之二星及右邊二小星，共爲四星無疑。」〔註184〕王氏案：「據高說，則《正義》四字不誤，《殿本考證》不應改爲五矣。」〔註185〕今案高、王之說非是。瀧川《考證》引陳子龍曰：「舊傳鬼宿中積屍氣如雲耳，近測得二大星中間實有三十六小星，此皆古人儀器未精之故。」〔註186〕古人觀測不精，望「中央色白如粉絮者」，亦以其爲一星，乃合他四星爲五耳。今知積屍氣實星團，其星數詳朱文鑫《史記天官書恒星圖考》。

八上行三　「兩河天關閒爲關梁」正義「闕丘二星在<u>南</u>河南天子之雙闕」
　　　　　　（1302/12）

【殿】無「南」字。

《四庫考證》：「又『兩河天關間爲關梁』《正義》『闕丘二星在南河東天子之雙闕』，刊本『南河』二字互倒，又脫『東』字，据《星經》及本書上文改增。」

《札記》：「官本有上『南』字，與《晉志》合。」

《校補》：「慶、彭、凌、殿：無上『南』字。……按《札記》引官本不合殿本。」

吉案：殿本顯誤，《四庫考證》改作「南河東」亦不確。《晉志》云：「南河南三星曰闕丘，主宮門外象魏也。」〔註187〕《隋志》作「南河三星曰闕丘」。「河」下疑脫「南」字。《宋志》云：「闕丘二星，在南河南，天子雙闕，諸侯兩觀也。」〔註188〕《開元占經》卷七十引《甘氏》曰：「闕丘二星，在南河南。」〔註189〕又卷一百十《星圖》云：「闕丘舊在南河東南，赤道外；今在南河南，赤道內。二星，南河南。」〔註190〕《步天歌》云：「闕丘兩箇南河東，邱下一狼光蓬茸。」〔註191〕疑「南河東」乃「南河東南」近似說法，爲協韻而省「南」字。

---

〔註184〕王叔岷：《史記斠證》，頁 1101。
〔註185〕王叔岷：《史記斠證》，頁 1101。
〔註186〕〔日〕瀧川資言：《史記會注考證》，頁 1821。
〔註187〕《晉書》卷一一《天文志上》，頁 298。
〔註188〕《宋史》卷五一《天文志四》，頁 1054。
〔註189〕〔唐〕瞿曇悉達：《開元占經》，頁 692。
〔註190〕〔唐〕瞿曇悉達：《開元占經》，頁 962。
〔註191〕潘鼐：《中國恒星觀測史》，頁 132。

八上行五　「中白者為質」正義「輿鬼四星主祠事天目也」（1302/14）

【殿】「四」作「五」。

《殿本考證》：「監本『五』訛作『四』，『目』訛作『田』，今俱改正。」

吉案：殿本是，辨見上。

八上行七　「中白者為質」正義「欲其沒不明」（1302/16）

【殿】「沒」作「曶曶」。

《殿本考證》：「監本訛作『欲其沒不明』，今改正。」

《札記》：「『沒』字《晉志》作『忽忽』。疑本作『渦渦』。《說文》『溜，青黑色』，《玉篇》作『渦』，形近譌為『沒』也。官本作『曶曶』。」

吉案：《晉志》、《隋志》、《宋志》皆作「忽忽」，《開元占經》卷六十三《南方七宿占》引「郗萌曰」亦作「忽忽」。〔註192〕

案殿本作「曶曶」為是。曶曶，昏暗不明之義。《說文・日部》：「昒，尚冥也。从日，勿聲。」〔註193〕《集韻・勿韻》：「昒，未明也。」〔註194〕又《沒韻》：「昒，《說文》：『尚冥也。』或从忽。」〔註195〕昒又作曶。《龍龕手鏡・日部》：「昒、曶：二古文，音忽。」〔註196〕《正字通・日部》：「按《說文》本作昒，移勿置日上作曶，形別，義同。」〔註197〕又《說文・日部》：「曶，出气詞也。从日，象气出形。《春秋傳》曰鄭太子曶。」〔註198〕從日之曶與從日之曶，篆文分別至顯，隸定則形近而訛為一耳。日部之曶與忽字又音同而通用。《漢書・揚雄傳上》「饗曶如神」顏注：「曶與忽同。」〔註199〕《說文・日部》「曶」字段注云：「此與心部忽音同義異。……今則忽行而曶廢矣。」〔註200〕

綜上，殿本作「曶曶」，乃得其本。《晉志》等作「忽忽」，乃因「曶」之日部譌字「曶」而假借。上文「旗中四星曰天市」《正義》：「明則市吏急，商

---

〔註192〕〔唐〕瞿曇悉達：《開元占經》，頁 619。
〔註193〕《說文解字・日部》，頁 137。
〔註194〕《宋刻集韻・勿韻》，頁 193。
〔註195〕《宋刻集韻・勿韻》，頁 196。
〔註196〕《龍龕手鏡・日部》，北京：中華書局，1985，頁 430。
〔註197〕《正字通・日部》，頁 462。
〔註198〕《說文解字・曰部》，頁 100。
〔註199〕《漢書》卷八七上《揚雄傳上》，頁 3552。
〔註200〕〔清〕段玉裁：《說文解字注》，頁 202。

人無利；忽然不明，反是。」此「忽」字亦「曶」字之借，昏昧不明之義，非訓疾也。

　　諸本作「沒」，當是「曶」之音近譌字。《集韻‧沒韻》有「昒」字。曶亦與昧字相通。《說文》「昒」字段注：「按韋音梅憒切，《字林》音勿。皆與昧通用之證。」〔註201〕《史記‧司馬相如列傳》「阻深闇昧」《索隱》：「曶爽闇昧。《三蒼》云：『曶爽，早朝也。曶音昧。』案：《字林》又音忽。」昒與昧常混，昧亦或音沒。《漢書‧古今人表》「吳餘昧」顏注：「昧音秣。」〔註202〕《史記‧十二諸侯年表》作「昧」，《索隱》：「音秣。」〔註203〕後人或即因昒譌昧而讀沒音，因讀曶亦音沒，遂譌其字作沒。《札記》謂「沒」為《說文》「𣶃」字之譌，囿於字形而解，於義不通，非是。

　　九上行一　「軫為車主風」正義「徐泗有戮之者」（1304/6）
　　【殿】無「之」字。
　　《殿本考證》：「監本作『徐泗有戮之者』，『之』字衍，今去。」
　　吉案：「徐泗有戮之者」，「之」字無所指，於義不通。殿本為長。

　　十下行二　「主葆旅事」集解「晉灼曰葆菜也禾野生曰旅」（1307/6）
　　【殿】無「禾」字。
　　《校補》：「景、井、蜀、紹、慶、中統、彭、毛、凌、殿：無『禾』字。」
　　《四庫考證》：「刊本『禾』訛『也』，並據《漢書天文志》注增改。」
　　《札記》：「官本有禾字，與《漢志注》合。」
　　吉案：《札記》謂官本有「禾」字，與今所見殿本不合。金陵本當是據《四庫考證》增「禾」字。

　　十下行二　「主葆旅事」集解「今之飢民采旅^也」（1307/6）
　　【殿】「旅」下有「生」字。
　　《校補》：「景、井、蜀、紹、慶、中統、彭、毛、凌、殿：今之飢民采旅生也」
　　《札記》：「『采旅』下衍『生』字，依《漢志注》刪。」

---

〔註201〕〔清〕段玉裁：《說文解字注》，頁202。
〔註202〕《漢書》卷二〇《古今人表》，頁924。
〔註203〕《史記》卷一四《十二諸侯年表》，頁652。

吉案：諸本并有「生」字，有此字於義爲長，謂飢民采旅以爲生。不當刪。或《漢志注》脫「生」字亦未可知。

十一上行十　「虛危」正義「危爲宗廟祀事主^天市架屋」（1308/13）

【殿】「主」下有「天府」二字。

吉案：南監馮本無此二字，他本亦無。《晉志》：「危三星，主天府天市架屋。」〔註204〕《隋志》：「危三星，主天府天庫架屋。」〔註205〕《宋志》云：「危宿三星，……又主天府、天市、架屋、受藏之事。」〔註206〕殿本蓋據此增。

十一下行三　「曰羽林天軍」正義「天軍也亦天宿衛之兵革<u>出</u>不見則天下亂」（1309/5）

【殿】「之」作「主」，無「出」字。

《殿本考證》：「監本訛作『亦天宿衛之兵革出』，今改正。」

《札記》：「句有脫誤。《御覽》引《大象列星圖》云『若星稀而動搖，則兵革出』。」

吉案：南監馮本「之」作「主」，有「出」字。《宋志》云：「羽林中無星，則兵盡出，天下亂。」〔註207〕《開元占經》卷六十八《石氏外官》引《黃帝占》曰：「星希而不明，若動，兵士出，星若亡不見，天下兵盡出。」〔註208〕又引郗萌曰：「羽林中無星，天下兵盡出。」〔註209〕案，殿本刪「出」字，不當。「兵革出」亦或「兵盡出」之訛，又有脫倒。或「出不見」連讀，亦通，則「出」字非衍文。南監本於義爲長。《札記》謂「句有脫誤」，不從殿本改，審慎也。

十一下行十　「兩兩相比曰司空」正義「皆眞司之職」（1309/13）

【殿】「眞」作「宴」。

吉案：凌本作「眞」。他本及南監馮本作「眞」。《正義》上云：「司空唯

---

〔註204〕《晉書》卷一一《天文志上》，頁301。
〔註205〕《隋書》卷二○《天文志中》，頁545。
〔註206〕《宋史》卷五○《天文志三》，頁1022。
〔註207〕《宋史》卷五○《天文志三》，頁1027。
〔註208〕〔唐〕瞿曇悉達：《開元占經》，頁672。
〔註209〕〔唐〕瞿曇悉達：《開元占經》，頁673。

一星耳，又不在危東，恐『命』字誤爲『空』也。司命二星，在虛北，主喪送。」〔註210〕《開元占經》卷六十九《甘氏中官占》引郗萌曰：「司命主百鬼。」〔註211〕《正義》之意乃謂司命、司祿、司危、司非皆是冥間陰司之職。殿本是。

　　凌本作「寘」，即「寔」字之異體。《集韻・沒韻》：「昒，《說文》：『尙冥也。』」〔註212〕《說文・日部》：「昒，尙冥也。」〔註213〕「寔」即「冥」之異體。偏旁宀、冖常混用不分，「寘」與「寔」同，皆「冥」之俗體。

　　十二上行五　「王良策馬」正義「策一星在王良前主天子僕也占以動搖
　　　　　　　　移^在王良前或居馬後別爲策馬策馬而兵動也」（1310/6）
　　【殿】「移」下有「易」字，「別」作「則」。
　　《札記》：「『別』字疑誤，官本作『則』。」
　　吉案：南監馮本同殿本。《晉志》云：「前一星曰策星，王良之御策也，主天子之僕，在王良旁。若移在馬後，是謂策馬，則車騎滿野。」〔註214〕《校勘記》云：「『在』下原有『王良前居』四字。《拾補》：四字衍。今據《隋志》上刪。」〔註215〕《靈臺秘苑》卷十云：「（策星）若動搖移徙，居王良前，或處馬後，是爲策馬，皆爲兵起，故曰王良策馬，車騎滿野。」〔註216〕又卷十三亦記此星，占同。案，細考《晉志》原文及《靈臺秘苑》，殿本《正義》於義爲長。「別」字當是「則」字之形訛。中華本《晉志》刪「王良前居」四字，恐亦不當。

　　十三上行八　「以揆歲星順逆」正義「歲星盈縮^所在之國不可伐可以罰
　　　　　　　　人」（1312/9）
　　【殿】「盈」作「贏」，「縮」下有「以其舍命國」五字。
　　《殿本考證》：「監本脫『以其舍命國』五字，今添。」

〔註210〕《史記》卷二七《天官書》，頁1309。
〔註211〕〔唐〕瞿曇悉達：《開元占經》，頁682。
〔註212〕《宋刻集韻・沒韻》，頁196。
〔註213〕《說文解字・日部》，頁137。
〔註214〕《晉書》卷一一《天文志上》，頁297。
〔註215〕《晉書》卷一一《天文志上》，頁315。
〔註216〕〔北周〕庾季才：《靈臺秘苑》，《四庫術數類叢書》（五），上海：上海古籍出版社，1990，頁87。

《斠證》：「《考證》據下正文添之也。」

吉案：《殿本考證》所出《正義》文亦作「盈」，「盈」、「嬴」字通。殿本添「以其舍命國」五字為長，無此五字則句意不完。

十四上行五　　「執徐歲」索隱「李巡云伏蟄之物皆**敦**舒而出故曰執徐執蟄徐舒也」（1314/1）

【殿】「敦」作「振」。

《校補》：「敦，慶、中統、彭、淩、殿：振。」

吉案：「敦舒」、「振舒」義皆難解，字當作「敷」。《曆書》「徒維執徐三年」《正義》：「李巡云：『伏蟄之物皆敷舒而出，故云執徐也。』」〔註217〕《開元占經》卷二十三《歲星占一》：「案李巡曰：『言蟄之物皆敷舒而出，故曰執徐。執，蟄也；徐，舒也。』孫炎曰：『勾者畢達，蟄伏之物盡敷舒也。』」〔註218〕「敷舒」同義連文。《慧琳音義》卷五十五「敷演」注：「孔注《尚書》云敷，布也，又猶舒也。《韓詩外傳》云大也，《說文》云敷，散也。」〔註219〕《詩·小雅·小明》「日月方除」孔疏引孫炎曰：「物之枝葉敷舒。」〔註220〕「敷舒」義同此。《淮南子·天文訓》「執徐之歲」高誘注云：「執，蟄。徐，舒也。伏蟄之物，皆散舒而出也。」〔註221〕《釋名·釋天》：「辰，伸也，物皆伸舒而出也。」〔註222〕「散舒」、「伸舒」與「敷舒」義同。

他本作「敦」者蓋「敷」字之形訛。敦，端母諄部；振，章母諄部。二字音近，遂又訛作「振」。

十四下行三　　「叶洽歲」索隱「故曰^協和^洽合也」（1314/14）

【殿】「曰」下有「協洽」二字，「和」下有「也」字。

《校補》：「慶、中統、彭、淩、殿：故曰協洽協和也洽合也。」

《札記》：「下當脫『協洽』二字，合刻並有。」

〔註217〕《史記》卷二六《曆書》，頁1270。

〔註218〕〔唐〕瞿曇悉達：《開元占經》，頁345。

〔註219〕〔唐〕釋慧琳，〔遼〕釋希麟：《正續一切經音義》，上海：上海古籍出版社，1986，頁2200。

〔註220〕《毛詩正義》卷一三《小雅·小明》，《十三經注疏》，杭州：浙江古籍出版社影印阮刻本，1998，頁464。

〔註221〕何寧：《淮南子集釋》，北京：中華書局，1998，頁287。

〔註222〕〔清〕王先謙：《釋名疏證補》，上海：上海古籍出版社，1984，頁34。

吉案：中華本已增「協洽」二字，是。

十五上行一 「閹茂歲」索隱「孫炎云萬物皆蔽冒故曰^閹蔽茂冒也」
（1315/9）

【殿】「曰」下有「閹茂」字。

《校補》：「[慶]、[中統]、[彭]、[凌]、[殿]：故曰閹冒閹蔽也。」

《札記》：「下當脫『閹冒』二字，合刻並有。」

吉案：中華本已增「閹冒」二字，是。

十五下行四 「三月生天棓」正義「歲星之精散而爲天槍天棓天衝天猾
國皇天欃及登天荊眞若天猨天垣蒼彗皆以廣凶災也」
（1317/1）

【殿】「猨」作「擐」，「廣」作「應」。

吉案：「擐」，他本皆作「猨」。中華本《宋志》作「擐」，《校勘記》云：
「《隋書》卷二〇《天文志》同。《晉書》卷一二《天文志》、《通考》卷二
八一《象緯考》作『天猨』，《開元占經》卷八七作『天轅』。」〔註223〕今檢
《開元占經》卷八十七《孝經雌雄圖三十五妖星占下》作「欃」，不作「轅」；
〔註224〕又檢中華本《晉志》引京房《集星章》亦作「欃」，〔註225〕百衲本《晉
志》作「擐」。〔註226〕中華本《宋志校勘記》所言《晉書》不知爲何本。「擐」、
「猨」、「欃」形近，當有一誤。

金陵本「以廣凶災」不通。「廣」，黃本、彭本、凌本、南監馮本、殿本、
瀧川本皆作「應」，是。《開元占經》卷八十五《妖星占上》引甘氏曰：「審以
察之，其災必應。」〔註227〕《隋志》同，亦可證。

又案，注文「及登」二字諸本皆同。中華本《宋志》亦同，《校勘記》云：
「『及登』，《晉書》卷一二《天文志》同；《隋書》卷二〇《天文志》、《通
考》卷二八一《象緯考》作『反登』。」〔註228〕中華本《晉志》、《隋志》皆作

〔註223〕《宋史》卷五二《天文志五》，頁1103。
〔註224〕〔唐〕瞿曇悉達：《開元占經》，頁809。
〔註225〕《晉書》卷一二《天文志中》，頁327。
〔註226〕《晉書》卷一二《天文志中》，杭州：浙江古籍出版社影印百衲本，1998，頁
20。
〔註227〕〔唐〕瞿曇悉達：《開元占經》，頁793。
〔註228〕《宋史》卷五二《天文志五》，頁1103。

「反登」，《晉志校勘記》云：「原作『及登』。《拾補》：『及』，《隋志》、《通考》皆作『反』。《斠注》：《占經》引《河圖》《春秋緯》亦作『反登』。今據改。」〔註229〕今檢《靈臺秘苑》卷十五亦作「反登」。〔註230〕「及」、「反」形近，當有一誤。

再案，此段《正義》注文標點亦有可商者。《晉志》：「天槍、天根、天荊、眞若、天槍、天樓、天垣，皆歲星所生也。」〔註231〕可見「天荊」、「眞若」皆星名無疑。瀧川本以「及登天荊眞」連讀，「若天猿天垣蒼彗」連讀。蓋以「及」「若」爲虛詞，大謬。中華本點作：「及登天、荊眞，若天猿、天垣、蒼彗，皆以廣凶災也。」蓋亦承瀧川本斷句之誤，至詞句不可通。

又案，中華本《宋志》「歲星之精化爲天棓」句標點作：「歲星之精，化爲天棓、天槍、天滑、天衝、國皇、及登，蒼彗。」〔註232〕於「蒼彗」前點逗號，蓋以其爲諸星之色狀，而不以爲星名。下文「火星之精……赤彗」、「土星之精……黃彗」、「太白之精……白彗」、「辰星之精……黑彗」亦同此例。中華本《晉志》則於「蒼彗」等前點頓號，與上諸星並列。

考《靈臺秘苑》卷十五「妖星」：「歲星之精流而爲七：一曰天棓，二曰天槍，三曰天滑，四曰天冲，五曰國皇，六曰反登，七曰蒼彗。」〔註233〕下文亦有「六曰赤彗」、「九曰黃彗」、「九曰白彗」、「八曰黑彗」，又有「蒼彗主不義」、「赤彗主滅五都」云云，是其以「蒼彗」等皆是星名。而《宋志》於天棓、天槍諸妖星皆有詳解，惟不言「蒼彗」、「赤彗」等之所主，可見其不以之爲星名。二者之分歧，今存之。

十五下行十　「天欃」正義「天欃者在西南長四丈銳京房云天欃爲兵赤地千里枯骨籍籍天文志云天槍主兵亂也」（1317/6）

【殿】「槍」作「欃」。

《校補》：「欃，慶、彭、凌、金陵：槍。」

吉案：南監馮本、瀧川本同殿本。《開元占經》卷八十五：「班固《天文志》曰：『天欃出爲兵喪。』」〔註234〕此注在釋「天欃」，不當有「天槍主兵亂

〔註229〕《晉書》卷一二《天文志中》，頁356。
〔註230〕〔北周〕庾季才：《靈臺秘苑》，頁147。
〔註231〕《晉書》卷一二《天文志中》，頁327。
〔註232〕《宋史》卷五二《天文志五》，頁1080。
〔註233〕〔北周〕庾季才：《靈臺秘苑》，頁147。
〔註234〕〔唐〕瞿曇悉達：《開元占經》，頁798。

也」之語。下文「三月生天槍」《正義》云：「天文志云，孝文時天槍夕出西南。」〔註235〕今檢《漢書・天文志》作「天欃夕出西南」，〔註236〕《開元占經》卷八十五引《漢志》同。《正義》恐有錯亂。又「長四丈銳」，史文下云「末兌」，此「銳」上亦當有「末」字。

十九下行四 「其紀上元」索隱「<u>元</u>出入東西各五爲八歲二百三十日」
（1324/1）

【殿】「元」作「凡」。

吉案：《校補》失校。彭本、凌本、南監馮本、百衲本、瀧川本同殿本。金陵本誤刻，中華本已改正。

二十三上行九 「太白出東方爲格」索隱「故<u>上</u>有軍不戰」（1329/8）

【殿】「上」作「野」。

《札記》：「『上』當爲『主』。」

吉案：史文上言「野雖有軍不戰」，下言「野雖有兵不戰」。《索隱》下言「故野雖有兵不戰然也」。是《索隱》在釋「野雖有軍不戰」、「野雖有兵不戰」兩句，兩「故」字以下皆當是史文。殿本爲長。張文虎云「上」當作「主」，無據。中華本依《札記》逕改作「主」，不審。

二十三下行四 「兔過太白」索隱「<u>兔過太白</u>案廣雅云辰星謂之兔星則
辰星之別名<u>兔</u>或作<u>龜</u>也。」（1329/11）

【殿】無前四字，兩「兔」字作「兔」，「龜」作「龜」。

《札記》：「《索隱》『兔』作『兔』，又云或作『龜』，疑『兔』『兔』皆『龜』之譌，『龜』又『欃』之省。」

吉案：黃本、彭本、凌本、南監馮本、百衲本、瀧川本皆作「兔」。金陵本《史記》正文亦作「兔」。王念孫《廣雅疏證》：「辰星謂之爨星，或謂之兔星，或謂之鉤星。」〔註237〕《開元占經》卷二十、二十一、二十二皆見「兔星」之名，無作「兔星」者。

案張氏《札記》所言近是，「兔」、「兔」皆「龜」之訛省。《說文・龜部》：

〔註235〕《史記》卷二七《天官書》，頁1317。
〔註236〕《漢書》卷二六《天文志》，頁1303。
〔註237〕〔清〕王念孫：《廣雅疏證》，頁286。

「毚，狡兔也，兔之駿者。从㲋、兔。」〔註238〕是「毚」字以從兔爲正。然字或省點，從免，作「毚」。上引金陵本《索隱》「或作毚也」，彭本、凌本、南監馮本、殿本「毚」字作「毚」。下文「天欃」，黃本、彭本、凌本、南監馮本、殿本「欃」字從扌從毚。「毚／毚」又爲辰星之別名。《類篇・㲋部》：「毚，又初銜切，辰星別名。」〔註239〕「毚／毚」爲辰星之別名又或訛省作「兔」、「免」。《集韻・銜韻》：「毚，免：辰星別名，或省。」〔註240〕《類篇・兔部》：「兔，又初咸切，晨星別名。」〔註241〕

《札記》又謂「『毚』又『欃』之省」，是。《晉志》引京房《風角書》謂天欃爲辰星所生，〔註242〕殿本《晉志》作「天毚」，百衲本作「天毚」。《隋志》引作「天毚」，〔註243〕《宋志》、《文獻通考》亦同。

天欃、天攙、攙星、毚星，皆是辰星之別名。天欃爲辰星之所生，故又爲辰星之別名。字又作攙，偏旁相混而訛，又名攙星。《隋志》：「五曰天攙，其狀白小，數動，是謂攙星，一名斬星。」〔註244〕《開元占經》卷八十五同。又作毚星。上文「以治辰星之位」《索隱》：「案：皇甫謐曰『辰星，一名毚星，或曰鉤星。』」

綜上，「免」、「兔」皆非正字。《集韻考正》云：「案《類篇》作『毚』『兔』。今考《史記・天官書》『免過太白』《索隱》云：『《廣雅》辰星謂之免星，免或作毚。』王校《廣雅・釋天》亦作『免』，今仍之。」〔註245〕張文虎《札記》存疑，今亦仍之。

二十三下行五　「免過太白」正義「<u>漢書云辰星過太白閒可械劍明廣雅是也</u>」（1329/11）

【殿】無此注十七字。

《殿本考證》：「監本有《正義》『漢書云辰星過太白間太白可械劍明廣雅是也』，略無文理，定係傳訛，今刪。」

---

〔註238〕《說文解字・㲋部》，頁203。
〔註239〕《類篇・㲋部》，上海：上海古籍出版社，1988，頁352。
〔註240〕《宋刻集韻・銜韻》，頁86。
〔註241〕《類篇・兔部》，頁352。
〔註242〕《晉書》卷一二《天文志中》，頁327。
〔註243〕《隋書》卷二〇《天文志中》，頁572。
〔註244〕《隋書》卷二〇《天文志中》，頁566。
〔註245〕《異體字字典》：http://140.111.1.40/yitia/fra/fra00275.htm

《札記》:「各本『閒』下衍『太白』二字,依《漢志》刪。」

吉案:《殿本考證》以此注不通而逕刪,不當。《札記》刪「太白」二字是。疑《正義》注當有「廣雅云辰星謂之免星」云云。《正義》在釋免即辰星,其引《漢書》「辰星過太白閒可械劍」,與此「免過太白閒可械劍」相對照,可知免即辰星。《廣雅》云「辰星謂之免星」,故「明廣雅是也」。蓋合刻者因《索隱》有「廣雅云辰星謂之免星」之語而刪《正義》。下「閒可械劍」《集解》:「蘇林曰:械音函,函容也,其閒可容一劍。」《索隱》:「械音函,函容也,言中閒可容一劍。則函字本有咸音,故字從咸,劍古作劔也。」殿本《索隱》「械音函函容也言中閒可容一劍」十三字作「蘇林所說」,此又合刻者因《集解》而刪省《索隱》。此例甚多。《正義》一衍一脫,故《考證》謂其「略無文理」,未詳考。

二十三下行五 「閒可<u>械</u>劍」索隱「<u>械音函函容也言中閒可容一劍則函字本有咸音故字從咸劍古作劔也</u>」(1329/13)

【殿】「械」作「撼」,「械音函函容也言中閒可容一劍」作「蘇林所說」,「函」作「撼」,「咸」作「函」,無「劍古作劔也」五字。

《札記》:「五字疑衍,合刻本無。」

吉案:「械音函函容也言中閒可容一劍」十三字殿本作「蘇林所說」,此合刻者因《集解》而刪省《索隱》,前已有說。殿本「械」作「撼」乃偏旁相近而訛。《說文·手部》:「撼,搖也。从手,咸聲。」徐鉉曰:「今別作撼。」〔註246〕則「撼」乃「撼」之古字。金陵本作「械」是。然「函」、「咸」當作「械」、「函」。下云「故字從咸」,此作「函」字則與下文不合。函,《廣韻》胡南切;咸,《廣韻》胡讒切;械,《廣韻》胡讒切,《集韻》居咸、胡南二切。蓋《索隱》讀此械字居咸切,因蘇林云「械音函」而謂「械本有函音」,故其字從咸(胡讒切,與函音同),可為佐證。若云「械字本有咸音故字從咸」,則不必出注。

二十三下行十 「鉤星」索隱「謂^星<u>几</u>有七名」(1330/2)

【殿】「星」上有「免」字,「几」作「凡」。

吉案:殿本「星」上有「免」字為長。諸本皆作「凡」,金陵本蓋誤刻。

---

〔註246〕《說文解字·手部》,頁255。

二十四下行一　「東井輿鬼雍州柳七星張三河翼軫荊州<u>七星爲員官辰星</u><u>廟蠻夷星也</u>兩軍相當日暈」（1330/14）

【殿】此十二字在上文「夏則不長」下。

《殿本考證》：「按此三句當在『夏則不長』之下，舊錯簡在『翼軫荊州』下，今改正。」

《志疑》：「附案：十二字當在前辰星條末『夏則不長』之下，錯簡於此。『官』乃『宮』之譌。」

《札記》：「《志疑》云十二字當在前辰星條末『夏則不長』下。」

瀧川《考證》：「陳仁錫曰，『七星』以下十二字，當在上文辰星『出房心間地動』之下，蓋與歲星廟、熒惑廟、塡星廟、太白廟相類而錯簡在此。梁玉繩曰，當在辰星條末『夏則不長』之下，愚按梁說是。」

吉案：殿本及《志疑》是。「有流邑，夏則不長」〔註247〕以下述星野、日暈日食，五星占至此而完。陳仁錫云「蓋與歲星廟、熒惑廟、塡星廟、太白廟相類」，是也。上文歲星條末云「營室爲清廟，歲星廟也」，〔註248〕熒惑條末云「心爲明堂，熒惑廟也」，〔註249〕太白條末云「亢爲疏廟，太白廟也」，〔註250〕唯塡星廟「斗爲文太室，塡星廟，天子之星也」〔註251〕，在塡星條中。此辰星廟竟置星野下，與辰星條相隔數行，定是錯簡無疑，當從殿本。

二十六上行五　「五殘星」正義「狀類辰星去地可六七丈見則<u>五分</u>毀敗之徵大臣誅亡之象。」（1334/1）

【殿】「分」作「穀」。

《札記》：「官本與《晉志》合。各本『見則』倒，『徵』譌『微』。」

吉案：「分」字諸本並同，唯殿本作「穀」，當是館臣所改。「分」字本不誤。《晉書・天文志》：「十二曰五殘……主乖亡；爲五分，毀敗〔註252〕之徵，亦爲備急兵。」〔註253〕《隋書・天文志》：「一曰五殘……亦曰，蒼彗散爲五

---

〔註247〕《史記》卷二七《天官書》，頁1330。
〔註248〕《史記》卷二七《天官書》，頁1317。
〔註249〕《史記》卷二七《天官書》，頁1319。
〔註250〕《史記》卷二七《天官書》，頁1327。
〔註251〕《史記》卷二七《天官書》，頁1320。
〔註252〕疑「五分毀敗」當連讀。
〔註253〕《晉書》卷一二《天文志中》，頁325。

殘。故為毀敗之徵。或曰，五殘五分。亦曰，一本而五枝也。」〔註254〕《開元占經》卷八十五：「《春秋合誠圖》曰：『……五殘者，五分也，故為殘毀敗之徵。』宋均曰，五殘，五分，彗一本而五枝也。」〔註255〕

疑館臣讀「五分毀敗」不通，乃以「分」為「谷」之形訛，「谷」通「穀」，「五穀毀敗」字順，遂改「分」作「穀」。疑「五分」猶今言「四分五裂」，「分」、「殘」、「毀」、「敗」義近，故《春秋合誠圖》云「五殘者，五分也，故為殘毀敗之徵」。

《札記》謂「官本與《晉志》合」，何《札記》竟不言殿本「穀」字與《晉志》不合？不可解。又，黃善夫本亦作「分」，百衲本作「穀」，《百衲本校勘記》批修，是張元濟據殿本誤改。杜澤遜謂：「影印黃本（吉案：即百衲本）即據殿本改『分』為『穀』。按：分字當作谷，形近而誤。谷通穀，秦漢以來不乏用例。福建刻書喜用簡體字，黃善夫本也不例外。因此，修作『穀』遠不如修作『谷』合乎情理。」〔註256〕亦未得其實。

二十六下行九　「亦金之散氣」索隱「案水生^金散氣即水氣」（1335/5）
【殿】「生」下有「於」字。
《札記》：「『水金』當互易，或『生』下脫『於』字。」
吉案：殿本為長，中華本已增。

二十八上行三　「去之十餘^里見氣」（1337/7）
【殿】「餘」下有「二十餘」字。
《志疑》：「附案：一本『十餘』下有『二十餘』三字，與《漢志》合，《漢志》云『十餘二十里見』。」
《札記》：「凌舉一本『十餘』下有『二十餘』三字，《志疑》云與《漢志》合。」
吉案：明南監馮本同殿本。殿本與明南監馮本同祖一源，或即凌本所舉之「一本」。明此非館臣所改。《漢志》既云「十餘二十里見」，則有此三字為長。

〔註254〕《隋書》卷二〇《天文志中》，頁566。
〔註255〕〔唐〕瞿曇悉達：《開元占經》，頁634。
〔註256〕杜澤遜：《論南宋黃善夫本〈史記〉及其涵芬樓影印本》，《中國典籍與文化論叢》，1995年第3輯，頁310。

二十八上行十一　「而澤搏密」正義「京房易<u>兆</u>候云」（1338/6）

【殿】「兆」作「飛」。

《校補》：「飛，<u>慶</u>、<u>彭</u>、<u>凌</u>、<u>金陵</u>：兆。」

《札記》：「《御覽》八引此文作『易飛候』。」

吉案：南監馮本同殿本。作「易飛候」是。《隋書・經籍志》有「周易飛候九卷」，又一本六卷，皆題京房撰；〔註257〕《舊唐書・經籍志》有「京氏周易飛候六卷」；〔註258〕《新唐書・藝文志》有「周易飛候六卷」。〔註259〕《後漢書・郎顗襄楷列傳》「臣伏案《飛候》，參察眾政」注云：「京房作《易飛候》。」〔註260〕《隋書・五行志》多引此書，皆謂「京房易飛候曰」；《開元占經》卷十一兩引亦作「京房易飛候曰」；〔註261〕《太平御覽》卷七百四十一亦引作「易飛侯」。元陶宗儀《說郛》、清王謨《漢魏遺書鈔》、李盛鐸《木犀軒叢書》皆有輯本。〔註262〕中華本已改作「飛」。

三十四下行七　「其後京師師四出」正義「^元年樓船將軍楊僕擊朝鮮也」
　　　　　　　　　　　　　　　　　　　　　　　　　（1349/8）

【殿】「元年」上有「元封」二字。

《札記》：「『元年』上當脫『元封』二字。然《朝鮮傳》及《漢書》並作『元封二年』，非元年也。」

瀧川《考證》：「《正義》『元』下缺『封二』二字。」

吉案：《漢興以來將相名臣年表》及《朝鮮列傳》皆云元封二年秋樓船將軍楊僕擊朝鮮，《漢書・武帝紀》及《朝鮮列傳》同。南監馮本亦無此二字，殿本增，是也。「元年」當作「二年」，《札記》說是。

三十六上行八　「德乃成」正義「<u>曰</u>帝西方白招矩之帝也」（1352/8）

【殿】「曰」作「白」。

吉案：諸本皆作「白」字，金陵本誤刻，中華本作「白」不誤。

〔註257〕《隋書》卷三四《經籍志三》，頁1032。

〔註258〕《舊唐書》卷四七《經籍志下》，北京：中華書局，1975，頁2041。

〔註259〕《新唐書》卷五九《藝文志三》，北京：中華書局，1975，頁1552。

〔註260〕《後漢書》卷三〇下《郎顗襄楷列傳》，頁1056。

〔註261〕〔唐〕瞿曇悉達：《開元占經》，頁268、274。

〔註262〕孫啓治，陳建華編：《古佚書輯本目錄》，頁237。

## 封禪書第六　　史記二十八

一上行六　　「雖受命而功不至<u>至梁父</u>矣而德不洽洽矣而日有不暇給是以
　　　　　　即事用希」（1355/7）

【殿】無「梁父」二字。

《殿本考證》：「監本訛作『至梁父矣』，衍『梁父』二字，今改正。」

瀧川《考證》：「『梁父』二字衍，數句與下文『文王受命，政不及泰山，武王克殷天下未寧而崩，周德之洽維成王』相應。」

《斠證》：「景祐本、黃善夫本亦並衍梁父二字」。

吉案：諸本並衍此「梁父」二字，殿本刪是。「功不至」，至猶成也。《呂氏春秋・權勳》「不去小忠則大忠不至」高誘注：「至，猶成也。」〔註263〕「功不至」與「德不洽」對文，「至矣」、「洽矣」皆承上而啟下，句式整飭。「梁父」二字蓋涉上句「而不臻乎泰山者也」而衍。

一下行六　　「南嶽衡山也」正義「括地志云衡山一名岣嶁山在衡州湘潭
　　　　　　縣西四^里」（1356/3）

【殿】「四」下有「一」字。

《校補》：「慶、凌、殿：——西四十一里。」

《札記》：「『四十』下王衍『一』字，各本無。」

吉案：黃本、凌本、彭本、殿本並有「一」字，《札記》謂「各本無」，非是。又《夏本紀》「汶山之陽至衡山」《正義》引《括地志》：「衡山在衡州湘潭縣西四十一里。」〔註264〕《秦本紀》「乃西南渡淮水之衡山」《正義》引《括地志》：「衡山，一名岣嶁山，在衡州湘潭縣西四十一里。」〔註265〕亦皆有「一」字。故以本校、他校皆有此字，當據殿本補。

三下行一　　「文公獲若石云」索隱「<u>蘇林云質如石似肺</u>」（1359/10）

【殿】此八字作「云語辭也」四字。

《校補》：「耿、慶、中統、彭、凌、殿：無此注八字而有『索隱曰』，慶、彭、凌、殿無上三字『云語辭也』七字。」

《札記》：「各本無此七字，而有『云語詞也』四字，與單本異，蓋後人

---

〔註263〕陳奇猷：《呂氏春秋校釋》，上海：學林出版社，1984，頁868。
〔註264〕《史記》卷二《夏本紀》，頁69。
〔註265〕《史記》卷六《秦始皇本紀》，頁248。

嫌與《集解》複而改之。」

　　吉案：金陵本《索隱》乃據毛氏單刻本，而張文虎云「蓋後人嫌與《集解》複而改之」，恐非。愚意「蘇林云質如石似肺」「云語辭也」十二字並是《索隱》文。《索隱》本脫後四字，而合刻本以所引「蘇林云」云云與《集解》重複，遂刪去之，此在合刻本爲常見。此條《索隱》並是用《漢書》注。《漢書·郊祀志上》「於陳倉北阪城祠之」顏注：「蘇林曰：『質如石，似肝。』師古曰：『陳倉之北阪上城中也。云，語辭也。』」〔註266〕《史記·秦本紀》「十九年得陳寶」《索隱》：「按：《漢書·郊祀志》云……蘇林云『質如石，似肝』。云，語辭。」〔註267〕此尤可證。又諸本「肺」字乃「肝」字之訛。石、肝皆內實，故言如石似肝，若肺則中空，何得如石？當據《漢書》注及《秦本紀》《索隱》引改。

　　五上行二　　「禹封泰山禪會稽」索隱「吳越春秋云禹巡天下登茅山＾羣臣
　　　　　　　　　乃大會計更名茅山爲會稽亦曰苗山也」（1362/11）

　　【殿】「羣臣」上有「以朝」二字。

　　《校補》：「耿、慶、中統、彭、凌、殿：——登茅山以朝。」

　　吉案：《索隱》本脫「以朝」二字，金陵本從之亦無。《吳越春秋·無余外傳》：「周行天下，歸還大越。登茅山，以朝四方羣臣，觀示中州。……乃大會計治國之道。……遂更名茅山曰會稽之山。」〔註268〕案小司馬雖略引此文，然「登茅山以朝羣臣」句不當省「以朝」二字，一本蓋傳抄脫落耳，當據殿本補。

　　七上行六　　「故作畦畤櫟陽而祀白帝」索隱「山下有時埒如菜畦畤中各
　　　　　　　　　有一土封故云＾畤三蒼云畤埒也」（1365/12）

　　【殿】無「埒」字，「菜」作「種韭」，「一」作「二」，「畤」上有「畦」字，無「三蒼云畤埒也」六字。

　　吉案：「故云畤」，「畤」上當有「畦」字。觀《索隱》此注「如菜畦」云云，在釋「畦畤」之所得名，「故云畦畤」，總結之。當據殿本補。

〔註266〕《漢書》卷二五上《郊祀志上》，頁 1195。
〔註267〕《史記》卷五《秦本紀》，頁 180。
〔註268〕周生春：《吳越春秋輯校彙考》，上海：上海古籍出版社，1997，頁 108。

七上行八 「或曰宋太丘社亡」索隱「應劭云亡淪入地^也案亡^社主亡
也<u>爾雅云右陵太丘</u>郭璞云宋有太丘^」（1365/16）

【殿】「也」上有「非」字，「社」上有「謂」字，無「爾雅云右陵太丘」
七字，「丘」下有「社以社名此地也」七字。

《校補》：「耿、慶、中統、彭、凌、殿：淪入地非也。」「耿、慶、中
統、彭、凌、殿：謂社主亡也。」「耿、慶、中統、彭、凌、殿：宋有太丘
社以社名此地也。」

吉案：「也」上當有「非」字。《索隱》前引應劭曰，繼又非之，而謂亡
爲社主亡，不同於應劭之說，故殿本爲長。

八下行九 「成山斗入海」索隱「案解道彪齊記云不夜城<u>蓋</u>古有日夜出
見於^境故萊子立城以不夜爲名」（1368/13）

【殿】無「蓋」字，「境」上有「東」字。

《校補》：「耿、慶、中統、彭、凌、殿：夜出見於東境。」

吉案：東萊在齊之東境，有「東」字爲長。

十三上行六 「唯雍四時」索隱「案四時據秦舊而言也^」（1377/3）

【殿】「也」下有「秦襄公始列爲諸侯而作西時文公卜居汧渭之間而作鄜
時皆非雍也至秦德公卜居雍而後宣公作密時祠青帝靈公作上時祠黃帝下時祠
炎帝獻公作畦時祠白帝是爲四并高祖增黑帝而五也」凡七十八字。

《校補》：「耿、慶、中統、彭、凌、殿：此文下有『秦襄公始列爲諸侯
而作西時文公卜居汧渭之間而作鄜時皆非雍也至秦德公卜居雍而後宣公作密
時祠青帝靈公作上時祠黃帝下時祠炎帝獻公作畦時祠白帝是爲四并高祖增黑
帝而五也』七十八字。」

吉案：《索隱》言「秦舊」，而宜有所說明，合刻本有此七十八字，當是
《索隱》之舊，單刻本脫之，宜據合刻本補。

十六下行八 「穿蒲池溝水」正義「顏師古云蒲池爲池而種蒲也蒲字或
作<u>滿</u>言其水<u>滿</u>恐顏說非按括地志云渭北咸陽縣有蘭池始
皇逢盜蘭池者也言穿溝引渭水入蘭池也疑蘭字誤作^蒲
重更錯失」（1383/1）

【殿】上「滿」字作「蘭」，無下「滿」字，「作」下有「爲」字。

　　《校補》：「蒲字或作滿言其水滿 ○殿：無『字』字。滿，慶、殿：蘭；彭、凌：藺；慶、彭、凌、殿：無下『滿』字。」

　　《四庫考證》：「又『五帝廟南臨渭北穿蒲池溝水』正義：蒲字或作滿言其水。刊本『滿』訛『蘭』，据《漢書》注改。」

　　《札記》：「官本與《郊祀志注》合。柯、凌脫『字』字。上『滿』字王、柯誤『蘭』，凌誤『藺』，下『滿』字並脫。」

　　吉案：《校補》謂殿本無「字」字，誤校。殿本上「滿」字誤「蘭」，脫下「滿」字。《四庫考證》改上「滿」字，而未言下「滿」字脫，然文淵閣《四庫》本《史記》實已增補。按《漢書・郊祀志》「其北穿蒲池溝水」顏師古注：「蒲池，爲池而種蒲。蒲字或作滿，言其水滿也。」〔註269〕《四庫考證》所改是也。梁玉繩《史記志疑》所校定與《四庫全書》本同。〔註270〕

　　張文虎《札記》謂「官本與《郊祀志注》合」。其卷首謂「乾隆四年經史館校刊本，今稱『官本』」，〔註271〕則其所謂「官本」即乾隆四年殿本。然此條《正義》殿本與《郊祀志》注不合，有訛有脫，惟《四庫全書》本與《郊祀志》注合，則此所謂「官本」蓋指《四庫全書》本。又上文「神明之墓」《集解》「日沒於西墓謂濛谷也」《札記》：「官本『濛』字，與《郊祀志注》合。各本誤作『北』。」〔註272〕按，殿本作「北」不作「濛」，《四庫考證》據《郊祀志》注改爲「濛」，則《札記》此所謂「官本」實亦《四庫全書》本。

　　十七上行二　　「文帝出長^門」正義「括地志云久長門故亭在雍州萬年縣
　　　　　　　　　東北苑中後館陶公主長門園武帝以長門名宮即此」
　　　　　　　　（1383/5）

　　【殿】「長」下有「安」字，「久長」作「長安」。

　　《校補》：「景、井、蜀、紹、耿、慶、中統、彭、毛、凌、殿：——長安門。」「長門故亭 ○慶、彭：久長門故亭；凌、殿：長安門故亭。」

　　《札記》：「長門，《索隱》本出『長門』二字，各本並作『長安門』。《考異》云：『安』字衍，下文云『長門五帝』可證。《漢志》亦作『長門』。」「正義久長門故亭，王、柯並有『久』字。凌作『長安門』，誤。」

〔註269〕《漢書》卷二五上《郊祀志上》，頁1214。
〔註270〕〔清〕梁玉繩：《史記志疑》，頁807。
〔註271〕〔清〕張文虎：《校刊史記集解索隱正義札記》，頁2。
〔註272〕〔清〕張文虎：《校刊史記集解索隱正義札記》，頁353。

吉案：金陵本史文作「長門」，是。梁玉繩《志疑》云：「『安』字誤，當依《漢志》作『長門』爲是，況下文明有『長門五帝』之語，其誤審矣。《續郡國志》『長安有長門亭』，《百官表》『長水校尉』注韋昭云『水名』。」〔註273〕其下辨長爲水名，長門乃因水而名門，非爲長安城門，長門亭又因門而名亭。其說甚是，而較錢大昕《考異》爲詳。

惟金陵本《正義》又作「久長門故亭」，恐「久」字衍。瀧川本作「長門故亭」，是。賀次君《括地志輯校》作「長安門故亭」，注謂「《通鑑》卷十五《漢文帝紀》『又於長門道北立五帝壇』元胡三省注引作『長門亭在雍州萬年縣東北苑中』。」〔註274〕王叔岷《斠證》：「黃本《正義》長門上衍久字，殿本亦誤作『長安門』。」〔註275〕其說良是。

二十上行四　「及竈鬼之貌云^」（1387/13）
【殿】此下有《索隱》注「漢書作李夫人卒帝悼之李少翁致其形帝爲作賦此云王夫人新論亦同未詳」凡三十一字。
《校補》：「索、金陵：無此注三十一字。」
吉案：金陵本《索隱》據毛刻單本，故亦脫此注。黃本、彭本、南監本、殿本並有此注三十一字，凌本省作「漢書作李夫人此云王夫人新論亦同未詳」十七字。當據殿本補。

**河渠書第七　　史記二十九**
二下行四　「西門豹引漳水溉鄴」正義「地理志云濁漳水在長子鹿谷山
　　　　　　　東至鄴入清漳」（1408/6）
【殿】「在」作「出」。
吉案：《漢書·地理志》上黨郡長子縣下小注云：「鹿谷山，濁漳水所出，東至鄴入清漳。」〔註276〕依通例，述水則言其所出所過所入，殿本作「出」字是，當據改。百衲本據殿本改「出」字。

四上行二　「溉皮氏汾陰下」正義「括地志云皮氏故城在絳州龍門縣西

---

〔註273〕〔清〕梁玉繩：《史記志疑》，頁808。
〔註274〕賀次君：《括地志輯校》，頁8。
〔註275〕王叔岷：《史記斠證》，頁1189。
〔註276〕《漢書》卷二八上《地理志上》，頁1553。

百三十步自秦漢魏晉皮氏縣皆治此汾陰故城俗名殷湯城在
蒲^汾陰縣北九里漢汾陰縣是也」（1410/16）

【殿】「蒲」下有「州」字。

吉案：《秦本紀》「取汾陰皮氏」《正義》引《括地志》：「汾陰故城俗名殷
湯城，在蒲州汾陰縣北也。」〔註277〕又《魏世家》「秦取我汾陰皮氏焦」《正
義》引《括地志》：「汾陰故城在蒲州汾陰縣北九里。」〔註278〕皆有「州」字，
殿本是，當據補。

又案，賀次君《括地志輯校》隸汾陰縣在泰州下。據《舊唐書·地理
志》，汾陰縣隋及唐武德間（618～626）屬泰州，貞觀十七年（643）廢泰州，
以汾陰屬蒲州。《括地志》於貞觀十六年（642）奏上，時汾陰當屬泰州。又
《正義》上引《括地志》云「皮氏故城在絳州龍門縣西百三十步」，據《舊唐
書·地理志》，龍門縣本亦屬泰州，貞觀十七年（643）州廢乃改屬絳州。賀
次君《括地志輯校》於泰州龍門縣下注云：「按『絳』字當作『泰』。唐初泰
州領龍門、萬泉、汾陰、芮縣四縣，貞觀十八年廢泰州及芮縣，以龍門、萬
泉屬絳州，汾陰屬蒲州。《括地志序略》有泰州，則此三縣應稱泰州，今改。」
〔註279〕所論良是。如此則《正義》引《括地志》而又以當時之地名改舊之地
名乎？

四下行四　「漕從南陽」正義「南陽縣即今鄧州也」（1411/15）

【殿】「縣」作「郡」。

《校補》：「縣，慶、彭、殿：郡。」

吉案：《舊唐書·地理志》鄧州有南陽縣，然《正義》云「即今鄧州」，
明其所言「南陽」乃漢時南陽，《漢志》南陽為郡，非縣。殿本是，當據改。

五上行三　「引洛水至商顏山下」（1412/4）

【殿】無「山」字。

《校補》：「金陵：至商顏山下。」

吉案：金陵本「山」字為衍文，紹興本、南監馮本、凌本、百衲本、瀧
川本皆無「山」字，《索隱》本標「商顏下」三字，無「山」字。《漢書·溝

〔註277〕《史記》卷五《秦本紀》，頁206。
〔註278〕《史記》卷四四《魏世家》，頁1484。
〔註279〕賀次君：《括地志輯校》，頁59。

洫志》作「自徵引洛水至商顏下」，亦無「山」字。羅振玉影印《古寫本史記殘卷》亦無「山」字，其跋語謂：「引洛水至商顏下，今本『顏』下有『山』字，《集解》：『服虔曰顏音崖，或曰商顏山名也。』則正文本無『山』字。」〔註280〕金陵本蓋因注文云「商顏山名」而衍「山」字。

「商顏」之解頗為紛紜。《集解》：「服虔曰：『顏音崖。或曰商顏，山名也。』」《索隱》：「顏音崖，又如字。商顏，山名也。」〔註281〕《漢志》應劭注曰：「徵在馮翊。商顏，山名也。」顏師古注曰：「徵，音懲，即今所謂澄城也。商顏，商山之顏也。謂之顏者，譬人之顏額也，亦猶山領象人之頸領。」〔註282〕

顧炎武《日知錄》卷二十七：「《河渠書》引洛水至商顏下。服虔曰：顏音崖，崖當作岸。《漢書‧古今人表》屠岸賈作屠顏賈是也。師古注謂山領象人之顏額者，非；其指商山者，尤非，劉攽已辯之。」〔註283〕

梁玉繩《志疑》云：「服虔音顏為崖，蓋傳刻之譌。《日知錄》二十七謂『崖』當作『岸』，是也。顏與岸同，故《索隱》云顏如字。《漢書人表》屠岸賈作『屠顏賈』可證，且下文『岸善崩』即說商岸也。應劭曰『商顏，山名』。師古以商山之顏解之，音訓皆錯矣。劉奉世云『洛水南入渭，商山乃在渭水之南甚遠，何由穿渠至其下。蓋自別一山名，顏說失之』。」〔註284〕

今案，顏注非，劉、顧、梁之說近是。《史記‧蘇秦列傳》「西有宜陽商阪之塞」《正義》：「宜陽在洛州福昌縣東十四里。商阪即商山也，在商洛縣南一里，亦曰楚山，武關在焉。」〔註285〕《河渠書》「穿渠得龍骨」《正義》引《括地志》云：「伏龍祠在同州馮翊縣西北四十里。」〔註286〕商顏當與伏龍祠相近，而與商州商洛縣之商山絕遠。惟諸家以商顏為山名，恐不確。《通典》卷一七三《州郡三》：「馮翊。古芮國。漢臨晉縣地。有沙苑，北齊神武為後周文帝所敗處。有洛水、商原，商原所謂商顏。」〔註287〕杜佑謂商顏即商原，

〔註280〕羅振玉：《古寫本史記殘卷跋》，《古寫本史記殘卷》，民國七年（1918）羅氏印本。
〔註281〕《史記》卷二九《河渠書》，頁1412。
〔註282〕《漢書》卷二九《溝洫志》，頁1681。
〔註283〕〔清〕顧炎武：《日知錄》，頁1184。
〔註284〕〔清〕梁玉繩：《史記志疑》，頁823。
〔註285〕《史記》卷六九《蘇秦列傳》，頁2251。
〔註286〕《史記》卷二九《河渠書》，頁1412。
〔註287〕〔唐〕杜佑：《通典》，北京：中華書局，1988，頁4514。

是也。顏、岸、原皆含高之義，古音同在疑母元部，故字相通。梁玉繩謂「顏與岸同」，是。《廣雅・釋親》「顏，額也」，王念孫疏證：「顏之爲言岸然高也。」〔註288〕《說文・山部》：「岸，水厓而高者，从厂，干聲。」〔註289〕《說文・辵部》：「邍，高平之野，人所登。从辵，备、彔闕。」〔註290〕邍即後平原之原字。是知商顏又稱商原，下文「岸善崩」《正義》：「言商原之崖岸，土性疏，故善崩毀也。」是張守節亦以商顏爲商原。三秦河洛之間，地多高平，以原名之，亦今所謂黃土高原是也。由此，他說以商顏爲山名可知爲不確。

## 四、世家

### 吳太伯世家第一　　史記三十一

三下行八　「次曰季札」索隱「然按左^狐庸對趙文子謂夷末甚德而度」
　　　　　　（1450/2）

【殿】「左」下有「氏」字。

《校補》：「慶、中統、凌、殿：然按左氏狐庸——」

吉案：「左」下當有「氏」字，他本是，當據補。《左傳》襄公三十一年云「吳子使屈狐庸聘於晉，通路也」，《索隱》本此。

八上行五　「魏獻子」索隱「名鍾舒」（1459/6）

【殿】無「鍾」字。

《校補》：「慶、中統、凌、殿：無鍾字。」

瀧川《考證》：「沈家本曰，按《左傳》獻子名舒。」

吉案：《索隱》亦當本諸《左傳》，疑殿本是。

十上行十　「十三年春吳欲因楚喪而伐之」索隱「據表及左氏傳止合有
　　　　　　十二年事竝見昭二十七年左傳也」（1463/12）

【殿】「傳」作「僚」。

《校補》：「傳，慶、中統、彭、凌、殿：僚。」

吉案：《索隱》所言《表》謂《十二諸侯年表》，據《十二諸侯年表》及

〔註288〕〔清〕王念孫：《廣雅疏證》，頁203。
〔註289〕《說文解字・山部》，頁191。
〔註290〕《說文解字・辵部》，頁42。

《左傳》，吳王僚計有十二年，《史記》此云「十三年春」，故小司馬有此注。此作「傳」字則主語不明。「傳」當是「僚」字之形訛，殿本爲長。

　　十四上行四　　「殺斟灌以伐斟尋」索隱「案地理志北海壽光縣應劭曰古斟灌亭是也平壽縣復云古北斟尋禹後今斟城是也然斟與斟同」（1470/9）

【殿】「斟」作「斟灌禹後今」，「古北」作「故」，無「然」字。

《校補》：「古斟灌亭是也　○慶、中統、彭、凌、殿：古<sub>彭本作斟字</sub><sub>他本作斟</sub>灌禹後今灌亭是也」「平壽縣復云古北斟尋　○慶、中統、彭、凌、殿：此注九字作『又平壽縣云故斟尋八字』。」「慶、中統、彭、凌、殿：無『然』字。」

　　吉案：《漢書・地理志》北海郡壽光縣注引應劭曰：「古斟灌，禹後，今灌亭是。」〔註291〕又平壽縣注引應劭曰：「古斟尋，禹後，今斟城是也。」〔註292〕金陵本脫「禹後今灌」四字，而衍「北」字。「古」與「故」通。慶、殿諸本與《漢書》應劭注合，當從。

　　十六上行五　　「十三年吳召魯衛之君會於橐皋」索隱「鄖發陽也廣陵^縣東南有發繇口」（1473/15）

【殿】「縣」上有「海陵」二字。

《校補》：「慶、中統、彭、凌、殿：廣陵海陵縣東南——」

　　吉案：《索隱》此本諸杜注。《春秋》哀公十二年云：「秋，公会衛侯、宋皇瑗于鄖。」杜注：「鄖，發陽也。廣陵海陵縣東南有發繇亭。」〔註293〕慶、殿諸本可從。

## 齊太公世家第二　　史記三十二

　　四上行二　　「公之同母少弟山怨胡公乃與其黨率營丘人襲殺胡公而自立」索隱「宋忠曰其黨周馬繻人將胡公於貝水殺之而出自立也」（1482/6）

【殿】「出」作「山」。

《校補》：「而出自立也　○出，凌：山。」

〔註291〕《漢書》卷二八上《地理志上》，頁1584。
〔註292〕《漢書》卷二八上《地理志上》，頁1584。
〔註293〕《春秋左傳正義・哀公十二年》，頁2170。

吉案：「出」乃「山」之形訛。史文明言「公之同母少弟山」，殿本是。黃本、彭本、凌本、南監馮本皆作「山」。水澤氏《校補》但列凌本作「山」，失疏。中華本作「山」，然未出校改標記。

七上行七　「二年伐滅郯」索隱「據春秋魯莊十年齊師滅譚是也杜預曰譚國在濟南平陵縣西南然此郯乃東海郯縣蓋亦不當作<u>譚</u>字也」（1487/8）

【殿】「譚」作「郯」。

《四庫考證》：「又『伐滅郯』《索隱》『蓋亦不當作譚字也』，刊本『譚』訛『郯』，据毛本改。」

《志疑》：「徐廣謂一作『譚』，是也。本當作『郯』。《索隱》謂『不當作「郯」字』。各本誤刻《索隱》『郯』字爲『譚』。而不知是傳寫之譌，非《史》元文。郯乃別一國名，故其後別見。」

吉案：他本皆作「譚」。王叔岷亦有說。《索隱》本所出史文作「二年伐滅郯」，是小司馬所見之本作「郯」。而《索隱》之意，蓋以《史記》作「郯」字誤。故謂《春秋》「齊師滅譚是也」，又引杜注證之。若《索隱》云「不當作譚字」，則與其「齊師滅譚是也」之說自爲矛盾。他本皆誤，殿本是。

七上行十一　「劫桓公於壇上」集解「何休曰<u>上</u>基三尺階三等曰壇」（1487/16）

【殿】「上」作「土」。

吉案：南監馮本亦作「上」。「上」乃「土」之形訛。莊公十三年《公羊傳》「莊公升壇」，何休注：「土基三尺土堦三等曰壇。」〔註294〕中華本已改作「土」，然未出校改標記。

八下行九　「次召陵」集解「杜預曰召陵潁<u>州</u>縣」（1490/5）

【殿】「州」作「川」。

吉案：《春秋》僖公四年「楚屈完來盟于師，盟于召陵」，杜預注：「召陵，潁川縣也。」〔註295〕殿本是，金陵本誤刻，中華本已改正，然未出校改標記。

---

〔註294〕《春秋公羊傳注疏·莊公十三年》，《十三經注疏》，杭州：浙江古籍出版社影印阮刻本，1998，頁 2233。

〔註295〕〔晉〕杜預：《春秋經傳集解》，上海：上海古籍出版社，1988，頁 243。

二十上行十一　「兄弟四乘如公」索隱「按系本<u>將來</u>昭子是桓<u>子</u>之子成
　　　　　　　　子之叔父」（1510/11）

【殿】無「將來」二字，「子」作「公」。

吉案：「將來」二字不文，當是衍文。《索隱》本有此二字，金陵本蓋據
之而誤，他本無此二字。中華本亦無此二字。又今所據之金陵本「將來昭子
是桓」六字行密字小，顯係修板補刻。

### 魯周公世家第三　　史記三十三

一下行五　「史策祝曰」集解「孔安國曰史爲策書祝<u>祠</u>也」（1517/1）

【殿】「祠」作「詞」。

《校補》：「祠，[景]、[井]、[慶]、[毛]、[殿]：詞。」

《札記》：「《書傳》作『辭』，疑『祠』乃『詞』之譌。」

吉案：紹興本、南監馮本、百衲本亦作「詞」。《札記》所疑是也。「詞」
字涉上「祝」字形旁而訛，詞與辭通。中華本已改作「詞」。

二上行六　「今我其即命於元龜爾之許我我<u>以其</u>璧與圭歸以俟爾命爾不
　　　　　許我我乃屏璧與圭」（1516/6）

【殿】「以其」互倒。

《校補》：「[景]、[井]、[中統]、[殿]：『以其』互倒。」

吉案：紹興本、南監馮本亦作「其以」。《尚書・金縢》亦作「其以」。王
叔岷《斠證》：「案之猶若也。景祐本、殿本『以其』並作『其以』，與《尚書》
合，是也。其猶則也。（裴學海《古書虛字集釋》五引《尚書》，訓其爲則。）」
〔註296〕案王說是。吳昌瑩《經詞衍釋》亦謂：「『其』，猶『則』也。」〔註297〕
下句「爾不許我，我乃屏璧與圭」，「乃」字與此「其」字正相對，皆爲承接
連詞。殿本可從。

### 管蔡世家第五　　史記三十五

五上行四　「其後爲曹有世家言^」（1570/2）

【殿】下有索隱注「曹亦姬姓之國而文之昭春秋之時頗稱彊國傳數十代
而後亡豈可附管蔡亡國之末而沒其篇第自合析爲一篇」凡四十五字。

---

〔註296〕王叔岷：《史記斠證》，頁1331。
〔註297〕〔清〕吳昌瑩：《經詞衍釋》，北京：中華書局，1956，頁89。

《校補》：「蔡、慶、中統、彭、凌、殿：此下有索隱曰……」

吉案：殿本所出四十五字爲司馬貞《補史記》條例，單本附於卷尾《述贊》之末，文字略有不同，合刻本分之在小題下，金陵本刪《補史記》，故無此條注文。當從殿本補。

## 陳杞世家第六　　史記三十六

六上行六　「夏后禹之苗裔也」索隱「至春秋時杞已遷東國故左氏隱四
　　　　　年傳云莒人伐杞取牟婁牟婁曹東邑也」（1583/13）

【殿】「曹」作「者」。

《校補》：「曹，蔡、慶、中統、彭、凌、殿：者。」

吉案：「曹」字誤，殿本是。《左傳·隱公四年》：「莒人伐杞，取牟婁。」杜預注：「牟婁，杞邑，城陽諸縣東北有婁鄉。」〔註298〕杜注是也。牟婁爲杞邑，在杞、莒之間，非曹東邑。時杞在魯之東北，莒在魯之東，而曹在魯之西南，與莒、杞相隔絕遠，莒伐杞又安能得曹之東邑？「曹」蓋「者」字形誤，當從殿本。

七下行十一　「小不足齒列弗論也」索隱「亦預會盟蓋史缺無可敘列也^」
　　　　　　　（1586/8）

【殿】下有「又許太叔太岳之胤二邾曹姓之君並通好諸侯同盟大國不宜全沒其事亦可敘其本末補許邾世家」凡四十字。

《校補》：「慶、蔡、中統、彭、凌、殿：蓋史缺無可敘列也又許太叔……」

吉案：此爲司馬貞《補史記》條例，合刻本分之在此，金陵本刪《補史記》，故無此四十字，當依殿本補。

## 衛康叔世家第七　　史記三十七

一下行六　「舉康叔爲周司寇賜衛寶祭器」集解「左傳曰分康叔以大路
　　　　　大旂少帛綪筏旃旌大呂賈逵曰大路全路也少帛雜帛也」
　　　　　（1590/8）

【殿】「全」作「金」。

吉案：紹興本、黃本、彭本、凌本、南監馮本、瀧川本皆作「金」，「金」

〔註298〕《春秋左傳正義·隱公四年》，《十三經注疏》，頁1724。

字是。《左傳‧定公四年》：「分魯公以大路、大旂。」杜注：「此大路，金路，錫同姓諸侯車也。」〔註299〕案杜注或亦本諸賈逵。大路，即大輅，天子所賜車之總名。有木路，有玉路，有金路。全路則未聞，「全」當是「金」之形近訛字。

二上行十　「是爲武公」索隱「又國語稱武公年九十五矣猶箴誡於國恭恪于朝倚几有誦至于沒身謂之叡聖」（1591/12）

【殿】「倚几有誦」作「作抑自儆」。

《校補》：「倚几有誦　○蔡、慶、彭、凌、游、殿：此四字作『抑自敬』三字。」

吉案：《校補》有失疏，當云「此四字作『作抑自敬』四字」，又諸本「敬」字並作「儆」。南監馮本亦作「作抑自儆」。《國語‧楚語上》：「昔衛武公年數九十有五矣，猶箴儆於國，曰：『自卿以下至於師長士，苟在朝者，無謂我老耄而舍我，必恭恪於朝，朝夕以交戒我；聞一二之言，必誦志而納之，以訓導我。』在輿有旅賁之規，位寧有官師之典，倚几有誦訓之諫，居寢有褻御之箴，臨事有瞽史之導，宴居有師工之誦。史不失書，矇不失誦，以訓御之，於是乎作《懿》戒，以自儆也。及其沒也，謂之睿聖武公。」〔註300〕小司馬《索隱》即節引於此。然「倚几有誦」句意不完，他本作「作抑自敬」爲長。《國語》作「懿」，即《詩‧大雅》《抑》篇。

八下行五　「以戈擊之＾」（1601/8）

【殿】「之」下有「割纓子路曰君子死冠不免」十一字並《集解》注「服虔曰不使冠在地」八字。

《校補》：「不使冠在地　○金陵：無此注五字；井、蜀、紹、蔡、慶、彭、凌、游、殿：服虔曰不使冠在地。」

吉案：《校補》但言金陵本無《集解》注五字，未言《史》文之闕，或其所見金陵本不同歟？他本皆有此十一字並《集解》注八字，瀧川本注無「服虔曰」三字，未知其所從之本。中華本已補《史》文並《集解》注，與殿本同。金陵本蓋漏刻。

---

〔註299〕《春秋左傳正義‧定公四年》，《十三經注疏》，頁2134。
〔註300〕《國語》卷一七《楚語上》，頁551。

## 宋微子世家第八　　史記三十八

六下行五　「曰知時奧若」集解「孔安國曰君昭哲則時<u>寒</u>順之」（1619/4）

【殿】「寒」作「煖」。

《校補》：「煖，耿：奧；彭：暖；金陵：寒。」

《札記》：「〔增〕時奧若集解則時煖順之，『煖』金陵本譌『寒』，中華本逕改正。」

　　吉案：紹興本、黃本、凌本、南監馮本、瀧川本皆作「煖」。《尚書·洪範》「曰晢時燠若」，孔傳：「君能照哲則時燠順之。」〔註301〕燠與煖同義，耿本作奧，通燠。暖與煖同。中華本已改作「煖」，然未出校改標記。

六下行八　「曰舒常奧若」集解「孔安國曰君<u>臣</u>逸豫則常煖順之」（1619/10）

【殿】「臣」作「行」。

《校補》：「臣，景、井、蜀、紹、蔡、慶、彭、毛、凌、游、殿：行。」

　　吉案：南監馮本亦作「行」。《尚書·洪範》「曰豫恒燠若」，僞孔傳：「君行逸豫則常燠順之。」〔註302〕諸本作「行」字是，當據改。

十三下行十　「悼公八年卒子休公田立休公<u>田</u>二十三年卒子辟公辟兵立」
　　　　　　　　　（1631/15）

【殿】無「田」字。

《校補》：「殿：無『田』字。」

　　吉案：南監馮本亦無「田」字。依《史記》文例，言某公立並出其名，卒則不出，此不合有「田」字。

## 晉世家第九　　史記三十九

九上行八　「斯言之<u>玷</u>不可爲也」集解「杜預曰詩大雅言此言之<u>玷</u>難治
　　　　　　　甚於白珪」（1649/14）

【殿】「玷」作「缺」。

《校補》：「玷，井、蜀、紹、耿、慶、彭、毛、游、殿：缺。」

　　吉案：《左傳·僖公九年》：「斯言之玷，不可爲也。」杜注：「《詩·大雅》，

---

〔註301〕《尚書正義》卷一二《洪範》，《十三經注疏》，頁192。
〔註302〕《尚書正義》卷一二《洪範》，《十三經注疏》，頁192。

言此言之缺，難治甚於白珪。」〔註303〕諸本與杜注合，可從。

十一下行十 「虢射爲右輅秦繆公」索隱「輅音五稼反鄒誕音五額反」
　　　　　　（1654/15）

【殿】「五」作「或」。

《校補》：「五，耿、慶、彭、凌、游、殿：或。」

吉案：作「或」是。輅，《集韻》轄格切，〔註304〕匣母陌韻。「五」爲疑
母字，「或」爲匣母，或額反乃合。「五」字蓋涉上「五稼反」而訛。

三十一下行三 「哀公大父雍晉昭公少子也號爲戴子」集解「徐廣曰世
　　　　　　本作桓子雍注云戴子」（1686/11）

【殿】「相」作「桓」。

吉案：《校補》失校。凌本作「相」，紹興本作「桓」，黃本、彭本、南監
馮本作「桓」。紹興本、殿本是。上文「是爲哀公」《索隱》注：「《系本》亦云
昭公生桓子雍，雍生忌，忌生懿公驕。」〔註305〕又《六國年表》「晉哀公忌元
年」《正義》注：「《世本》云昭公生桓子雝，雝生忌，忌生懿公驕。」〔註306〕
是小司馬與張守節所見《世本》正作「桓」。宋諱「桓」字，故有本闕筆作「桓」，
形近又訛作「相」。

### 楚世家第十　　史記四十

二下行四 「姓芈氏居丹陽」正義「潁容云傳例云楚居丹陽今枝江縣故
　　　　　　城是也」（1692/2）

【殿】「潁容云」作「潁容三」。

《校補》：「慶、彭、凌：『潁容』二字作『潁客』。」

《札記》：「〔增〕居丹陽正義潁容云傳例云，『容』王、柯、凌並譌『客』。
案：《唐書・藝文志》潁容《傳例》七卷，『潁容』下『云』字當衍。」

吉案：黃本、彭本、凌本、南監馮本作「潁客云」。《舊唐書・經籍志》
載「《春秋左氏傳例》七卷」，未著撰人。〔註307〕《新唐書・藝文志》載「潁

---

〔註303〕《春秋左傳正義・僖公九年》，《十三經注疏》，頁 1800。
〔註304〕《宋刻集韻・陌韻》，頁 210。
〔註305〕《史記》卷三九《晉世家》，頁 1686。
〔註306〕《史記》卷一五《六國年表》，頁 695。
〔註307〕《舊唐書》卷四六《經籍志上》，頁 1977。

容《釋例》七卷」。〔註308〕《後漢書·儒林列傳》:「潁容,字子嚴,陳國長平人也。博學多通,善《春秋左氏》,師事太尉楊賜。……著《春秋左氏條例》五萬餘言,建安中卒。」〔註309〕「潁客」當據《後漢書》及《新唐書·藝文志》作「潁容」,金陵本是。《札記》此條乃是整理者所增,其謂「『云』字當衍」,中華本因刪「云」字,恐非。竊疑「云」當是「左」之形近訛字。《後漢書》潁容本傳言其善《春秋左氏》,著《春秋左氏條例》,與《舊唐志》所載《春秋左氏傳例》七卷、《新唐志》所載《釋例》七卷疑爲同書異稱。張守節援引其書,合當省稱「左傳例」。「云」字不必衍,蓋形近而訛。

十五下行五　「昭王元年楚眾不說費無忌以其讒亡太子建殺伍奢子<u>父</u>與郤宛」(1714/14)

【殿】「父」作「尙」。

《校補》:「父,⬚南化⬚、⬚彭⬚、⬚凌⬚、⬚游⬚、⬚殿⬚:尙。」

《札記》:「游、王、柯、凌作『尙』。」

吉案:紹興本、黃本作「父」。南監馮本「子父」作「父子」,於文爲長。前言「楚人遂殺伍奢及尙」,伍奢、伍尙,父子也。若作「尙」,則奢、尙俱被殺,不當但言「殺伍奢子尙」;或謂「子尙」連讀,然尙名也,非如子胥爲字而稱子也。紹興本、黃本皆宋刻,其作「子父」,蓋誤倒,後以其不文,故改「父」作「尙」。

十七下行七　「乃與子西子綦謀伏師閉塗迎越女之子章立之」索隱「閉塗即攢塗也故下<u>云</u>惠王後即罷兵歸葬服虔說非」(1718/6)

【殿】「云」作「立」。

《校補》:「故下云　○云,⬚耿⬚、⬚慶⬚、⬚彭⬚、⬚凌⬚、⬚游⬚、⬚殿⬚:立;詳節:無『故』字;下,⬚索⬚:乃;下,⬚詳節⬚:乃。」

吉案:南監馮本亦作「立」,作「立」是。《索隱》之意,謂閉塗非如服虔所言不通外使,實預備殯殮也。攢塗又作菆塗,喪禮。《禮記·檀弓上》:「天子之殯也,菆塗龍輴以椁。」鄭玄注:「菆木以周龍輴加椁而塗之,天子殯以輴車,畫轅爲龍。」孔疏:「菆,叢也,謂用木菆棺而四面塗之,故云菆塗也。」

〔註308〕《新唐書》卷五七《藝文志一》,頁1437。

〔註309〕《後漢書》卷七九下《儒林列傳下》,頁2584。

〔註310〕明此則《索隱》「故……後即罷兵歸葬」之語因果自現。作「云」字亦不合語法，語意不通。「云」蓋「立」之形近訛字。

## 鄭世家第十二　　史記四十二

十三上行十一　「虢鄶獻邑祭祝專命」（1777/4）

【殿】「祝」作「足」。

《校補》：「祝，慶、凌、殿：足；南化：校記仲。」

吉案：彭本、南監馮本皆作「足」，「足」字是。祭足即祭仲也。史文「莊公與祭仲」《索隱》注：「《左傳》稱祭仲足，蓋祭是邑，其人名仲字仲足，故《傳》云祭封人仲足是也。」〔註311〕《索隱》此謂「祭足專命」，即約史文「厲公四年，祭仲專國政」而言。或以「祝」指「祝瞻」，然史文不及祝瞻專命之語，明非也。《史記》及《左傳》亦無名「祭祝」者，「祝」蓋音近訛字。

## 趙世家第十三　　史記四十三

十上行三　「趙襄子元年越圍吳」正義「從此以下至問吳下是三十年事文說誤在此耳」（1793/9）

【殿】「下」作「王」，「說」作「脫」。

《校補》：「脫，彭：說。」

《札記》：「『說』疑『脫』。」

吉案：殿本是。中華本已改。

十四下行六　「齊亦敗魏於桂陵」正義「括地志云故桂城在曹州乘^縣東北二十一里」（1801/14）

【殿】「乘」下有「氏」字。

《札記》：「官本有『氏』字，各本脫。」

吉案：殿本是。張文虎已知其脫，然金陵本仍未校改。中華本已改，然未出校改標記。

---

〔註310〕《禮記正義》卷八《檀弓上》，《十三經注疏》，頁1294。
〔註311〕《史記》卷四二《鄭世家》，頁1761。

十七上行三　「我先王因世之變以長南藩之地屬阻障滏之險」（1806/2）

【殿】「障」作「漳」。

《校補》：「障，毛、殿：漳。」

吉案：紹興本亦作「漳」。趙國南有漳水、滏水，故云「漳、滏之險」。「漳」字蓋涉上「阻」字而訛作「障」。中華本已改作「漳」，然未出校改標記。

十七下行四　「用力少而功多可以毋盡百姓之勞而序往古之勳」正義「厚重也往古謂趙簡子襄子也」（1807/10）

【殿】「厚」作「序」。

《校補》：「序，南化、楓、三、梅：厚。」「厚重也 ○厚，慶、殿：序。」

《札記》：「《雜志》云：『張所見本作「厚」，故訓重。當依《策》作「享」。』」

瀧川《考證》：「古鈔本、楓山、三條本『序』作『厚』，與《正義》合，可從，《策》作『享』。」

吉案：《校補》謂慶元黃善夫本亦作「序」，誤校。今檢黃本作「厚」。又檢張元濟《百衲本校勘記》，知其據殿本修作「序」。〔註312〕水澤《校補》所言「慶」本實乃百衲本，即其所謂「影印慶元本」。

王念孫《讀書雜志·史記第三》云：「張所見本作『厚往古之勳』，故訓厚為重。今案厚與序，文義皆有未安，當依《趙策》作『享往古之勳』，字之誤也。漢荊州刺史度尚碑厚字作𠩈，三公山碑作𠪋，並與享相似。享，受也，見僖二十三年《左傳》注、《晉語》注。言不勞百姓，而坐受往古之功也。」〔註313〕王叔岷《斠證》以王說為是。

今案王說亦可商。《正義》所見本未必作「厚」，注中「厚」當是「序」之形近訛字，殿本是。蓋張氏所言之「重」，非腫韻厚重之重。《廣韻·用韻》：「重，更為也，柱用切，又直容切。」〔註314〕《集韻·用韻》：「重，儲用切，《說文》厚也，一曰再也。」〔註315〕今讀則與重複之重同音。張氏以更為之重訓序，不為無據。《周禮·夏官·御僕》「以序守路鼓」鄭玄注：「序，更。」

〔註312〕張元濟：《百衲本二十四史校勘記·史記校勘記》，頁199。

〔註313〕〔清〕王念孫：《讀書雜志》，頁105。

〔註314〕《宋本廣韻·用韻》，頁325。

〔註315〕《宋刻集韻·用韻》，頁132。

〔註 316〕又《儀禮·公食大夫禮》「卒盥序進南面」鄭玄注：「序，猶更也。」
〔註 317〕又《禮記·仲尼燕居》「夏籥序興」鄭玄注：「序，更也。」〔註 318〕
是序、重皆有更意，故張守節以重訓序。王叔岷謂殿本《正義》作「序」，「蓋
據正文作『序』改之也」。〔註 319〕愚則疑後人不知張本意，因厚重意而改「序」
爲形近之「厚」。瀧川所見日本古本史文作「厚」，謂可從，然安知其非據已
訛之《正義》注而改乎？

雖然，愚意不若訓序作續爲明白。序訓次爲常義，續亦可訓次。《文選》
卷四十四陳孔璋《檄吳將校部曲文》「續爲叛亂」呂向注：「續，次也。」〔註 320〕
是序、續義近。此文上言「今吾欲繼襄主之跡」，今言「序往古之勳」，皆謂
接續先王之功。不必如王念孫改「序」爲「享」，而謂其坐受往古之功。

二十三上行十一　　「主父及王游沙丘異宮」正義「在邢州平鄉縣東北二
　　　　　　　　十里矣」（1815/9）

【殿】「矣」作「也」。

《校補》：「也，慶、彭、凌：矣。」

吉案：殿本是，瀧川本亦作「也」。中華本作「東北二十里（矣）也」，依
其校改之例則謂底本衍「矣」字，與金陵本不合，是校改不當。

二十四下行三　　「與秦會中陽」正義「括地志云中陽故縣在汾州隰城縣
　　　　　　　　南十里漢中陽縣也」（1817/2）

【殿】「縣」作「城」，「隰」作「偓」，無「十里」二字。

《校補》：「偓，金陵：隰。殿：無『十里』二字。《札記》：『殿本隰，各
本誤偓。』按今所見殿本作偓字。」

《四庫考證》：「又與秦會中陽正義：在汾州隰城縣南，刊本『隰』訛『偓』，
据《唐書·地理志》改。」

《札記》：「官本『隰』，各本誤『偓』。」

吉案：《校補》未及殿本「縣」作「城」，失疏。《札記》謂「官本『隰』」，

〔註 316〕《周禮注疏》卷三一《夏官司馬·御僕》，《十三經注疏》，頁 852。
〔註 317〕《儀禮注疏》卷二五《公食大夫禮》，《十三經注疏》，頁 1080。
〔註 318〕《禮記正義》卷五〇《仲尼燕居》，《十三經注疏》，頁 1615。
〔註 319〕王叔岷：《史記斠證》，頁 1618。
〔註 320〕〔東漢〕陳孔璋：《檄吳將校部曲文》，《六臣注文選》卷四四，《四部叢刊》
　　　　本，頁 18。

其所謂「官本」乃指殿本，然殿本實亦作「偃」，疑其據《四庫考證》而言官本作「隑」。檢文淵閣《四庫全書》本《史記》亦作「偃」字，可知《四庫》本亦未依《考證》改，則張文虎言「官本『偃』」為不確。唯其據之改「偃」為「隑」則是。賀次君《括地志輯校》據此注及《燕召公世家》「田單伐我拔中陽」補《正義》所引輯作「中陽故城在汾州隑城縣南十里，漢中陽縣也」，〔註321〕其作「中陽故城」，與殿本合。

二十七上行二　「二十三年樓昌將攻魏幾」正義「音祈傳云伐齊幾<u>幾</u>拔之戰國策云秦敗閼與及攻魏幾按幾邑或屬齊或屬魏當在相<u>路</u>之閒也」（1821/7）

【殿】無下「幾」字，「路」作「潞」。

吉案：凌本與金陵本同；黃本重「幾」字，張元濟百衲本據殿本刪；彭本、南監馮本與殿本同。《廉頗藺相如列傳》云：「居二年，廉頗復伐齊幾，拔之。」〔註322〕即《正義》所謂《傳》云「伐齊幾」也。《廉藺傳》不重「幾」字，此衍，當刪。又「路」當作「潞」。《廉頗藺相如列傳》「廉頗復伐齊幾」《正義》：「幾音祈。在相潞之閒。」相、潞皆唐時州名。中華本已改作「潞」。

三十二上行六　「汾門」正義「括地志云易州永樂縣有徐水出廣昌嶺……蓋汾字誤也遂城及永樂<u>安</u>新城<u>縣</u>地也。」（1829/10）

【殿】「安」作「北」，無「縣」字。

《校補》：「慶、殿：北。」

《札記》：「『安』上疑脫『固』字。」

吉案：彭本、凌本同金陵本，南監馮本脫「汾字誤也」以下諸字。水澤《校補》謂慶元黃善夫本作「北」，誤。今檢黃本實作「安」，據張元濟《百衲本校勘記》，張氏據殿本修作「北」。是水澤此所謂「慶」本實乃百衲本。《校補》又未及殿本無「縣」字，失疏。

張文虎疑「安」上脫「固」字，中華本遂據增，斷作「遂城及永樂、固安、新城縣地也」，非是。殿本作「遂城及永樂、北新城地也」不誤。上文「龍兌」《正義》：「《括地志》云：『北新城故城在易州遂城縣西南二十里。』」又「汾門」《集解》：「徐廣曰：『在北新城。』」又《舊唐書·地理志》：「遂城，

---

〔註321〕賀次君：《括地志輯校》，頁54。
〔註322〕《史記》卷八一《廉頗藺相如列傳》，頁2444。

漢北新城縣，屬中山國。後魏改爲新昌，隋末爲遂城。」〔註323〕此皆遂城、北新城相近，汾門當在其地之證。張謂「安」上脫「固」字，固安雖亦近其地，然則置新城縣於不顧。北新城與新城非一地。《漢書・地理志下》：「燕地，……南得涿郡之易、容城、范陽、北新城、故安、涿縣、良鄉、新昌，及勃海之安次，皆燕分也。」〔註324〕是北新城屬燕地，於唐屬易州，在今之河北。《史記・秦本紀》「左更白起攻新城」《正義》引《括地志》云：「洛州伊闕縣本是漢新城縣，隋文帝改爲伊闕，在洛州南七十里。」〔註325〕《晉書・地理志》新城縣屬司州河南郡。〔註326〕是新城在今之河南。北新城與新城兩地相去遠甚，而汾門一地安得跨易州與洛州乎？故知張文虎所疑非是，當從殿本。

二十三上行五 「河外師守河梁」正義「河外河內岸魏州地也」（1831/9）
【殿】「內」作「南」。
吉案：殿本是。中華本已改作「南」，然未出校改標記。

## 魏世家第十四　　史記四十四

九下行三 「八年伐衛^」（1850/12）
【殿】「衛」下有「拔列城二」四字。
《校補》：「景、丼、慶、彭、毛、凌、游、殿：伐衛拔列城二。」
吉案：紹興本亦有此四字。中華本已增，然未出校改標記。

十四上行九 「秦又不敢伐楚道涉谷」索隱「從秦向楚有兩道涉谷是西
　　　　　　　　　　道河內是東道」（1858/2）
【殿】「內」作「外」。
《校補》：「內，殿：外。」
　吉案：殿本是。史文上言「若道河內，倍鄴、朝歌，絕漳滏水，與趙兵決於邯鄲之郊」，是河內乃秦伐趙之道。又言「伐楚，道涉谷，行三千里，……若道河外，倍大梁，右上蔡、召陵，與楚兵決於陳郊」，是涉谷與河外乃秦伐

〔註323〕《舊唐書》卷三九《地理志二》，頁1513。
〔註324〕《漢書》卷二八下《地理志下》，頁1657。
〔註325〕《史記》卷五《秦本紀》，頁214。
〔註326〕《晉書》卷一四《地理志上》，頁416。

楚之道。下「行三千里」《正義》云：「劉伯莊云：『秦兵向楚有兩道，涉谷是西道，河外是東道。』」〔註327〕《索隱》亦當是本劉說。瀧川《考證》亦謂：「愚按，《索隱》『河內』當作『河外』。」〔註328〕諸本並誤「河內」，當從殿本。

　　十五下行三　　「以東臨許南國必危」正義「地理志云潁川許縣古許國姜
　　　　　　　　姓四岳之後文叔所封二十四君爲楚所滅」（1860/5）
【殿】「文」作「大」。
《校補》：「文，殿：大。」
　　吉案：殿本是，「文」、「大」字形相近而訛。《漢書・地理志》潁川郡有許縣，云：「故國，姜姓，四岳後，太叔所封，二十四世爲楚所滅。」〔註329〕《陳涉世家》「銍人伍徐將兵居許」《正義》注引《括地志》引《地理志》亦作「大叔所封」。〔註330〕賀次君《括地志輯校》引此亦謂「『文叔』當作『太叔』」，〔註331〕是也。黃善夫原作「文」，張元濟百衲本據殿本修作「大」。

　　十六上行六　　「河外河內」正義「河外謂華州以東至虢^」（1861/9）
【殿】「虢」下有「陝」字。
　　吉案：諸本並有「陝」字，此脫。中華本已增，然未出校改標記。

　　十七上行六　　「信陵君無忌矯奪將軍晉鄙兵以救趙」正義「括地志云魏
　　　　　　　　德故城一名晉鄙城在衛縣西北五十里即公子無忌矯奪晉
　　　　　　　　鄙兵^故名魏德城也」（1863/2）
【殿】無「矯」字，「兵」下有「地」字。
　　吉案：殿本有「地」字爲長。

## 韓世家第十五　　史記四十五

七上行五　　「內蠚螫也」索隱「故事重而文到也」（1876/1）
【殿】「到」作「倒」。

〔註327〕《史記》卷四四《魏世家》，頁1858。
〔註328〕〔日〕瀧川資言：《史記會注考證》，頁2762。
〔註329〕《漢書》卷二八上《地理志上》，頁1560。
〔註330〕《史記》卷四八《陳涉世家》，頁1957。
〔註331〕賀次君：《括地志輯校》，頁158。

《校補》:「倒,慶、彭、凌、游、金陵:到。謙:校記『倒』。」

吉案:殿本是,瀧川本亦作「倒」。中華本已改,然未出校改標記。

## 田敬仲完世家第十六　　史記四十六

一下行六　「羈旅之臣幸得免負檐君之惠也」(1880/5)

【殿】與金陵本同。

《校補》:「檐,景、耿、慶、彭、毛、殿、金陵:檐;梅:校記『擔』。」

《四庫考證》:「幸得免負擔,刊本『擔』訛『檐』,据《左傳》改。」

吉案:《四庫考證》非也,「檐」乃「擔」之異體,不必言誤。《陳杞世家》:「羈旅之臣,幸得免負檐,君之惠也,不敢當高位。」〔註332〕「負檐」,殿本作「負擔」,《札記》:「中統、舊刻、游本作『擔』。」《校補》:「擔,井、蜀、蔡、慶、彭、凌、金陵:檐。」瀧川《考證》云:「負擔,言勞役也。」《集韻·闞韻》:「擔,負也。或从木。」〔註333〕《楚辭·嚴忌〈哀時命〉》:「負檐荷以丈尺兮,欲伸要而不可得。」王逸注:「背曰負,荷曰檐。檐,一作擔。」〔註334〕王叔岷《斠證》亦有說。

五上行十一　「伐衛取丑丘」正義「括地志去故貫城即古貫國」(1886/8)

【殿】「去」作「云」。

吉案:「去」、「云」形近而誤,殿本是,中華本已改,然未出校改標記。

八上行八　「然而不能傅合疏罅」索隱「罅音五嫁反」(1891/2)

【殿】「五」作「呼」。

《校補》:「五,耿、慶、彭、凌、游、殿:呼。」

吉案:罅,《廣韻》音呼訝切,《集韻》音虛訝切,皆為曉母禡韻。「五」為疑母,作「五嫁反」與《廣韻》、《集韻》皆不合。當從殿本。

八下行一　「大車不較」索隱「較者校量也言有常制若大車不較則車不
　　　　　能載常任^琴不能成五音也」(1891/4)

---

〔註332〕《史記》卷三六《陳杞世家》,頁1578。
〔註333〕《宋刻集韻·闞韻》,頁180。
〔註334〕〔宋〕洪興祖:《楚辭補注》,北京:中華書局,1983,頁264。

【殿】無「大」字，「任」下有「琴瑟不較則」五字。

《校補》：「耿、慶、彭、凌、游、殿：無『大』字。」「耿、慶、彭、凌、游、殿：琴瑟不較則琴不能成五音也。」

《札記》：「『不較』《索隱》：『大車』，二字疑衍。各本無『大』字。」

《斠證》：「又黃善夫本、殿本《索隱》若下並脫大字。琴上並有『琴瑟不較，則』五字，當補此五字。」

吉案：《斠證》之說可商。若有「大」字及「琴瑟不較則」五字，看似對文工整，實則語意重複。有此諸字則當言：「若大車不較，則不能載常任；琴瑟不較，則不能成五音也。」若既言大車，又言車，既言琴瑟，又言琴，則零亂重複，必非小司馬之舊。愚意張文虎《札記》所言爲得，刪「大車」二字則文簡且工。

## 孔子世家第十七　　史記四十七

十一上行十一　「此肅慎之矢也」正義「今之靺鞨國方有此矣」（1923/2）

【殿】「鞨」作「鞈」，「矣」作「矢」。

《校補》：「矣，慶、彭、殿：矢。」

吉案：作「矢」字是，中華本已改，然未出校改標記。

十四上行五　「日災必於桓釐廟乎」集解「故孔子聞有火災知其加桓僖也」（1927/8）

【殿】「加」作「必」。

《校補》：「必，景、井、蜀、紹、耿、慶、彭、毛、凌、游、金陵：加。按瀧本據殿本歟？」

吉案：殿本於義爲長，瀧川本當據之而改。

## 陳涉世家第十八　　史記四十八

一上行二　「陳涉世家第十八」索隱「按勝立數月而死無後亦稱系家者以其所遣王侯將相竟滅秦以其首事也」（1949/3）

【殿】「以其首事也」四字作「爲首事故也然時因擾攘起自匹夫假託妖祥一朝稱楚歷年不永勳業蔑如繼之齊魯曾何等級可降爲列傳」。

《校補》：「索、金陵：無此注三十九字。」

吉案：「然時因擾攘」以下爲司馬貞《補史記》條例，單本附於卷尾《述

贊》之末，合刻本分之在小題下，金陵本刪《補史記》，故無此三十九字。當從殿本補。

### 蕭相國世家第二十三　　史記五十三

一上行一　「蕭相國世家第二十三^」（2013/2）

【殿】小題下出索隱注「蕭相國曹相國留侯絳侯五宗三王六篇可合爲一篇」凡二十一字。

《校補》：「索、金陵：無此注二十二字。」

吉案：此亦司馬貞《補史記》條例，單本附於卷尾《述贊》之末，合刻本分之在此，金陵本刪《補史記》，故無此二十一字。當從殿本補。

## 五、列傳

### 伯夷列傳第一　　史記六十一

五上行一　「衆庶馮生」索隱「太史公引賈子譬作史記若貪夫徇^名夸者死權衆庶馮生乃成其史記」（2128/4）

【殿】「名」上有「財烈士徇」四字。

《校補》：「若貪夫徇財　○慶、彭、殿：若貪夫徇財烈士徇名。」

《札記》：「『衆庶馮生』《正義》『若貪夫徇名』：柯、凌作『財』，疑所據本『貪夫』下原脫『徇財烈士』四字，王承其誤。柯、凌則改『名』爲『財』，然不當獨遺『烈士』句。」

吉案：南監馮本同金陵本，彭本、百衲本同殿本。《校補》謂慶元黃善夫本有「財烈士徇」四字，誤校。今檢黃本無此四字，檢張元濟《百衲本史記校勘記》，知張元濟據殿本補，故百衲本與殿本同。《校補》此所謂「慶」實乃百衲本。張文虎所疑是也，當從彭本、殿本補。中華本已補此四字。

### 老子韓非列傳第三　　史記六十三

一下行二　「名耳字聃」正義「神仙傳云外字曰聃按^字號也疑老子耳漫無輪故世號曰聃」（2140/5）

【殿】同金陵本。

吉案：諸本並同。據上下文，疑「字號也」當作「外字號也」。《正義》引《神仙傳》云「外字曰聃」，遂解「外字」爲號，故下云「世號曰聃」。

### 孫子吳起列傳第五　　史記六十五

二下行八　「救鬭者不搏撠」索隱「按撠以手撠刺人」（2164/2）

【殿】「以」上有「謂」字，「手」下有「持」字，「人」下有「也」字。

《校補》：「按撠以手戟刺人○耿、慶、彭、游、凌、殿：按撠謂以手持
撠戟字作撠刺人也。」

《斠證》：「《通鑑注》引《索隱》，『博戟二音』，作『搏撠，音博戟』。末
句作『按撠，謂以手持撠以刺人也』。並云：『余謂《索隱》之說善矣。但以
撠爲持撠以刺人，則非也。撠如《漢書》「撠太后掖」之撠，師古曰：「撠，
謂拘持之也。」毛晃曰：「索持曰搏，拘持曰撠。」』謂撠如《漢書》『撠太后
掖』之撠，是也。」

吉案：胡注是也，《索隱》說非。胡注引《索隱》與殿本同。金陵本脫「持」
字，致《索隱》之說難解。瀧川本後一「撠」字作「戟」，二字相通。

### 仲尼弟子列傳第七　　史記六十七

八下行七　「佐之以徼」集解「結堯^」（2199/9）

【殿】「堯」下有「反」字。

《校補》：「景、㸚、衲：無『反』字。」

吉案：金陵本亦無「反」字，水澤失校。《集解》「結堯」二字乃是爲「徼」
字切音，金陵本脫「反」字，中華本已補，然未出校改標記。

### 商君列傳第八　　史記六十八

七下行六　「北出擊鄭」索隱「地理志京兆有鄭縣秦本紀云初縣封鄭」
　　　　　　　（2237/6）

【殿】「封」作「杜」。

《校補》：「杜，凌：封。」

吉案：金陵本亦作「封」，水澤失校。《秦本紀》：「十一年，初縣杜、鄭。」
〔註335〕「杜」字是。中華本已改，然未出校改標記。

### 蘇秦列傳第九　　史記六十九

十上行二　「廝徒十萬」索隱「廝音斯謂廝養之卒斯養馬之賤者今起爲

---

〔註335〕《史記》卷五《秦本紀》，頁182。

之卒」（2256/9）

【殿】「爲之」作「之爲」。

《校補》：「耿、慶、彭、游、凌、殿：『爲之』互倒。」

吉案：《索隱》本同金陵本，南監馮本同殿本。「今起爲之卒」，於義難解。《索隱》之意，當謂廝徒本爲養馬之賤者，今起用之以爲卒。他本「之爲」是也，當從之乙正。

十二下行二 「北有陘塞郇陽」索隱「徐氏云郇陽當是愼陽蓋其疏也」
（2260/8）

【殿】「愼」作「順」。

吉案：《索隱》本同金陵本，黃本、彭本、凌本、南監馮本亦作「順」。前《集解》引徐廣云「或者郇陽今之順陽乎」，即《索隱》之所本。後《正義》云「順陽故城在鄭州穰縣西百四十里」，乃是爲《集解》作注，明張守節所見《集解》本亦作順陽。殿本是。

十四下行十一 「而不食烏喙者」《正義》「廣雅云蘸奚毒附子也一歲爲
烏啄三歲爲附子四歲爲烏頭五歲爲天雄」（2264/3）

【殿】「蘸奚」作「蘇奧」，「啄」作「喙」。

《校補》：「慶、彭、凌、殿：『蘸奚』二字作『蘇奧』。」

《札記》：「『奚』誤『奧』，依《廣雅》改。《淮南子・主術訓》作『雞毒』。」

吉案：《廣雅・釋草》：「蘸，奚毒，附子也。一歲爲蒴子，二歲爲烏喙，三歲爲附子，四歲爲烏頭，五歲爲天雄。」王念孫《疏證》：「蘸，《玉篇》作蘸。奚毒，一作雞毒。《淮南・主術訓》云：『天下之物莫凶於雞毒，然而良醫橐而藏之，有所用也。』」〔註336〕殿本作「蘇奧」，形近而誤，金陵本是。「啄」、「喙」字通。

又案：《正義》引《廣雅》由一歲而三歲、四歲、五歲，獨無二歲，當有脫文。與《廣雅》相校，疑「烏啄」上脫「蒴子二歲爲」五字。

附案：中華書局點校本以「蘸奚」連讀，標作：「蘸奚，毒附子也。」乃不知「奚毒」爲一詞，或作「雞毒」，與「蘸」同物而異名。當標作：「蘸，奚毒，附子也。」瀧川《考證》句讀同誤。

---

〔註336〕〔清〕王念孫：《廣雅疏證》，頁336。

**張儀列傳第十　　史記七十**

四下行一　「更名少梁曰夏陽」索隱「音下夏山名也亦曰大夏是蜀所都」
　　　　　　　（2284/11）

【殿】「音下夏」作「夏音下」，無「是」字，「蜀」作「禹」。

《校補》：「耿、慶、彭、游、凌：無『是』字而『蜀』字作『禹』。」

吉案：《索隱》本同金陵本，南監馮本脫此《索隱》注。水澤未言殿本，失校。作「禹」字是。《晉世家》「晉唐叔虞者」《索隱》：「然晉初封於唐，故稱晉唐叔虞也。且唐本堯後，封在夏墟，而都於鄂。鄂，今在大夏是也。」〔註337〕知大夏與蜀無涉。《索隱》本形近而訛作「蜀」，金陵本因之而誤。

十一下行三　「雖有百秦將無奈齊實大王賢其說而不計其實」（2294/15）

【殿】前一「實」字作「何」。

吉案：紹興本、黃本、彭本、凌本、南監馮本、瀧川本同殿本。金陵本誤刻。中華本已改，然未出校改標記。

**樗里子甘茂列傳第十一　　史記七十一**

一上行十一　「使將而伐曲沃盡出其人」索隱「則焦與曲沃同在十一年^
　　　　　　　明矣」（2308/5）

【殿】「明」上有「拔」字。

《校補》：「索：無『拔』字。」

吉案：金陵本亦無「拔」字，水澤未言，失校。他本並有此字，意較完備，可從。

**白起王翦列傳第十三　　史記七十三**

六上行十一　「與蒙恬會城父」正義「又許州華縣東北四十五里亦有父
　　　　　　　城故城」（2340/1）

【殿】「華」作「葉」。

《校補》：「華，慶、彭、凌、殿：葉。」

吉案：殿本是，金陵本蓋形近而訛。《楚世家》「使太子建居城父守邊」《正義》引《括地志》云：「城父故城在許州葉縣東北四十五里，即杜預云襄城城

---

〔註337〕《史記》卷三九《晉世家》，頁1635。

父縣也。又許州襄城縣東四十里亦有父城故城一所。」〔註338〕兩《唐書》《地理志》有葉縣，本隸許州，後屬汝州。諸史《地理志》無華縣，今陝西華縣爲民國三年置。

### 平原君虞卿列傳第十六　　史記七十六

二上行九　「而未廢也」索隱「按鄭氏曰皆目視輕笑之」（2367/4）

【殿】「氏」作「玄」。

《校補》：「按鄭氏曰，耿、慶、中統、彭、凌、殿：此注四字作『發一作廢鄭玄云』七字。」

吉案：氏，《索隱》本亦作「玄」。金陵本原當作「氏」，形近誤刻。中華本改作「玄」，然未出校改標記。

### 樂毅列傳第二十　　史記八十

六下行十　「高帝封之樂卿」正義「地理志云信都有樂卿縣」（2436/4）

【殿】兩「卿」字作「鄉」。

吉案：紹興本、黃本、彭本、南監馮本、瀧川本同殿本，凌本同金陵本。作「鄉」字是。《漢書·地理志》信都國有樂鄉，爲侯國。〔註339〕《漢書·高帝紀》：「又求『樂毅有後乎？』得其孫叔，封之樂鄉，號華成君。」〔註340〕《舊唐書·地理志》有清苑縣，注云「漢樂鄉縣，屬信都國」。〔註341〕諸史無樂卿縣，金陵本蓋形近而訛，中華本同誤。

### 黥布列傳第三十一　　史記九十一

七下行二　「故信而隨之番陽番陽人殺布茲鄉」索隱「番陽鄡縣之鄉」
　　　　　　　　　　（2607/4）

【殿】此注在「隨之番陽」下，「鄡」字作「鄱」。

《校補》：「索：番字作鄱而鄱字作鄡。」

吉案：黃本、彭本、凌本、南監馮本同殿本。《索隱》本出「茲鄉」二字，文作「鄱陽鄡縣之鄉」。瀧川本此注在「遂滅黥布」下，文同殿本，斷作：「番

〔註338〕《史記》卷四〇《楚世家》，頁1713。
〔註339〕《漢書》卷二八下《地理志下》，頁1633。
〔註340〕《漢書》卷一下《高帝紀下》，頁68。
〔註341〕《舊唐書》卷三九《地理志二》，頁1515。

陽，鄡縣之鄉。」〔註342〕

案：《索隱》此注有誤。《漢書·韓彭英盧吳傳》「番陽人殺布茲鄉」顏師古注：「鄡陽縣之鄉也。鄡音口堯反。」〔註343〕顏注是也。明此須先知番陽、鄡縣與鄡陽縣三地。先說鄡與鄡陽二縣。注文「鄡」字字書不見，當是「鄡」之俗訛字。「梟」、「梟」形近易混，可以視爲旁證者有「嘆」、「嘆」二字。《玉篇·口部》：「嘆，叫也。」〔註344〕《廣韻·嘯韻》、《集韻·嘯韻》同。「嘆」爲「叫」字之異體。《集韻·嘯韻》：「叫，吉弔切，《說文》嘑也。或作嘆、嘄，通作呌。」〔註345〕《漢書·蒯伍江息夫傳》「如使狂夫嘆諄於東崖」顏師古注：「嘆，古叫字。」〔註346〕「嘆」字《玉篇》、《廣韻》五弔切，《集韻》一叫、倪弔兩切，其字從「梟」無據，偏旁「梟」字當是「梟」字之形訛。《正字通·口部》：「嘆，舊注五弔切，嶢去聲，叫也。……一說嘆訛省作嘆。」〔註347〕一說是也。楊寶忠亦謂「『嘆』即『嘆』字俗書」。〔註348〕

《索隱》「鄡（以下改從正字「鄡」）縣」即《漢書·地理志》巨鹿郡鄡縣。「梟」、「梟」古通用。《集韻·蕭韻》：「梟，通作梟。」〔註349〕故「梟」聲之字或從「梟」。再以「嘆」字爲例。《玉篇·口部》：「嘄，聲也。亦作叫。」〔註350〕《說文·口部》「嘆」字段玉裁注：「按《玉篇》有嘄無嘆，嘄古弔反，聲也。此以倒首之梟爲聲，即嘆字也。」〔註351〕《集韻·嘯韻》：「叫，或作嘆、嘄。」〔註352〕明「嘆」、「嘄」二字爲異體。而「鄡」字亦或從「梟」作「鄡」。《說文·邑部》：「鄡，巨鹿縣。從邑，梟聲。」〔註353〕《集韻·蕭韻》：「鄡，《說文》巨鹿縣，一曰鄡陽縣名，或從梟。」〔註354〕段注「鄡」字云：「前《志》作鄡，梟與梟一字。但前《志》巨鹿鄡縣，豫章鄡陽縣，《玉

〔註342〕〔日〕瀧川資言：《史記會注考證》，頁4045。
〔註343〕《漢書》卷三四《韓彭英盧吳傳》，頁1890。
〔註344〕《大廣益會玉篇·口部》，頁27。
〔註345〕《宋刻集韻·嘯韻》，頁165。
〔註346〕《漢書》卷四五《蒯伍江息夫傳》，頁2182。
〔註347〕《正字通·口部》，頁162。
〔註348〕楊寶忠：《〈廣韻〉疑難字考》，《古漢語研究》，2005年第4期。
〔註349〕《宋刻集韻·蕭韻》，頁52。
〔註350〕《大廣益會玉篇·口部》，頁25。
〔註351〕〔清〕段玉裁：《說文解字注》，頁57。
〔註352〕《宋刻集韻·嘯韻》，頁165。
〔註353〕《說文解字·邑部》，頁133。
〔註354〕《宋刻集韻·蕭韻》，頁52。

篇》、《廣韻》皆鄡與鄵陽二縣字別。然則許書此字作鄵及後《志》二縣字皆作鄵非是。許書當是淺人改之，如県首之改爲梟首。」〔註 355〕王筠《說文句讀》亦云：「《地理志》巨鹿郡鄡縣，豫章郡鄵陽縣，二字有異，《玉篇》、《廣韻》同，《郡國志》並作鄵。意許君當分收鄡鄵，後乃合爲一耳。」〔註 356〕如段、王所說，則巨鹿郡之縣字當作鄡。然後世相承，鄡縣字皆作鄵。《後漢書・郡國志》、《魏書・地形志》巨鹿郡有鄵縣，《晉書・地理志》鄵縣在趙國。《史記・仲尼弟子列傳》「鄵單字子家」《集解》引徐廣曰「巨鹿有鄵縣」。〔註 357〕《集韻》、《類篇》亦皆以鄵鄡爲一字。然《漢書・地理志》豫章郡鄵陽縣之「鄵」字不作「鄡」，《隸辨》引東漢光和六年唐扶頌碑「除豫章鄵陽長」，〔註 358〕字作「鄵陽」，不作「鄡陽」，後世地理書亦無作「鄡陽」者，此或可證段、王之說。

返觀《索隱》注文，《漢志》鄡（鄵）縣屬巨鹿郡，鄵陽縣屬豫章郡，二縣一北一南，相去甚遠。黥布「信而隨之番陽」，「番陽人殺布茲鄉民田舍」。番陽、鄵陽二縣相鄰，俱屬豫章郡，則《索隱》作「鄵縣」誤，當是「鄵陽縣」無疑。

然而改《索隱》作「番陽鄵陽縣之鄉」亦不確。「番陽」後作「鄱陽」，初爲縣，《漢志》屬豫章郡。《漢書・陳勝項籍傳》「與番盜英布相遇」顏師古注：「番，即番陽縣也。……其後番字改作鄱。」〔註 359〕今本《漢書・地理志》作「鄱陽」，蓋即後人所改。《史記・高祖本紀》「追得斬布鄱陽」，《漢書・高帝紀》作「追斬布番陽」，《史記會注考證校補》所見秘閣本「鄱」字亦作「番」。《史》《漢》《黥布傳》皆作「番陽」。《史記・西南夷列傳》「恢因兵威使番陽令唐蒙風指曉南越」，《漢書》亦作「番陽」。此蓋存其舊者。《後漢書・郡國志四》豫章郡「鄱陽」下注云：「建安十五年，孫權分立鄱陽郡，治縣。」〔註 360〕此鄱陽爲郡之始。《元和郡縣圖志》：「隋開皇九年平陳，改鄱陽爲饒州。」〔註 361〕《太平寰宇記》卷一百七：「（饒州）天寶元年改爲鄱陽

〔註 355〕〔清〕段玉裁：《說文解字注》，頁 290。
〔註 356〕〔清〕王筠：《說文句讀》，北京：中華書局，1988，頁 235。
〔註 357〕《史記》卷六七《仲尼弟子列傳》，頁 2223。
〔註 358〕〔清〕顧南原：《隸辨》，北京：北京市中國書店，1982，頁 193。
〔註 359〕《漢書》卷三一《陳勝項籍傳》，頁 1794。
〔註 360〕《後漢書》志第二二《郡國四》，頁 3491。
〔註 361〕〔唐〕李吉甫：《元和郡縣圖志》卷二八《江南道四・饒州》，北京：中華書局，1983，頁 671。

郡，乾元元年復爲饒州。」〔註362〕再看《索隱》注，司馬貞若言「番（鄱）
陽鄡陽縣」，其意則以「番（鄱）陽」爲郡。如前所述，建安十五年孫權分立
鄱陽郡。《晉書・地理志下》鄱陽郡有「鄱陽縣」、「鄡陽縣」。又《太平寰宇
記》卷一百七：「廢鄡陽縣在（鄱陽）縣西北一百二十里。按《鄱陽記》云漢
高祖六年置，宋永初二年廢。」〔註363〕因此《索隱》注「番（鄱）陽鄡陽縣」
若要成立的話，只能置諸東漢建安十五年孫權分立鄱陽郡至南朝宋永初二年
鄡陽縣廢之間。

此又涉及《索隱》此注來源問題。考察《索隱》釋地體例，其釋地多
據《漢志》，或引諸家之說，如鄭玄注、韋昭注、杜預注之類，或引他書如
《十三州志》、《郡國志》、《晉太康地理志》等，亦間有以唐時地理爲注者，
輒加「今」字。其不注者，則據《漢志》。《夏本紀》「至於岳陽」《索隱》：「凡
如此例，不引書者，皆《地理志》文也。」〔註364〕又《高祖功臣侯者年表》
「汝陰」《索隱》：「凡縣名皆據《地理志》，不言者，從省文也。」〔註365〕此
其自述體例，所謂「地理志」乃《漢志》。《漢書・地理志》鄡陽縣屬豫章郡，
所謂「番（鄱）陽鄡陽縣」顯然既非依《漢志》，亦非用唐代地理。

當然尚有另一種假設，即《索隱》可能依晉時地志，其志據時言「鄱陽
鄡陽縣」，《索隱》本即作「鄱陽」二字，似可證。然而細加分析，此種假設
亦不成立。注文若據他代地志當有所說明。如《項羽本紀》「項羽使蒲將軍日
夜引兵度三戶」《索隱》：「又闞駰《十三州志》云『鄴北五十里梁期故縣
也』。」〔註366〕「項羽悉引兵擊秦軍汙水上」《索隱》：「《郡國志》鄴縣有汙城。」
〔註367〕否則注漢時歷史不據漢時地理，亦不言今地之所在，乃據晉時地理而
又無所交待，于讀者則仍爲不明，情理難通，與《索隱》體例亦不相合。以
上分析可見「番（鄱）陽鄡陽縣」出現在《索隱》注中必有文字訛誤，致誤
原因待下文分析。

《索隱》此注在說明「茲鄉」之所在，諸史地理志不見此地。〔註368〕《漢

〔註362〕〔宋〕樂史：《太平寰宇記》卷一〇七《江南西道五・饒州》，《四庫全書》（第
470冊），上海：上海古籍出版社影印文淵閣本，1987，頁142。
〔註363〕《太平寰宇記》卷一〇七《江南西道五・饒州》。
〔註364〕《史記》卷二《夏本紀》，頁53。
〔註365〕《史記》卷一八《高祖功臣侯者年表》，頁884。
〔註366〕《史記》卷七《項羽本紀》，頁309。
〔註367〕《史記》卷七《項羽本紀》，頁309。
〔註368〕案：《漢書・地理志上》琅邪郡有茲鄉，爲侯國，與此無涉。

書・韓彭英盧吳傳》「番陽人殺布茲鄉」下顏師古注：「鄡陽縣之鄉也。鄡音口堯反。」〔註369〕《史記索隱》多引顏師古注，此條亦當是小司馬暗引顏注。而顏注無「番陽」二字，亦可證《索隱》文字上有訛誤。

　　顏注謂「鄡陽縣之鄉」，所言亦當是漢時地理，此亦與其釋地體例相合。惟其謂茲鄉在鄡陽縣，不審何據。張守節《正義》云：「英布冢在饒州鄱陽縣北百五十二里十三步。」〔註370〕《太平寰宇記》卷一百七云：「黥布墳在（鄱陽）縣北一百六十里。按《漢書》，漢高祖殺布於此。其墳高三丈八尺。」〔註371〕明正德《饒州府志》：「漢淮南王英布墓在（鄱陽）城北一百五十里。」〔註372〕清康熙《鄱陽縣志》：「漢淮南王英布墓在（鄱陽）城北一百五十里。」〔註373〕同治十一年《饒州府志》卷三十一：「漢淮南王英布墓在（鄱陽）城北一百五十里。」〔註374〕可見黥布冢之方位道里歷代所記並無大異。鄱陽縣歷代相沿，而鄡陽縣早廢，故後世記黥布冢皆以鄱陽為中心。鄱陽西北又有英布城。明正德《饒州府志》云：「英布城在（鄱陽）城西北一百五十里，漢吳芮築以居布。」〔註375〕又《太平寰宇記》卷一百七：「廢鄡陽縣在（鄱陽）縣西北一百二十里。」〔註376〕據此英布城在鄡陽縣境。英布冢在鄱陽北一百五十里，古人所謂北與西北或即大要而言，因此英布冢亦有在鄡陽縣境之可能。依此推測，顏師古謂茲鄉在鄡陽縣或有其據。《資治通鑑》卷十二「番陽人殺布茲鄉」胡三省注云：「余據《史記》及《漢書》《高紀》皆言追斬布番陽，竊意茲鄉當在番陽界，非鄡陽。」〔註377〕據《太平寰宇記》，鄡陽縣立于漢高祖六年，黥布被誅在十二年，時鄡陽初立不久，而黥布先是「信而隨之番陽」，故史書或即因番陽言之，胡注亦未為確論。

　　綜上所述，《索隱》此注在釋「茲鄉」之所在，《索隱》本此注前所標史

〔註369〕《漢書》卷三四《韓彭英盧吳傳》，頁 1890。

〔註370〕《史記》卷九一《黥布列傳》，頁 2607。

〔註371〕《太平寰宇記》卷一○七《江南西道五・饒州》。

〔註372〕明正德《饒州府志》，《天一閣藏明代方志選刊續編》，上海：上海書店，1990，頁 476。

〔註373〕清康熙《鄱陽縣志》，《清代孤本方志選》，北京：線裝書局，2001，頁 1217。

〔註374〕清同治十一年《饒州府志》，《中國方志叢書》，臺北：成文出版社，1975，頁 3229。

〔註375〕明正德《饒州府志》。

〔註376〕《太平寰宇記》卷一○七《江南西道五・饒州》。

〔註377〕《資治通鑑》卷一二《漢紀四》高帝十二年，上海：上海古籍出版社，1987，頁 82。

文作「茲鄉」，注文言某某「之鄉」，《漢書·黥布傳》顏師古注亦置於「茲鄉」二字之下，皆可證。他本置此注於「隨之番陽」下，非是。此注文字諸本皆誤，當從《漢書》顏注作「鄡陽縣之鄉」。蓋傳寫誤倒「鄡陽」二字，後人又據史文補「番」字，遂成「番陽鄡縣之鄉」。他本「鄡」又訛「鄱」，誤甚。《史記會注考證》斷作「番陽，鄱縣之鄉」，則以「鄱縣之鄉」釋「番陽」，漢無「鄱縣」，「番陽」亦非鄉名，尤誤。中華書局點校本承清金陵書局本，金陵本《索隱》又多據明毛刻單行本，毛本作「鄱陽鄡縣之鄉」，「鄡」為「鄡」之訛變，然略為近古。金陵本依史文改「鄱」為「番」，仍未得其實。此皆前人不察地理沿革，以故傳訛至今。依中華本體例，此注可處理作：（番陽鄡）〔鄡陽〕縣之鄉。

## 淮陰侯列傳第三十二 　　史記九十二

十一下八行　「項王喑噁」索隱「上於金反下烏路反喑啞懷怒氣」
　　　　　　　　（2612/-2）

【殿】「金」作「鳩」，「啞」作「噁」。

《校補》：「金，耿、慶、中統、凌、殿：鳩；彭：鶴。」「喑啞懷恕氣 ○耿、慶、中統、彭、凌、殿：『啞』字作『噁』，而此注四字移在『叱咤發怒聲』之上。」

　　吉案：檢《廣韻》喑有三音：一在侵部，於金切，訓為「極啼無聲」〔註378〕；二在覃部，於含切，訓為「啼泣無聲」〔註379〕；三在沁部，於禁切，訓為「聲也」〔註380〕。又《廣韻·暮韻》：「喑噁，怒兒。」烏路切。〔註381〕《漢書·韓信傳》作「意烏」，顏師古注引晉灼曰：「意烏，恚怒聲也。」〔註382〕意、喑一聲之轉，喑當讀於禁切。《通鑑·漢紀一》「喑噁叱咤」胡三省注：「喑，於鳩翻；噁，烏路翻；懷怒氣也。」蓋亦本《索隱》。諸本作「鳩」是。檢彭本實亦作「鳩」，《校補》作「鶴」誤。

　　《史》文「喑噁」，《索隱》本標字作「喑啞」，注文同。檢諸字書韻書，「啞」無音烏路反者，此「啞」當即「噁」之訛省。金陵本《索隱》注文作

---

〔註378〕《宋本廣韻》，頁200。
〔註379〕《宋本廣韻》，頁202。
〔註380〕《宋本廣韻》，頁421。
〔註381〕《宋本廣韻》，頁349。
〔註382〕《漢書》卷三四《韓彭英盧吳傳》，頁1865。

「啞」即承《索隱》本，當據他本改。

十五上末行 「蹠之狗吠堯堯非不仁狗<u>因</u>吠非其主」（2629/10）

【殿】「因」作「固」。

吉案：紹興本、黃本、彭本、凌本、南監馮本、瀧川本同殿本。據文義，作「固」是。金陵本刊印不清，與「因」形近，中華書局點校本初版二版皆誤排作「因」。

### 韓信盧綰列傳第三十三 史記九十三

一下二行 「及其鋒東鄉」索隱「按姚氏云軍中將士氣鋒」（2632/7）

【殿】「姚」作「鄭」。

《校補》：「按姚氏云 ○[耿]、[慶]、[中統]、[彭]、[凌]、[殿]：『按姚』二字作『鄭』字。」

吉案：《漢書·韓王信傳》「及其蠭東鄉」顏師古注：「鄭氏曰：『及軍中將士氣鋒也。』」〔註383〕《漢書》顏注不引姚氏（察），《索隱》此注與顏注所引鄭氏（德）同，他本作「鄭氏」是。

### 樊酈滕灌列傳第三十五 史記九十五

二下三行 「噲直撞入」集解「漢書音義曰<u>撞音撞鍾</u>」（2654/-1）

【殿】無「撞」字。

吉案：景祐本、紹興本、毛本、凌本亦無「撞」字，與殿本同。彭本、南監馮本作「撞音如撞鍾之撞」。今本《漢書·樊噲傳》「噲直撞入」顏師古注：「謂以盾撞擊人。撞音丈江反。」〔註384〕金陵本所增之「撞」字，上無所承，不知所本，《札記》亦無說，疑誤。

三下行六 「屠煑棗」索隱「檢地理志無煑棗<u>晉說是</u>功臣表有煑棗侯云
　　　　　清河有煑棗城小顏以爲攻項籍屠煑棗合在河南非清河之城
　　　　　明矣今案續漢書郡國志在濟陰宛朐也」（2656/-1～2657/1）

【殿】「檢地理志」上有「晉灼云」三字，無「晉說是」三字。

《校補》：「檢地理志 ○[耿]、[慶]、[中統]、[彭]、[凌]、[殿]：晉灼云檢地理志。」

---

〔註383〕《漢書》卷三三《魏豹田儋韓王信傳》，頁1853。

〔註384〕《漢書》卷四一《樊酈滕灌傅靳周傳》，頁2070。

「晉說是 ○耿、慶、中統、彭、凌、殿：無此注三字。」

　　吉案：《漢書‧樊噲傳》「屠煮棗」顏《注》：「晉灼曰：『地理志無也。清河有煮棗城，《功臣表》有煮棗侯。』師古曰：『既云攻項籍，屠煮棗，則其地當在大河之南，非清河之城明矣，但未詳其處耳。』」〔註385〕與此相對，知此條《索隱》乃先引《漢書注》，「今案」以下方是小司馬考證，他本是。

　　　　六上行十　　「破雍將軍焉氏」（2661/4）

　　【殿】「焉」作「烏」

　　《校補》：「焉，景、井、蜀、紹、蜀刻、耿、慶、中統、彭、毛、凌、殿：烏。南化：校記焉。」

　　《札記》：「《索隱》本『焉』，各本誤『烏』。」

　　吉案：《漢書‧地理志下》安定郡有烏氏縣。〔註386〕《漢書‧酈商傳》：「破章邯別將於烏氏、栒邑、泥陽。」顏注：「烏氏，安定縣也。栒邑今在豳州。泥陽，北地縣。」〔註387〕《史記‧匈奴列傳》「岐、梁山、涇、漆之北有義渠、大荔、烏氏、朐衍之戎。」「烏氏」《集解》：「徐廣曰：『在安定。』」《正義》：「氏音支。《括地志》云：『烏氏故城在涇州安定縣東三十里。周之故地，後入戎，秦惠王取之，置烏氏縣也。』」〔註388〕《史記‧貨殖列傳》：「烏氏倮畜牧。」《集解》：「韋昭曰：『烏氏，縣名，屬安定。』」《索隱》：「案：烏氏，縣名。氏音支。」《正義》：「縣，古城在涇州安定縣東四十里。」《史記》《漢書》無「焉氏」地名，「焉」「烏」形近而誤，他本作「烏氏」是。張文虎《札記》誤從《索隱》本。《索隱》注云「上音於然反」，是小司馬所見本已誤作「焉」。

　　　　十一上行五　　「斬右司馬騎將各一人」集解「張晏曰王右方之馬左亦如之」（2669/7）

　　【殿】「王」作「主」。

　　吉案：《校補》無。景祐本、紹興本、黃本、彭本、凌本、毛本、北監本、

---

〔註385〕《漢書》卷四一《樊酈滕灌傅靳周傳》，頁2071。
〔註386〕《漢書》卷二八下《地理志下》，頁1615。
〔註387〕《漢書》卷四一《樊酈滕灌傅靳周傳》，頁2074。
〔註388〕《史記》卷一一○《匈奴列傳》，頁2884。

南監本皆作「主」，是。《漢書・灌嬰傳》「斬右司馬」顏師古《注》引張晏曰亦作「主」〔註389〕。金陵本蓋誤刻。

### 張丞相列傳第三十六 史記九十六

三下行五 「封爲江邑侯」集解「徐廣曰十一年」「封高祖崩」（2679/8）

【殿】「封」字在「十一年」下，爲小字注文。

《校補》：「十一年 ○景、井、紹、蜀刻、耿、中統、毛、殿：十一年封。」

《札記》：「『江邑侯』集解『十一年』：宋、中統、游、毛本下有『封』字。」

吉案：張文虎所見本蓋無「封」字，故於《札記》記他本異文。而後金陵本又有挖補，據《札記》補「封」字。金陵本自「侯」字至「高」字字形較他處爲小，明顯爲補刻。唯刻工誤將注文「封」字刻入正文，故有此誤。中華本已改。

### 袁盎鼂錯列傳第四十一 史記一百一

三上行三 「百金之子不騎衡」索隱「韋昭云衡車衡也騎音倚謂跨之按
如淳之說爲長」（2740/8）

【殿】「倚」作「奇」，無「謂跨之」三字。

《校補》：「倚，耿、慶、中統、彭、凌、殿：奇。」「謂跨之，耿、慶、中統、彭、凌、殿：無此注三字。」

吉案：「騎衡」兩解。《集解》引如淳曰：「騎，倚也。衡，樓殿邊欄楯也。」又引韋昭曰：「衡，車衡。」《索隱》引張晏曰：「衡木行馬。」又引如淳曰：「騎音於岐反。衡，樓殿邊欄楯也。」又引韋昭曰：「衡，車衡也。」〔註390〕《漢書・爰盎傳》「不騎衡」顏師古注：「如淳曰：『騎，倚也。衡，樓殿邊欄楯也。』師古曰：『騎謂跨之耳，非倚也。』」〔註391〕如諸家所引，如淳讀「騎」爲倚，騎衡即倚欄；韋昭、張晏、顏師古以「衡」爲車衡，騎衡即騎跨車衡，騎讀本字。

〔註389〕《漢書》卷四一《樊酈滕灌傳靳周傳》，頁 2081。

〔註390〕《史記卷》一〇一《袁盎鼂錯列傳》，頁 2740。

〔註391〕《漢書》卷四九《爰盎鼂錯傳》，頁 2271。

《廣韻・紙韻》：「倚，於綺切。」〔註392〕上聲影母紙韻。又《支韻》：「奇，渠羈切。」〔註393〕平聲羣母支韻。騎在奇小韻，音同。《索隱》「按」字以上乃是引諸家說，故「騎音奇謂跨之」仍當是韋昭說。韋昭以衡爲車衡，釋「騎」爲「跨之」，則「騎」當如字讀，音奇。金陵本作「音倚」誤，當從他本改。

### 萬石張叔列傳第四十三　　史記一百三

四下行一　　「衛綰者代大陵人也」《正義》「括地志云大陵縣城在并州文水縣北十二里按代王耳時都中都大陵屬焉故言代大陵人也」（2769/3）

【殿】「耳」作「是」。

《校補》：「按代王耳時　○耳，殿：是。」

吉案：「按代王耳時都中都大陵屬焉」，南監余本作「爾時屬代」。「耳」「爾」字通。陳琳《爲袁紹檄豫州》：「耳乃大軍過蕩西山。」舊校：「耳，五臣作『爾』。」〔註394〕殿本改「耳」爲「是」，蓋以「耳」爲「是」之形近誤字，而不知「耳」讀爲「爾」也。

瀧川《考證》以「按代王耳時」爲句，「都中都」爲句，蓋以「耳」爲「代王」之名。中華本標點作「按：代王耳時都中都」，〔註395〕「代王耳」下加專名線，愈加坐實此說。

今按漢初名「耳」而稱王者唯張耳也。項羽初封張耳爲常山王。《項羽本紀》：「趙相張耳素賢，又從入關，故立耳爲常山王，王趙地，都襄國。」〔註396〕《秦楚之際月表》：「更名爲常山。王張耳始，故楚將。」〔註397〕其後張耳爲陳餘擊破，亡歸漢，封爲趙王。《高祖本紀》：「齊予陳餘兵，擊破常山王張耳，張耳亡歸漢。」〔註398〕「漢王乃令張耳與韓信遂東下井陘擊趙，斬陳餘、趙王歇。其明年，立張耳爲趙王。」〔註399〕《秦楚之際月表》：「趙

〔註392〕《宋本廣韻》，頁222。
〔註393〕《宋本廣韻》，頁23。
〔註394〕陳孔璋《爲袁紹檄豫州》，《六臣注文選》，北京：中華書局，1987，頁825。
〔註395〕《史記》卷一〇四《萬石張叔列傳》，頁2769。
〔註396〕《史記》卷七《項羽本紀》，頁316。
〔註397〕《史記》卷一六《秦楚之際月表》，頁777。
〔註398〕《史記》卷八《高祖本紀》，頁368。
〔註399〕《史記》卷八《高祖本紀》，頁372。

王張耳始，漢立之。」〔註400〕《漢興以來諸侯王年表》：「（趙）初王張耳元年。」〔註401〕

代王之封始自趙歇。《項羽本紀》：「徙趙王歇爲代王。」〔註402〕《秦楚之際月表》：「王趙歇始，故趙王。」〔註403〕後陳餘爲代王。《高祖本紀》：「（陳餘）迎趙王歇於代，復立爲趙王。趙王因立陳餘爲代王。」〔註404〕《秦楚之際月表》：「歇以陳餘爲代王，故成安君。」〔註405〕漢王三年，「乃令張耳與韓信遂東下井陘擊趙，斬陳餘、趙王歇。」〔註406〕代除，「屬漢，爲郡」〔註407〕。高祖兄劉仲亦嘗爲代王。高祖七年，「令樊噲止定代地。立兄劉仲爲代王。」〔註408〕八年，匈奴攻代，「代王劉仲弃國亡，自歸雒陽，廢以爲合陽侯。」〔註409〕後陳豨反漢，自立爲代王。高祖十年九月，「（陳豨）遂與王黃等反，自立爲代王，劫略趙、代。」〔註410〕陳豨軍敗，高祖十一年乃立子劉恒爲代王。「於是乃分趙山北，立子恒以爲代王，都晉陽。」〔註411〕《孝文本紀》：「高祖十一年春，已破陳豨軍，定代地，立爲代王，都中都。」〔註412〕

衛綰當漢文帝時，故此《正義》注中「代王」乃文帝也。張耳未嘗爲代王，不得言「代王耳」。瀧川本、中華本斷句及標點誤。當標作：「按：代王耳時都中都，大陵屬焉，故言代 大陵人也。」

又按《韓信盧綰列傳》：「上曰：『代居常山北，趙迺從山南有之，遠。』迺立子恒爲代王，都中都，代、鴈門皆屬代。」〔註413〕《高祖本紀》「立子恒以爲代王，都晉陽」《集解》引如淳曰：「《文紀》言都中都。又文帝過太原，復晉陽、中都二歲，似遷都於中都也。」〔註414〕檢《漢書・地理志》，晉陽、

〔註400〕　《史記》卷一六《秦楚之際月表》，頁 792。
〔註401〕　《史記》卷一七《漢興以來諸侯王年表》，頁 806。
〔註402〕　《史記》卷七《項羽本紀》，頁 316。
〔註403〕　《史記》卷一六《秦楚之際月表》，頁 779。
〔註404〕　《史記》卷八《高祖本紀》，頁 368。
〔註405〕　《史記》卷一六《秦楚之際月表》，頁 784。
〔註406〕　《史記》卷八《高祖本紀》，頁 372。
〔註407〕　《史記》卷一六《秦楚之際月表》，頁 789。
〔註408〕　《史記》卷八《高祖本紀》，頁 385。
〔註409〕　《史記》卷八《高祖本紀》，頁 386。
〔註410〕　《史記》卷九三《韓信盧綰列傳》，頁 2640。
〔註411〕　《史記》卷八《高祖本紀》，頁 389。
〔註412〕　《史記》卷一○《孝文本紀》，頁 413。
〔註413〕　《史記》卷九三《韓信盧綰列傳》，頁 2641。
〔註414〕　《史記》卷八《高祖本紀》，頁 389。

中都、大陵三縣皆屬太原郡。是以劉恒所王之代國所轄甚廣，既有代郡、鴈門郡，亦含太原郡之大部。本卷「代大陵人」，代指代國，非代郡，故《正義》云「代王耳（爾）時都中都」。又《孝文本紀》「立爲代王，都中都」《正義》引《括地志》云：「中都故城在汾州平遙縣西南十二里，秦屬太原郡也。」〔註415〕是張守節於此地理甚爲明瞭。

本卷「代大陵人也」《索隱》：「（大陵）《地理志》縣名，在代。」〔註416〕梁玉繩《史記志疑》：「大陵縣屬太原，而云代大陵者，緬事文帝，文帝初封于代，高祖詔取山南太原之地益屬代，故大陵隸代也。《正義》不甚晰，《索隱》直以大陵爲代郡縣名，不亦疏乎？」〔註417〕《索隱》固疏於地理，然謂《正義》「不甚晰」，是誣守節矣。

七上行二　「治刑名家」正義「刑刑家也名名家也在太史公自有傳」
　　　　（2773/9）

【殿】無「在太史公自有傳」七字。

《校補》：「在太史公自序傳　○序，慶、彭、凌、金陵：有；南化、楓、梅：校記序；殿：無此注七字。」

《札記》：「『有』字疑衍，此謂《史公自序》。」

瀧川《考證》：「《正義》『自序傳』，各本作『自有傳』，今從楓山、三條本。」

吉案：南監馮本、北監本同金陵本，南監余本脫此《正義》注。未知殿本何以刪此七字。慶、彭、凌、金陵本「有」字顯係「序」之形近誤字。《夏本紀》「震澤致定」《正義》：「又《太史公自敘傳》云『登姑蘇，望五湖』是也。」「敘」、「序」字通。〔註418〕中華本已改正。

## 田叔列傳第四十四　　史記一百四

三下行五　因占著名數^武功扶風西界小邑也（2779/4）

【殿】「名數」下有「家於武功」四字。

《校補》：「家於武功　○金陵：無『家於』二字。」

---

〔註415〕《史記》卷一○《孝文本紀》，頁413。
〔註416〕《史記》卷一○四《萬石張叔列傳》，頁2769。
〔註417〕〔清〕梁玉繩：《史記志疑》卷三三，頁1362。
〔註418〕《史記》卷二《夏本紀》，頁59。

吉案：瀧川本作「因占著名數家於武功武功扶風西界小邑也」，《校補》以瀧川本爲底本，謂金陵本「無『家於』二字」，失疏也。金陵本無「家於」二字，又不重「武功」二字，實少「家於武功」四字。

景祐本、紹興本、彭本、凌本、南監余本、南監馮本、北監本、毛本、殿本、瀧川本皆有「家於武功」四字。金陵本正文以毛本爲底本，《札記》未言刪字，是金陵本脫此四字無疑，當據他本補。

六上行二　「不傳事何也」索隱「博音附謂不附會也」（2783/3）

【殿】「博」作「傳」。

吉案：瀧川本作「博」，《校補》未出校。《索隱》本作「傳」，是也。金陵本形近誤刻，瀧川本又誤從金陵本。中華本逕改。

### 扁鵲倉公列傳第四十五　　史記一百五

七上行十　「亦除肉刑法」《正義》「自恨身無子因急獨縈縈」（2795/-2）

【殿】「因」作「困」。

《校補》：「困，金陵：因。」

吉案：黃本、彭本、凌本、南監余本、南監馮本、北監本、瀧川本俱作「困」，「困急」連文，「困」字是。金陵本「因」字蓋形近誤刻。中華本逕改。

十下行五　「流汗出溍溍者去衣而汗晞」（2801/4）

【殿】「溍溍」作「潃潃」。

《校補》：「溍，景、蜀、紹、蜀刻、耿、慶、中統、索、毛、凌、殿：潃。南化：校記溍。下同。」

《札記》：「『溍』，宋本、中統、游、王、柯作『潃』，凌作『潃』，《索隱》、舊刻、毛本作『潃』。案：《集韻·十八諄》『溍，流兒，《史記》「汗出溍溍」』，與劉音合，是古本相承作『溍』。《襪志》云：『溍當爲潃，讀與脩同。《王風》「嘆其脩矣」，毛傳「脩且乾也」。故曰「潃者去衣而汗晞」。《說文》、《玉篇》、《廣韻》皆無「溍」字。《集韻》誤沿劉氏之音，又以「溍溍」連讀，其失甚矣。』」〔註419〕

王念孫《雜志》：「引之曰：溍當爲潃，讀與脩同。《王風·中谷有蓷篇》

---

〔註419〕〔清〕張文虎：《校刊史記集解索隱正義札記》卷五，《史記訂補文獻彙編》，頁176。

『嘆其脩矣』，毛傳曰：『脩，且乾也。』《釋名》曰脯，又曰脩，脩，縮也，乾燥而縮也。《小雅・湛露》傳曰：『晞，乾也。』是脩晞皆乾也。作『潃』者假借字耳。『流汗出潃』者，流汗出而乾也，故下文曰『潃者，去衣而汗晞也』。隸書循脩二字相似，故『潃』譌作『潃』。（吉案：此下原書小字舉「循」「脩」互譌之例，略。）考《說文》、《玉篇》、《廣韻》皆無『潃』字。《集韻》『潃，松倫切，流皃』，引《史記》『汗出潃潃』，既誤沿劉氏之音，又誤以『潃潃』二字連讀，而訓爲流皃，其失甚矣。」〔註420〕

吉案：《校補》與《札記》所列舊本異文有不確者，今就所見之本覆校如下：景祐本、毛本、《索隱》本作「潃」，紹興本、黃本（校補稱「慶」）、彭本、游明本、南監余本、南監馮本、北監本、殿本作「潃」，南化校記「潃」。凌本前字作「溰」，後字作「溰」。瀧川本、中華本承金陵本作「潃」。諸本差異至微，而《校補》所列十一本異文皆同，疏甚。《札記》所錄宋本、中統本、王本、柯本今未見，然其謂此四本作「潃」字，疑亦當是「潃」字，待核。中華書局排印本《札記》又將「潃」誤排作「潃」，「溰」誤排作「溰」。〔註421〕

王念孫《雜志》考校「潃」當作「潃」，其說甚是。唯不知其所見作「潃」者爲何本。金陵本正文及三家注多據毛本、《索隱》本、王本，然此三本皆不作「潃」，《札記》亦未言所據之本。《札記》引王說，然不爲改字，蓋因此下有《索隱》「劉氏音巡」，「是古本相承作『潃』」〔註422〕。然既知其誤，而其不誤之本俱在，則不可因其誤久遠而不爲改正也。

## 吳王濞列傳第四十六　　史記一百六

一上行一　吳王濞列傳第四十六^（2821/2）

【殿】小題下有「五宗之國俱享大邦雖復逆亂萌心取汙朝典豈可謂非青社之國哉然淮南猶有後不絕衡山亦其罪蓋輕比三卿之分晉方暴秦之滅周可不優乎安得出其王國不上同五宗三王列於世家其吳濞請與楚元王同爲一篇淮南宜與齊悼惠王爲一篇」九十八字。

《校補》：「索：右五宗之國。」「差，慶、中統、彭、凌、殿：蓋。」「黜，

---

〔註420〕〔清〕王念孫：《讀書雜志》，頁149。

〔註421〕〔清〕張文虎《校刊史記集解索隱正義札記》卷五，中華書局，1977，頁629。

〔註422〕〔清〕張文虎《校刊史記集解索隱正義札記》卷五，頁629。

耿、慶、中統、彭、索、凌、殿：出。」「不止上同五宗三王 ○耿、慶、中統、彭、索、凌、殿：無止字。」

吉案：此段文字乃司馬貞《補史記》條例，《索隱》本在第三十卷，「五宗之國」上有「右」字，無「萌」字，「出」作「黜」，「不上同」作「不止上同」，「世家」作「系家」。《校補》謂《索隱》本作「出」，無「止」字，皆誤校，又《索隱》本無「萌」字，《校補》失校。

黃本、彭本、凌本、北監本、南監馮本同殿本。南監余本無「比三卿之分晉方暴秦之滅周可不優乎」十六字。瀧川本「蓋」作「差」，「出」作「黜」，「不上同」作「不止上同」，「世家」作「系家」。

諸合刻本分此條例附於當篇小題之下，金陵本逕刪之不當。諸本文字多有脫誤，宜據瀧川本補。

六下行七　佗封賜皆倍軍法（2829/1）
《校補》：「常，景、蜀、紹、蜀刻、耿、慶、中統、毛、金陵：軍。札記：凌本軍作常。」
《札記》：「軍法，凌本『軍』作『常』。」
吉案：景祐本、紹興本、黃本、彭本、毛本作「軍法」。凌本、南監余本、南監馮本、北監本、殿本、瀧川本作「常法」。諸本此下並有《集解》注：「服虔曰：『封賜倍漢之常法。』」《漢書·荊燕吳傳》作「軍法」，〔註423〕顏師古注亦引服虔說，與《集解》同。細究服注，似其所見之本亦作「常法」。

八上行五　吾據滎陽^以東無足憂者（2831/-3）
【殿】重「滎陽」二字。
《校補》：「蜀、耿、慶、中統、彭、毛、金陵：不重滎陽二字。」
《札記》：「王、柯、凌本重『滎陽』二字。」
吉案：景祐本、紹興本、南監余本、南監馮本、北監本與金陵本同。《漢書·荊燕吳傳》亦重「滎陽」二字。〔註424〕以重此二字爲長。

## 魏其武安侯列傳第四十七　　史記一百七

二下行一　「武安侯田蚡」索隱「扶粉反^如蚡鼠之蚡音墳」（2842/2）

〔註423〕《漢書》卷三五《荊燕吳傳》，頁1910。
〔註424〕《漢書》卷三五《荊燕吳傳》，頁1913。

【殿】「如」上有「又」字。

吉案：《校補》未出校。今檢《索隱》本、瀧川本同金陵本。黃本、彭本、南監余本、南監馮本、北監本、凌本同殿本。

《廣韻・文韻》：「墳，墳籍。又墓也。」「鼢，田中鼠。又音憤。蚡，上同。」三字俱在汾小韻下，同符分切。〔註425〕又《廣韻・吻韻》：「墳，土膏肥也。」「鼢，《字林》云『地中行鼠，百勞所化，亦作蚡。』蚡，上同。」三字俱在憤小韻下，同房吻切。蚡、鼢、墳三字同爲奉母，俱有平上兩讀。

《索隱》此注「扶粉反」，又注「如蚡鼠之蚡」，又注「音墳」，若三者皆爲一音，則實無必要。其以「墳」爲直音之字，則此「墳」必讀本字，即墳籍、墳墓之墳，符分切。「音墳」二字承「蚡鼠之蚡」，是《索隱》以「蚡鼠之蚡」亦音符分切，與「扶粉反」不同。《孝景本紀》「封皇太后弟蚡爲武安侯」《索隱》：「蚡音扶粉反。」〔註426〕可見《索隱》以「扶粉反」爲「田蚡」之「蚡」本音，此「如蚡鼠之蚡音墳」乃注又音也，諸本有「又」字是。《索隱》本脫此「又」字，金陵本、瀧川本、中華本沿誤，當據他本補。

## 李將軍列傳第四十九　　史記一百九

三下行十　敗韓將軍後韓將軍徙右北平（2871/8）

【殿】「後」在「徙」字上。

《校補》：「韓將軍徙右北平死　○景、井、蜀、紹、蜀刻、耿、慶、中統、彭、毛、凌、殿：『軍』字下有『後』字而無『死』字。金陵：後韓將軍徙右北平無死字。南化、楓、棭、三：校補死。札記：宋本無『後』字，吳校宋本亦無。」

《札記》：「宋本無『後』字，吳校宋本亦無。案：《漢書》作『韓將軍後徙居右北平死』。」

吉案：今檢景祐本、紹興本、黃本、凌本、南監余本、南監馮本、北監本、毛本皆與殿本同。唯彭本無「後」字，《校補》有誤。

金陵本「後韓將軍徙右」六字占五字空，字體密小，顯爲挖補。《札記》謂「宋本無『後』字，吳校宋本亦無。」疑金陵本初刻從宋本，後據他本補「後」字，然不慎誤補在「韓將軍」上。當從他本及《漢書》移正。

〔註425〕《宋本廣韻》，頁 90～91。
〔註426〕《史記》卷一一《孝景本紀》，頁 449。

　　四下行五　　「諸將多中首虜率以功爲侯者」集解「如淳曰中猶充也<u>充本</u>
<u>法得首若干封侯</u>」（2873/7）

　　【殿】「充本法」作「本義法」。

　　《校補》：「本秦法　○秦，[景]、[井]、[蜀]、[紹]、[蜀刻]、[慶]、[中統]、[彭]、[凌]、
[殿]：義。[耿]、[毛]、[金陵]：此三字作『充本法』。[札記]：毛本與《漢書》同，各
本作『本義法』。」

　　吉案：「充本法」，南監余本作「本法」，南監馮本、北監本作「本義法」。
《漢書・李廣蘇建傳》「諸將多中首虜率爲侯者」顏注引如淳亦作「充本法」
〔註427〕。《四庫》本、《四庫薈要》本作「本秦法」。《四庫考證》：「『諸將多中
首虜』《集解》『本秦法得首若干封侯』，刊本『秦』訛『義』，今改。」〔註428〕
瀧川本作「本秦法」，當是據此改。

　　諸本作「充本法」與「本義法」俱難解。《四庫》館臣蓋以「義」爲「秦」
之形近訛字，而以意改之。今案《秦本紀》：「衛鞅說孝公變法修刑，內務耕
稼，外勸戰死之賞罰，孝公善之。」〔註429〕《商君列傳》：「有軍功者，各以
率受上爵。」〔註430〕《魯仲連鄒陽列傳》「彼秦者，弃禮義而上首功之國也」
《集解》引譙周曰：「秦用衛鞅計，制爵二十等，以戰獲首級者計而受爵。是
以秦人每戰勝，老弱婦人皆死，計功賞至萬數。天下謂之『上首功之國』，皆
以惡之也。」《索隱》：「秦法，斬首多爲上功。謂斬一人首賜爵一級，故謂秦
爲『首功之國』也。」〔註431〕此即如淳所謂「本秦法，得首若干封侯」也。《四
庫》館臣改「義」爲「秦」是也。《史記》諸刻本及《漢書》並誤。

## 匈奴列傳第五十　　史記一百十

　　十五下末行　　漢與匈奴<u>鄰國之敵</u>（2903/1）

　　【殿】「鄰國之敵」作「鄰敵之國」。

　　《校補》：「鄰敵之國　○[蜀刻]、[慶]、[中統]、[彭]、[凌]、[金陵]：『敵』『國』
互易。[南化]、[三]：校記鄰敵之國。[札記]：宋本、毛本『國』『敵』互易。」

　　《札記》：「宋本、毛本『國』『敵』互易。」

〔註427〕《漢書》卷五四《李廣蘇建傳》，頁2445。
〔註428〕《欽定四庫全書考證》卷二十四，頁573。
〔註429〕《史記》卷五《秦本紀》，頁203。
〔註430〕《史記》卷六八《商君列傳》，頁2230。
〔註431〕《史記》卷八三《魯仲連鄒陽列傳》，頁2461。

吉案：景祐本、北監本、南監余本、南監馮本、瀧川本同殿本，《漢書·匈奴傳》亦作「鄰敵之國」〔註 432〕。「鄰敵之國」謂相鄰敵對之國。《秦本紀》：「孤聞鄰國有聖人，敵國之憂也。」〔註 433〕鄰、敵對舉。《荀子·王制》：「夫威彊未足以殆鄰敵也。」〔註 434〕《韓非子·解老》：「外無怨讎於鄰敵，而內有德澤於人民。」〔註 435〕鄰、敵並列。《匈奴列傳》：「然至冒頓而匈奴最彊大，盡服從北夷，而南與中國為敵國。」〔註 436〕匈奴與漢相鄰而又時時敵對相攻，故稱「鄰敵之國」，殿本是。或訓「敵」為匹敵，亦通。

## 衛將軍驃騎列傳第五十一　　史記一百十一

一下行八　尚景帝姊長公主^子季須元鼎^年季須坐姦自殺（2923/1）

【殿】「子」上有「生」字，「年」上有「元」字。

《校補》：「景、井、紹、蜀刻、耿、慶、中統、殿：生子季須。」「景、井、蜀、紹、蜀刻、耿、慶、中統、彭、凌、金陵：無『元』字。」

吉案：毛本、北監本亦有「生」字，有「生」字為長。今檢黃本無「生」字，《校補》記慶元本（即黃本）有「生」字，誤也。檢張元濟百衲本有「生」字，乃後補入。知《校補》此處所謂慶元本，實百衲本也。然張元濟《百衲本校勘記》未記此處修補，失疏。

南監馮本、北監本「年」上亦有「元」字，蓋殿本所承，瀧川本又當是據殿本補，他本脫「元」字。按《史記·高祖功臣侯者年表》：「元鼎元年，侯須坐母長公主卒，未除服姦，兄弟爭財，當死，自殺，國除。」〔註 437〕中華本已補。

六上行三　「生捕季父羅姑比」索隱「案顏氏云羅姑比單于季父名也小顏云比頻也」（2929/3）

【殿】「顏」作「顧」。

《校補》：「顧，索、金陵：顏。」

〔註 432〕《漢書》卷九四上《匈奴傳》上，頁 2890。
〔註 433〕《史記》卷五《秦本紀》，頁 193。
〔註 434〕〔清〕王先謙：《荀子集解》，北京：中華書局，1988，頁 171。
〔註 435〕〔清〕王先慎：《韓非子集解》，北京：中華書局，1998，頁 143。
〔註 436〕《史記》卷一一〇《匈奴列傳》，頁 2890。
〔註 437〕《史記》卷一八《高祖功臣侯者年表》，頁 887。

《札記》:「單本『顏』,各本並作『顧』。」

吉案:《索隱》屢引「顧氏」,又有四處引「顧胤」。〔註 438〕《正義》兩引「顧胤」。〔註 439〕應三玉云:「三家注所引顧氏,未注明全名,然較之顧氏文與顧胤文,則所涉內容、行文語氣,頗爲相近。筆者以爲《史記》三家注所引顧氏即爲顧胤。」〔註 440〕

《舊唐書・顧胤傳》:「永徽中歷遷起居郎,兼修國史。撰《太宗實錄》二十卷成,以功加朝散大夫,授弘文館學士。……胤又撰《漢書古今集》二十卷,行於代。」〔註 441〕《新唐書》亦有傳。〔註 442〕其所著《漢書古今集》二十卷,《舊唐書・經籍志》題「漢書古今集義二十卷」,〔註 443〕《新唐書・藝文志》同。〔註 444〕應三玉謂「顧氏」乃「顧胤」,殆無疑義。

《孝武本紀》「侵尋於泰山矣」《索隱》:「師古叔父游秦亦解《漢書》,故稱師古爲『小顏』也。」〔註 445〕《新唐書・藝文志》著錄顏游秦《漢書決疑》十二卷,〔註 446〕《索隱》注中三處稱顏游(遊)秦,他皆稱「大顏」。

本條《索隱》注文後句既引「小顏」,則前句不當稱「顏氏」。若以其爲顏游秦,則亦當稱「大顏」,如《司馬相如列傳》「歸正道而論之」《索隱》注同引「大顏」「小顏」。〔註 447〕

《索隱》注文有一條之中同引「小顏」「顧氏」者,如《封禪書》「祠三山」《索隱》注;〔註 448〕有同引「大顏」「顧氏」者,如《平準書》「凡直三十餘萬金」《索隱》注。〔註 449〕

綜上,此處諸本作「顧氏」者是。《索隱》本「顧」「顏」形近而訛,金陵本承其誤,當據他本改。

又,金陵本《索隱》引「顏氏」凡兩條,又一條見《高祖本紀》「賜金五

〔註 438〕見《項羽本紀》、《孝文本紀》、《封禪書》、《貨殖列傳》。

〔註 439〕見《孝武本紀》、《匈奴列傳》。

〔註 440〕應三玉:《〈史記〉三家注研究》,南京:鳳凰出版社,2008,頁 203。

〔註 441〕《舊唐書》卷七三《顧胤傳》,頁 2600。

〔註 442〕《新唐書》卷一○二《顧胤傳》,頁 3985。

〔註 443〕《舊唐書》卷四六《經籍志》上,頁 1988。

〔註 444〕《新唐書》卷五八《藝文志》二,頁 1456。

〔註 445〕《史記》卷一二《孝武本紀》,頁 462。

〔註 446〕《新唐書》卷五八《藝文志》二,頁 1454。

〔註 447〕《史記》卷一一七《司馬相如列傳》,頁 3043。

〔註 448〕《史記》卷二八《封禪書》,頁 1368。

〔註 449〕《史記》卷三○《平準書》,頁 1423。

百金」《索隱》:「顏氏按:『荀悅云……』」〔註450〕《索隱》本、瀧川本同,諸本作「顧氏」。此「顏氏」亦當是「顧氏」之誤。

### 平津侯主父列傳第五十二　　史記一百十二

三下行四　「守成尚文遭遇右武」索隱「小顏云右亦士也言遭遇亂時則上武也」(2953/4)

【殿】「士」作「上」。

吉案:諸作並作「上」,金陵本版刻誤字,中華本逕改。

### 朝鮮列傳第五十五　　史記一百十五

二上行二　「使御刺殺送何者朝鮮裨王長」正義「按裨王及將士長恐顏非也」(2987/5)

【殿】「及」作「乃」。

吉案:《校補》未校。北監本、瀧川本同殿本,黃本、彭本、凌本、南監馮本、百衲本作「及」。《百衲本校勘記》:「備注:宋本欄內朱批:平列,『及』字不誤。」〔註451〕

《漢書·朝鮮傳》「使馭刺殺送何者朝鮮裨王長」顏師古注:「長者,裨王名也。送何至浿水,何因刺殺之。」〔註452〕顏注以「長」爲裨王之名,張守節「恐顏非也」,故重釋「裨王長」,謂「裨王乃將士長」,故稱「裨王長」。「裨王乃將士長」爲主謂判斷句,合於語法,亦訓詁常見之辭。若作「及」字,以「裨王長」爲「裨王及將士長」,則自語法分析又有兩解。一解,裨王與將士爲並列關係,作「長」之定語,「裨王長」既統裨王,又統將士。然則此「裨王長」豈非國王乎,何必稱「裨王長」?以「裨王」與「將士」並列於理亦不通。又解,裨王與將士長爲並列關係。然則御者所刺殺者是裨王與將士長二人乎?於實恐亦不合。若字作「及」,則《正義》需增字解經,以「長」爲「將士長」,亦未有據。

由此推知,北監本、殿本作「乃」是,瀧川本蓋據殿本改,他本皆誤。

〔註450〕《史記》卷八《高祖本紀》,頁382。
〔註451〕張元濟:《百衲本史記校勘記》,頁327。
〔註452〕《漢書》卷九五《西南夷兩粵朝鮮傳》,頁3865。

—194—

## 西南夷列傳第五十六　　史記一百十六

一上行六　「滇最大」集解「如淳曰滇音顚顚馬出其國也」（2992/3）

【殿】下「顚」字作「滇」。

《校補》：「顚馬出其國也　○顚，殿：滇。」

吉案：南監余本、北監本同殿本。《華陽國志・南中志》：「長老傳言，池中有神馬，或交焉，即生駿駒，俗稱之曰『滇池駒』，日行五百里。」〔註453〕《水經注・溫水》：「長老傳言，池中有神馬，家馬交之，則生駿駒，日行五百里。」〔註454〕《蠻書》：「藤充及申賧亦出馬，次賧、滇池尤佳。」〔註455〕滇國出善馬，故馬以國得名。明監本、殿本作「滇」是，他本作「顚」蓋涉上而誤。

## 司馬相如列傳第五十七　　史記一百十七

一上行一　司馬相如列傳第五十七＾（2999/2）

【殿】小題下有「右不宜在西南夷之下」九字。

《校補》：「司馬相如汲鄭列傳不宜在西夷之下　○索、金陵：無此注十五字。蔡、慶、彭：『司馬相如汲鄭列傳』列傳八字作『右』字。凌：作『古本』二字而無『不』字。殿：作『右』字而『西』下有『南』字。按影印慶元本『西』下增『南』字。」

吉案：南監馮本同凌本，北監本同殿本。國圖藏彭本此卷配以元中統本，作「右不宜在西夷之下」。諸本小題下《索隱》注實爲司馬貞《補史記》條例，《索隱》本在第三十卷，文作「司馬相如汲鄭列傳，右不宜在西夷之下」。合刻本移此條例入篇題之下，以當注文。金陵本逕刪司馬貞《補史記》，故無此條。宜據他本補。

## 酷吏列傳第六十二　　史記一百二十二

三下行四　「故因姓周陽氏」正義「周陽故城在絳周聞＾縣東二十九里」
　　　　　　（3136/1）

〔註453〕〔晉〕常璩撰，劉琳校注：《華陽國志校注》，成都：巴蜀書社，1984，頁396。

〔註454〕〔後魏〕酈道元注，〔清〕楊守敬、熊會貞疏：《水經注疏》，南京：江蘇古籍出版社，1989，頁2977。

〔註455〕〔唐〕樊綽撰，向達校注：《蠻書校注》，北京：中華書局，1962，頁201。

【殿】「聞」下有「喜」字。

《校補》：「在絳州聞縣東二十九里 ○慶、彭、凌、殿：在絳州聞喜縣東二十九里。」

《札記》：「〔增〕『聞』下當脫『喜』字。」

吉案：今檢黃本、凌本無「喜」字，《校補》誤。百衲本有「喜」字，《百衲本校勘記》：「宋本：在絳州聞縣。殿本：有『喜』字。備注：補。」〔註256〕此又水澤氏誤以百衲本爲慶元黃善夫本之一證。《元和郡縣圖志》絳州有聞喜縣，「本漢左邑縣之桐鄉也，武帝元鼎六年，將幸緱氏，至此聞南越破，大喜，因立聞喜縣，屬河東郡。」〔註457〕《孝文本紀》「封淮南王舅父趙兼爲周陽侯」《正義》引《括地志》：「周陽故城在絳州聞喜縣東二十九里。」〔註458〕《外戚世家》「勝爲周陽侯」《正義》引《括地志》：「周陽故城在絳州聞喜縣東二十九里也。」〔註459〕《魏其武安侯列傳》「勝爲周陽侯」《正義》：「絳州聞喜縣東二十里周陽故城也。」南監馮本、北監本、瀧川本俱脫「喜」字。中華本已補。

九下行五　「嘗與張次公俱攻剽」索隱「說文云剽刺也一云剽劫又音敷妙反」（3145/5）

【殿】「又」作「人」。

《校補》：「又，慶、彭、凌、殿：人。」

吉案：南監余本、北監本同殿本。此卷國圖藏彭本配以元中統本，亦作「人」。南監馮本作「又」。《索隱》本作「一云劫又」。

大徐本《說文·刀部》：「剽，砭刺也，從刀，票聲。一曰剽劫人也。」〔註460〕小徐本同。〔註461〕段注本作「一曰剽劫也」，〔註462〕然「勡」字下段注：「而許《刀部》『剽』下曰『一曰剽劫人也』，是在許時固从力从刀竝行。」疑段注本有脫文。

〔註456〕張元濟：《百衲本校勘記》，頁344。

〔註457〕〔唐〕李吉甫：《元和郡縣圖志》卷一二《河東道一·絳州》，頁332。

〔註458〕《史記》卷一〇《孝文本紀》，頁421。

〔註459〕《史記》卷四九《外戚世家》，頁1977。

〔註460〕《說文解字·刀部》，頁92。

〔註461〕〔南唐〕徐鍇：《說文解字繫傳》，中華書局，1987，頁83。

〔註462〕〔清〕段玉裁：《說文解字注》，頁181。

《集韻·笑韻》、〔註463〕《正字通·刀部》〔註464〕引《說文》俱有「人」字。《類篇·刀部》：「剽，又匹妙切，砭刺也，一曰剽劫人。」〔註465〕亦本《說文》。

十三上行九　其時兩地及兩婚家亦各自坐他罪而族（3150/-1）

【殿】「地」作「弟」。

吉案：諸本並作「弟」，金陵本音同誤刻，中華本逕改。

十三下行五　「楚有殷中」集解「徐中曰殷一作假人亦有姓假者也」
　　　　　　　（3152/1）

【殿】「中」作「廣」。

吉案：《校補》未校。諸本並作「廣」，金陵本蓋涉正文「中」字而誤刻，當據他本改。

### 大宛列傳第六十三　　史記一百二十三

三下行七　「大月氏」正義「康泰外國傳云外國稱天下有三眾中國爲人
　　　　　眾＾秦爲寶眾月氏爲馬眾也」（3162/6）

【殿】「秦」上有「大」字。

《校補》：「大秦爲寶眾　○慶、彭、凌：無大字。按景印慶元本補『大』字。」

吉案：北監本、殿本、百衲本、瀧川本有「大」字。上文「多善馬」《索隱》引《外國傳》亦云「大秦寶眾」。此脫，當據北監本、殿本補。

十一下行十　「令外國客徧觀名倉庫府藏之積」（3173/9）

【殿】「名」作「各」。

《校補》：「各，景、井、蜀、蔡、慶、中統、彭、毛、凌：名。」

《札記》：「『名』字誤，當從《漢書》作『各』。」

吉案：紹興本、南監馮本作「名」，南監余本、北監本同殿本。中華本據《札記》改。

〔註463〕《宋刻集韻·笑韻》，頁166。
〔註464〕《正字通·刀部》，頁97。
〔註465〕《類篇·刀部》，頁154。

### 佞幸列傳第六十五　　史記一百二十五

二下行四　「郎中令周文仁」索隱「今兼文作」（3194/7）

【殿】「作」作「仁」。

吉案：諸本並作「仁」，金陵本形近誤刻。當據他本改。

### 貨殖列傳第六十九　　史記一百二十九

七下行三　「起則相隨椎剽」索隱「椎即追反椎殺人而剽掠之」（3264/11）

【殿】無「追反」二字。

《校補》：「椎即追反　○耿、慶、中統、彭、凌、殿：無『追反』二字。」

吉案：《索隱》本同金陵本，南監馮本、北監本同殿本。《切韻・脂韻》：「椎，柊楑。」直追反。〔註466〕《張釋之馮唐列傳》「五日一椎牛」《索隱》：「椎音直追反，擊也。」〔註467〕《絳侯周勃世家》「其椎少文如此」《索隱》：「大顏云：『俗謂愚爲鈍椎，音直追反。』」〔註468〕《西南夷列傳》「此皆魋結」《索隱》：「魋，《漢書》作『椎』，音直追反。」〔註469〕《司馬相如列傳》「推蟹廉」，「推」，《索隱》本作「椎」，注云：「椎音直追反。」〔註470〕《漢書》顏師古注「椎」音直追反、直隹反、直推反。椎、直俱澄母，即爲精母，無由用「即」爲反切上字。諸字書韻書「椎」字無音「即追反」者。疑《索隱》本、金陵本「即追反」音切有誤。

諸本無「追反」二字，以「椎即椎殺人而剽掠之」爲一句，亦不確。「椎殺人而剽掠之」顯注「椎剽」二字。南監余本又刪「即」上「椎」字，通則通矣，恐非《索隱》原本。

### 太史公自序第七十　　史記一百三十

十三下行二　「閒不容翲忽」正義「言律厤相治之閒不容比微細之物也」
　　　　　　　（3305/-1）

【殿】「比」作「此」。

《校補》：「不容此微細之物也　○此，凌：比。」

---

〔註466〕《刊謬補缺切韻・脂韻》，《續修四庫全書》第 250 冊，頁 19。

〔註467〕《史記》卷一〇二《張釋之馮唐列傳》，頁 2758。

〔註468〕《史記》卷五七《絳侯周勃世家》，頁 2071。

〔註469〕《史記》卷一一六《西南夷列傳》，頁 2991。

〔註470〕《史記》卷一一七《司馬相如列傳》，頁 3035。

　　吉案：黃本、彭本、凌本、南監余本、南監馮本、北監本同金陵本，水澤失校。百衲本、瀧川本同殿本。《百衲本校勘記》未記修補，亦疏失。殿本作「此」疑是。《正義》釋「䴴」爲「秒」，禾芒；釋「忽」爲「一蠶口出絲」。「此」即代指禾芒與絲也。

　　二十二上行八　「自曹參薦盍公」索隱「盍姓也古合反」（3320/5）
　　【殿】「合」作「盍」。
　　《校補》：「合，耿、慶、中統、彭、凌、殿：盍。」
　　吉案：南監馮本、北監本同殿本。上古音合在緝部，盍在葉部。《切韻》入聲第二十爲合韻，第二十一爲盍韻。《切韻・盍韻》：「盍，姓，漢有盍寬饒。」古盍反。〔註471〕《宋本廣韻》合韻下注「盍同用」。〔註472〕諸本作「盍」是。有本作「古合反」者，蓋因後世合盍二韻同用而擅改也。

## 史記正義

　　十上行八　＾漢書地理志云（31/-2）
　　【殿】此上有「列國分野」四字。
　　《校補》：「列國分野　○南、殿同；凌：史記正義列國分野；慶、中統、彭、游、金陵：無『列國分野』四字。」
　　《札記》：「漢書地理志云。游本、王本並連《謚法解》後，無題目，今從之。」
　　吉案：金陵本及《札記》刻本俱無「列國分野」四字。《札記》中華書局整理者案：「原無題目，中華本據殿本補。」〔註473〕南監余本、南監馮本、北監本同殿本。諸本有此四字題目者遍於檢閱。中華本據殿本補是。

---

〔註471〕《刊謬補缺切韻・脂韻》，《續修四庫全書》第 250 冊，頁 190。
〔註472〕《宋本廣韻・入聲》，頁 428。
〔註473〕〔清〕張文虎：《校刊史記集解索隱正義札記》，頁 761。

# 結　語

　　《史記》是中國最偉大的古典著作之一，成書兩千多年以來，研讀者代不乏人。《史記》初始以傳抄流行於世，北宋淳化年間乃有雕版印行，厥後歷代翻刻，形成了眾多版本。而《集解》、《索隱》、《正義》三家注文刻附《史記》正文以行，更豐富了《史記》的版本樣式。研究《史記》的版本流傳，勾勒版本系統，比較版本異同優劣，校勘版本流傳過程中產生的訛誤，使其更接近於《史記》及三家注之原貌，是《史記》研究的基礎工作。

　　清高宗出於文治之需，詔命武英殿重刻《十三經》、《二十一史》。武英殿本《史記》刊於乾隆四年（1739），以明萬曆二十六年（1598）北京國子監刊本爲底本。主持刊刻的張照等人調整了北監本的部分篇章次第，綜合運用各種校勘方法改正了北監本的大量文字訛誤，廣羅眾本，增補了北監本缺佚的三家注文，在版式上亦有所改進。經過悉心校勘，殿本的版本質量較北監本有了巨大提高。張照等人又撰寫《考證》，附於每卷之末，列舉版本異同，校勘訛誤，考訂史實，辨證異說，是《史記》研究的重要參考資料。殿本憑其官刻身份更因校勘精審成爲有清一代影響最大的《史記》版本，屢有翻刻摹印，而後世重校《史記》亦皆以殿本爲重要的參校本。乾隆年間纂修《四庫全書》及《四庫全書薈要》，《史記》皆以殿本爲底本抄錄，而又遞加校勘，《四庫》本與《薈要》本成爲殿本系統的發展。

　　殿本《史記》以明北監本爲底本。北監本出自嘉靖九年（1530）南監本，南監本又上承元大德本、中統本，故北監本淵源有自，其版本系統易於考見。明監本《史記》存在大量文字訛誤，三家注文亦多不全，尤以《正義》爲最。或以爲監本有意刪削三家注，或以爲其所據底本不善，種種原因，尚待深考。

武英殿校勘諸臣對於北監本缺陷深有認識，故殿本在體例行款、文字訛誤、注文缺失諸方面對北監本多有校理。其最爲顯著者在於對三家注尤其是《正義》注的校補。雖然仍舊存在文字訛誤及注文脫漏的情況，殿本相對於明代監本已有巨大進步。

　　殿本是清末金陵書局所刊三家注合刻本的重要校本。金陵書局本刻於同治五年至九年（1866～1870），主事者爲張文虎、唐仁壽。張、唐二人匯集眾本，廣採前人校勘成果，擇善而從，校改前代版本訛誤頗多。金陵本不主一本，故其底本來源尚有值得深考之處。張文虎依據殿本及張照《殿本考證》、王太岳《四庫全書考證》對傳世之本多有校改，而其刪去司馬貞《補史記》、《三皇本紀》，則破壞了《史記索隱》的完整性，更使後人無從得見小司馬學術全貌，實非明智。

　　殿本具有重要的版本校勘價值。殿本所據底本雖有不善，然經張照等人悉心讎校，其版本質量超出明監本遠甚。張照等人用力之深，方法之得當，使殿本較之前代版本亦多有文字勝出者。張文虎校刊金陵本時雖參校殿本，於殿本佳善之處多有採擇，然仍有未盡者。以殿本與金陵本相校，考其異同，發明金陵本之訛脫錯衍，進而提高今本《史記》的版本質量，仍是具有重要意義的工作。

# 參考文獻

## 一、《史記》異本

1. 〔漢〕司馬遷，〔宋〕裴駰：《史記集解》，臺灣二十五史編刊館影印中研院史語所傅斯年圖書館藏北宋景祐監本，臺北，1955 年。

2. 〔漢〕司馬遷，〔宋〕裴駰：《史記集解》，文學古籍刊行社影印國家圖書館藏南宋紹興初杭州刻本，北京，1955 年。

3. 〔漢〕司馬遷，〔宋〕裴駰：《史記集解》，明崇禎十四年（1641）毛晉汲古閣刻《十七史》本。

4. 〔唐〕司馬貞：《史記索隱》，明崇禎十四年（1641）毛晉汲古閣刻本。

5. 〔唐〕司馬貞：《史記索隱》，清光緒十九年（1893）廣雅書局翻刻汲古閣本。

6. 〔漢〕司馬遷，〔宋〕裴駰，〔唐〕司馬貞，〔唐〕張守節：《史記集解索隱正義》，日本汲古書院影印日本國立民俗博物館藏南宋慶元間建安黃善夫家塾刻本，東京，1996～1998 年。

7. 〔漢〕司馬遷，〔宋〕裴駰，〔唐〕司馬貞，〔唐〕張守節：《史記集解索隱正義》，上海古籍出版社《續修四庫全書》影印元至元二十五年（1288）彭寅翁刻本配蒙古中統二年（1261）平陽段子成刻本，上海，2002 年。

8. 〔漢〕司馬遷，〔宋〕裴駰，〔唐〕司馬貞，〔唐〕張守節：《史記集解索隱正義》，明萬曆三年（1575）南京國子監余有丁刻本。

9. 〔漢〕司馬遷，〔宋〕裴駰，〔唐〕司馬貞，〔唐〕張守節：《史記集解索隱正義》，清順治十六年（1659）、康熙三十九年（1700）遞修明萬曆二十四年（1596）南京國子監馮夢禎刻本。

10. 〔漢〕司馬遷，〔宋〕裴駰，〔唐〕司馬貞，〔唐〕張守節：《史記集解索隱正義》，明萬曆二十六年（1598）北京國子監劉應秋刻本。

11. 〔漢〕司馬遷，〔宋〕裴駰，〔唐〕司馬貞，〔唐〕張守節：《史記集解索隱正義》，清光緒二十九年（1903）上海五洲同文局石印清乾隆四年（1739）武英殿刻本。

12. 〔漢〕司馬遷，〔宋〕裴駰，〔唐〕司馬貞，〔唐〕張守節：《史記集解索隱正義》，上海古籍出版社，上海書店《二十五史》影印清乾隆四年（1739）武英殿刻本，上海，1986 年。

13. 〔漢〕司馬遷，〔宋〕裴駰，〔唐〕司馬貞，〔唐〕張守節：《史記集解索隱正義》，商務印書館影印清乾隆三十九年（1774）文淵閣《四庫全書》抄本，臺北，1983 年。

14. 〔漢〕司馬遷，〔宋〕裴駰，〔唐〕司馬貞，〔唐〕張守節：《史記集解索隱正義》，吉林人民出版社影印清乾隆四十一年（1776）摛藻堂《四庫全書薈要》抄本，長春，1997 年。

15. 〔漢〕司馬遷，〔宋〕裴駰，〔唐〕司馬貞，〔唐〕張守節：《史記集解索隱正義》，清同治五年（1866）金陵書局刻本。

16. 〔漢〕司馬遷，〔宋〕裴駰，〔唐〕司馬貞，〔唐〕張守節：《史記集解索隱正義》，商務印書館百衲本《二十四史》影印南宋黃善夫刻本，上海，1936 年。

17. 〔漢〕司馬遷：《史記》，北京：中華書局，1959 年。

18. 〔漢〕司馬遷：《史記》，北京：中華書局，1982 年。

19. 〔漢〕司馬遷：《史記》，《四部備要》排印清武英殿本，北京：中華書局，1998 年。

20. 〔明〕凌稚隆：《史記評林》，明萬曆四年（1576）凌氏自刻本。

21. 〔明〕凌稚隆：《史記評林》，《四庫未收書輯刊》影印明萬曆四年（1576）刻本，北京：北京出版社，2000 年。

22. 〔明〕凌稚隆：《史記評林》，天津古籍出版社影印明萬曆間李光縉增補本，天津，1998 年。

23. 〔日〕瀧川資言：《史記會注考證》，太原：北岳文藝出版社，1999 年。

## 二、專著

### （一）目錄類

1. 〔清〕紀昀：《四庫全書總目》，北京：中華書局，1965 年。

2. 〔清〕莫友芝，傅增湘：《藏園訂補邵亭知見傳本書目》，北京：中華書局，1993 年。

3. 范希曾：《書目答問補正》，南京：江蘇古籍出版社，2000 年。

4. 中國科學院歷史所：《史記研究的資料和論文索引》，北京：科學出版

社，1957 年。

5. 楊燕起，俞樟華：《史記研究資料索引和論文、專著提要》，蘭州：蘭州
大學出版社，1988 年。

6. 王欣夫：《蛾術軒篋存善本書錄》，上海：上海古籍出版社，2002 年。

7. 孫啓治，陳建華：《古佚書輯本目錄》，北京：中華書局，1997 年。

## （二）版本類

1. 〔清〕羅振玉：《古寫本史記殘卷跋》，《古寫本史記殘卷》，民國七年
（1918）羅氏印本。

2. 魏隱儒：《古籍版本鑒定叢談》，太原：山西省圖書館，1978 年。

3. 李致忠：《古書版本學概論》，北京：書目文獻出版社，1990 年。

4. 毛春翔：《古書版本常談》，上海：上海古籍出版社，2002 年。

5. 賀次君：《史記書錄》，北京：商務印書館，1958 年。

6. 張玉春：《〈史記〉版本研究》，北京：商務印書館，2001 年。

7. 張興吉：《元刻〈史記〉彭寅翁本研究》，南京：鳳凰出版社，2006 年。

## （三）校勘類

1. 〔清〕王太岳，等：《欽定四庫全書考證》，北京：書目文獻出版社，1991
年。

2. 〔清〕杭世駿：《史記考證》，《續修四庫全書》（第 263 冊），上海：上海
古籍出版社，2002 年。

3. 〔清〕王元啓：《史記三書正訛》，《叢書集成初編》（第 147 冊），北京：
中華書局，1985 年。

4. 〔清〕梁玉繩，等：《史記漢書諸表訂補十種》，北京：中華書局，1982
年。

5. 〔清〕張文虎：《校刊史記集解索隱正義札記》，北京：中華書局，1977
年。

6. 〔日〕水澤利忠：《史記會注考證校補》，臺北：廣文書局，1972 年。

7. 徐蜀：《史記訂補文獻彙編》，北京：北京圖書館出版社，2004 年。

8. 張元濟：《百衲本二十四史校勘記·史記校勘記》，北京：商務印書館，
1997 年。

9. 張元濟：《校史隨筆》，上海：上海古籍出版社，1998 年。

10. 李人鑒：《太史公書校讀記》，蘭州：甘肅人民出版社，1998 年。

11. 李笠：《廣史記訂補》，上海：復旦大學出版社，2001 年。

12. 陳垣：《校勘學釋例》，北京：中華書局，1959 年。

13. 錢玄：《校勘學》，南京：江蘇古籍出版社，1988 年。

14. 管錫華：《校勘學》，合肥：安徽教育出版社，1991 年。

15. 程千帆，徐有富：《校讎廣義》，濟南：齊魯書社，1998 年。

16. 倪其心：《校勘學大綱》，北京：北京大學出版社，2004 年。

17. 張舜徽：《廣校讎略》，《張舜徽集》，武漢：華中師範大學出版社，2004
年。

18. 王紹曾：《目錄版本校勘學論集》，上海：上海古籍出版社，2005 年。

19. 國務院古籍整理出版規劃小組：《古籍點校疑誤彙錄》，北京：中華書
局，2002 年。

## （四）考論類

1. 〔清〕梁玉繩：《史記志疑》，北京：中華書局，1981 年。

2. 〔清〕王念孫：《讀書雜志》，南京：江蘇古籍出版社，1985 年。

3. 〔清〕崔適：《史記探源》，北京：中華書局，1986 年。

4. 〔清〕孫星衍：《史記天官書補證》，《二十五史三編》，長沙：岳麓書社，
1994 年。

5. 魯實先：《史記會注考證駁議》，長沙：岳麓書社，1986 年。

6. 施之勉：《史記會注考證訂補》，臺北：華岡出版有限公司，1976 年。

7. 王叔岷：《史記斠證》，臺北：中央研究院歷史語言研究所，1983 年。

8. 馮永軒：《史記楚世家會注考證校補》，武漢：湖北教育出版社，1993
年。

9. 〔清〕郭嵩燾：《史記札記》，北京：商務印書館，1957 年。

10. 陳直：《史記新証》，天津：天津人民出版社，1979 年。

11. 李景星：《史記評議》，長春：東北師範大學出版社，1985 年。

12. 張家英：《〈史記〉十二本紀疑詁》，哈爾濱：黑龍江教育出版社，1997
年。

13. 朱文鑫：《史記天官書恒星圖考》，上海：商務印書館，1934 年。

14. 錢穆：《史記地名考》，北京：商務印書館，2001 年。

15. 徐朔方：《史漢論稿》，南京：江蘇古籍出版社，1984 年。

16. 程金造：《史記管窺》，西安：陝西人民出版社，1985 年。

17. 程金造：《史記索隱引書考實》，北京：中華書局，1998 年。

18. 吳汝煜：《史記論稿》，南京：江蘇教育出版社，1986 年。

19. 朱東潤：《史記考索》，上海：華東師範大學出版社，1996 年。

20. 鄭之洪：《史記文獻研究》，成都：巴蜀書社，1997 年。

21. 趙師生群：《〈史記〉文獻學叢稿》，南京：江蘇古籍出版社，2000 年。

22. 吳守賢：《司馬遷與中國天學》，西安：陝西人民出版社，2000 年。

23. 張新科：《史記學概論》，北京：商務印書館，2003 年。

24. 李波：《史記字頻研究》，北京：商務印書館，2006 年。

## （五）其他

1. 《十三經注疏》，杭州：浙江古籍出版社，1998 年。

2. 〔漢〕許慎：《說文解字》，北京：中華書局，1963 年。

3. 〔梁〕顧野王：《大廣益會玉篇》，北京：中華書局，1987 年。

4. 〔宋〕司馬光：《類篇》，上海：上海古籍出版社，1986 年。

5. 〔遼〕釋行均：《龍龕手鏡》，北京：中華書局，1985 年。

6. 〔明〕張自烈，〔清〕廖文英：《正字通》，北京：中國工人出版社，1996 年。

7. 〔清〕段玉裁：《說文解字注》，上海：上海古籍出版社，1988 年。

8. 〔清〕朱駿聲：《說文通訓定聲》，武漢：武漢市古籍書店，1983 年。

9. 〔唐〕王仁昫：《刊謬補缺切韻》，《續修四庫全書》（第 250 冊）影印本，上海：上海古籍出版社，2002 年。

10. 〔宋〕陳彭年，等：《宋本廣韻》，北京：北京市中國書店，1982 年。

11. 〔宋〕丁度，等：《宋刻集韻》，北京：中華書局，2005 年。

12. 王力：《同源字典》，北京：商務印書館，1982 年。

13. 高亨：《古字通假會典》，濟南：齊魯書社，1989 年。

14. 唐作藩：《音韻學教程》，北京：北京大學出版社，1991 年。

15. 〔漢〕揚雄：《輶軒使者絕代語釋別國方言》，《叢書集成初編》（第 1178 冊），北京：中華書局，1985 年。

16. 〔唐〕釋慧琳，〔遼〕釋希麟：《正續一切經音義》，上海：上海古籍出版社，1986 年。

17. 〔清〕王先謙：《釋名疏證補》，上海：上海古籍出版社，1984 年。

18. 〔清〕王念孫：《廣雅疏證》，北京：中華書局，2004 年。

19. 董志翹：《訓詁類稿》，成都：四川大學出版社，1999 年。

20. 《百衲本二十五史》，杭州：浙江古籍出版社，1998 年。

21. 〔漢〕班固：《漢書》，北京：中華書局，1962 年。

22. 〔南朝宋〕范曄：《後漢書》，北京：中華書局，1965 年。

23. 〔晉〕陳壽：《三國志》，北京：中華書局，1959 年。

24. 〔唐〕房玄齡，等：《晉書》，北京：中華書局，1974 年。

25. 〔唐〕魏徵，〔唐〕令狐德棻：《隋書》，北京：中華書局，1973 年。

26. 〔後晉〕劉昫，等：《舊唐書》，北京：中華書局，1975 年。

27. 〔宋〕歐陽修，〔宋〕宋祁：《新唐書》，北京：中華書局，1975 年。

28. 〔元〕脫脫，等：《宋史》，北京：中華書局，1977 年。

29. 〔清〕王先謙：《漢書補注》，北京：書目文獻出版社，1995 年。

30. 方詩銘，王修齡：《古本竹書紀年輯證》，上海：上海古籍出版社，2005 年。

31. 《國語》，上海：上海古籍出版社，1978 年。

32. 周生春：《吳越春秋輯校彙考》，上海：上海古籍出版社，1997 年。

33. 〔唐〕李泰，等：《括地志輯校》，北京：中華書局，1980 年。

34. 〔唐〕李吉甫：《元和郡縣圖志》，北京：中華書局，1983 年。

35. 〔宋〕王存：《元豐九域志》，北京：中華書局，1984 年。

36. 陳垣：《二十史朔閏表》，北京：中華書局，1962 年。

37. 陳垣：《史諱舉例》，上海：上海書店出版社，1997 年。

38. 《清碑傳合集》，上海：上海書店出版社，1988 年。

39. 〔清〕馬國翰：《玉函山房輯佚書》，上海：上海古籍出版社，1990 年。

40. 潘鼐：《中國恒星觀測史》，北京：學林出版社，1989 年。

41. 徐蜀，宋安莉：《中國近代古籍出版發行史料叢刊》，北京：北京圖書館出版社，2003 年。

42. 陳奇猷：《呂氏春秋校釋》，上海：學林出版社，1984 年。

43. 何寧：《淮南子集釋》，北京：中華書局，1998 年。

44. 〔北周〕庾季才：《靈臺秘苑》，《四庫術數類叢書》（五），上海：上海古籍出版社，1990 年。

45. 〔唐〕瞿曇悉達：《開元占經》，《四庫術數類叢書》（五），上海：上海古籍出版社，1990 年。

46. 〔清〕顧炎武：《日知錄》，蘭州：甘肅民族出版社，1997 年。

47. 〔清〕段玉裁：《經韻樓集》，《皇清經解》（卷 661～666），清道光九年（1829）廣東學海堂刊本。

48. 〔清〕錢大昕：《嘉定錢大昕全集》，南京：江蘇古籍出版社，1997 年。

49. 〔清〕葉德輝：《葉德輝書話》，杭州：浙江人民出版社，1998 年。

50. 〔清〕張文虎：《張文虎日記》，上海：上海書店出版社，2001 年。

51. 〔清〕張文虎：《舒藝室雜著甲編》，清光緒五年（1879）刊本。

52. 〔清〕張文虎：《舒藝室隨筆》，瀋陽：遼寧教育出版社，2003 年。

53. 蔣禮鴻：《蔣禮鴻集》，杭州：浙江教育出版社，2001 年。

54. 〔宋〕洪興祖：《楚辭補注》，北京：中華書局，1983 年。

55. 〔梁〕蕭統，〔唐〕李善：《文選》，北京：中華書局，1977 年。

56. 〔梁〕蕭統，〔唐〕李善，等，《六臣注文選》，北京：中華書局，1987 年。

## 三、期刊論文

1. 章培恒：《關於古籍整理工作的規範化問題——以底本問題爲中心》，《中國典籍與文化論叢》（第七輯），北京：北京大學出版社，2002 年。

2. 陳桐生：《百年〈史記〉研究的回顧與前瞻》，《文學遺産》，2001 年第 1 期。

3. 張新科，王剛：《20 紀史記學的發展道路》，《淮陰師範學院學報》（哲學社會科學版），2000 年第 1 期。

4. 陳乃乾：《二十四史注補表譜考證書籍簡目》，《中國歷史文獻研究集刊》（第四集），長沙：岳麓書社，1983 年。

5. 安平秋：《〈史記〉版本述要》，《古籍整理與研究》（第 1 期），上海：上海古籍出版社，1986 年。

6. 張玉春：《歷代〈史記〉版本著錄考論》，《古籍整理研究學刊》，2001 年第 3 期。

7. 張興吉：《二十世紀〈史記〉版本研究的回顧》，《文獻》，2004 年第 3 期。

8. 李春光：《談〈百衲本二十四史〉》，《中國歷史文獻研究》（二），武漢：華中師範大學出版社，1988 年。

9. 王紹曾：《試論敢爲天下先的張元濟先生——從整理〈百衲本二十四史校勘記〉重新認識〈百衲本二十四史〉的版本價值》，《中國典籍與文化論叢》（第 7 輯），北京：北京大學出版社，2002 年。

10. 杜澤遜：《論南宋黃善夫本〈史記〉及其涵芬樓影印本》，《中國典籍與文化論叢》（第 3 輯），北京：中華書局，1995 年。

11. 《二十四史點校本檔案選》（1～4），《書品》，2006 年第 1～4 期。

12. 程金造：《論〈史記〉裴駰〈集解〉司馬貞〈索隱〉張守節〈正義〉三家注解》，《文史》第 7 輯，1979 年。

13. 賀次君：《日本〈史記會注考證〉增補〈史記正義〉的眞僞問題》，《文史》第 14 輯，1982 年。

14. 金良年：《清代武英殿刻書述略》，《文史》第 31 輯，1988 年。

15. 翁連溪：《清宮武英殿刻書》，《中國典籍與文化》，2000 年第 4 期。

16. 趙師生群，王華寶：《編纂〈史記〉新整理本芻議》，《淮陰師範學院學報》（哲學社會科學版），2002 年第 6 期。

17. 王華寶，趙師生群：《校點本〈史記〉正文校議》，《文史》第 76 期，2006年。

18. 王媛：《曾國藩、李鴻章、洪汝奎等致張文虎函札》，《文獻》，2009 年第 2 期。

## 四、學位論文

1. 陳靜：《中華書局點校本〈史記〉校勘評議》，南京師範大學碩士學位論文，南京，2001 年。

2. 趙昌文：《〈史記索隱〉佚文探索》，南京師範大學碩士學位論文，南京，2001 年。

3. 尤德豔：《〈史記正義〉佚文研究》，南京師範大學碩士學位論文，南京，2001 年。

4. 〔韓〕徐元南：《論清代的〈史記〉研究》，北京大學博士學位論文，北京，2002 年。

5. 王華寶：《〈史記〉校勘研究——以中華書局校點本爲中心》，南京師範大學博士學位論文，南京，2004 年。

6. 謝秉洪：《〈漢書〉考校研究——以中華書局點校本爲中心》，南京師範大學博士學位論文，南京，2006 年。

7. 曹紅軍：《康雍乾三朝中央機構刻印書研究》，南京師範大學博士學位論文，南京，2006 年。